SAILING FROM 拜占庭的赠礼 BYZANTIUM

How a
Lost Empire
Shaped
the World

周超宇　李达
●译

COLIN WELLS

［英］
科林·韦尔斯
●著

民主与建设出版社
·北京·

谨怀爱与感谢
献给佩蒂奶奶
献给我的双亲

目 录

主要人物　　　　　　　　　　　　　　　i
大事年表　　　　　　　　　　　　　　　vii
引　言　　　　　　　　　　　　　　　　ix

前　言　　　　　　　　　　　　　　　　1

第一部分　拜占庭与西方

1　歧路揖别处　　　　　　　　　　　　8
2　雅典与耶路撒冷之间　　　　　　　　34
3　彼特拉克和薄伽丘的希腊语学习如何失败　　44
4　赫里索洛拉斯在佛罗伦萨　　　　　　63
5　15 世纪的拜占庭移民　　　　　　　　84

第二部分　拜占庭与伊斯兰世界

6　新拜占庭　　　　　　　　　　　　　110
7　智慧宫　　　　　　　　　　　　　　130
8　阿拉伯的启蒙　　　　　　　　　　　149

第三部分 拜占庭与斯拉夫世界

9	北方的威胁	166
10	西里尔与梅索迪奥斯的传教	177
11	效仿者战争	188
12	塞尔维亚人与其他部族	196
13	基辅的崛起	205
14	基辅罗斯的黄金时代	218
15	莫斯科的崛起	236
16	第三罗马	255

尾　声　最后的拜占庭	265
致　谢	275
参考文献	277
出版后记	297

布拉赫内宫

科拉教堂

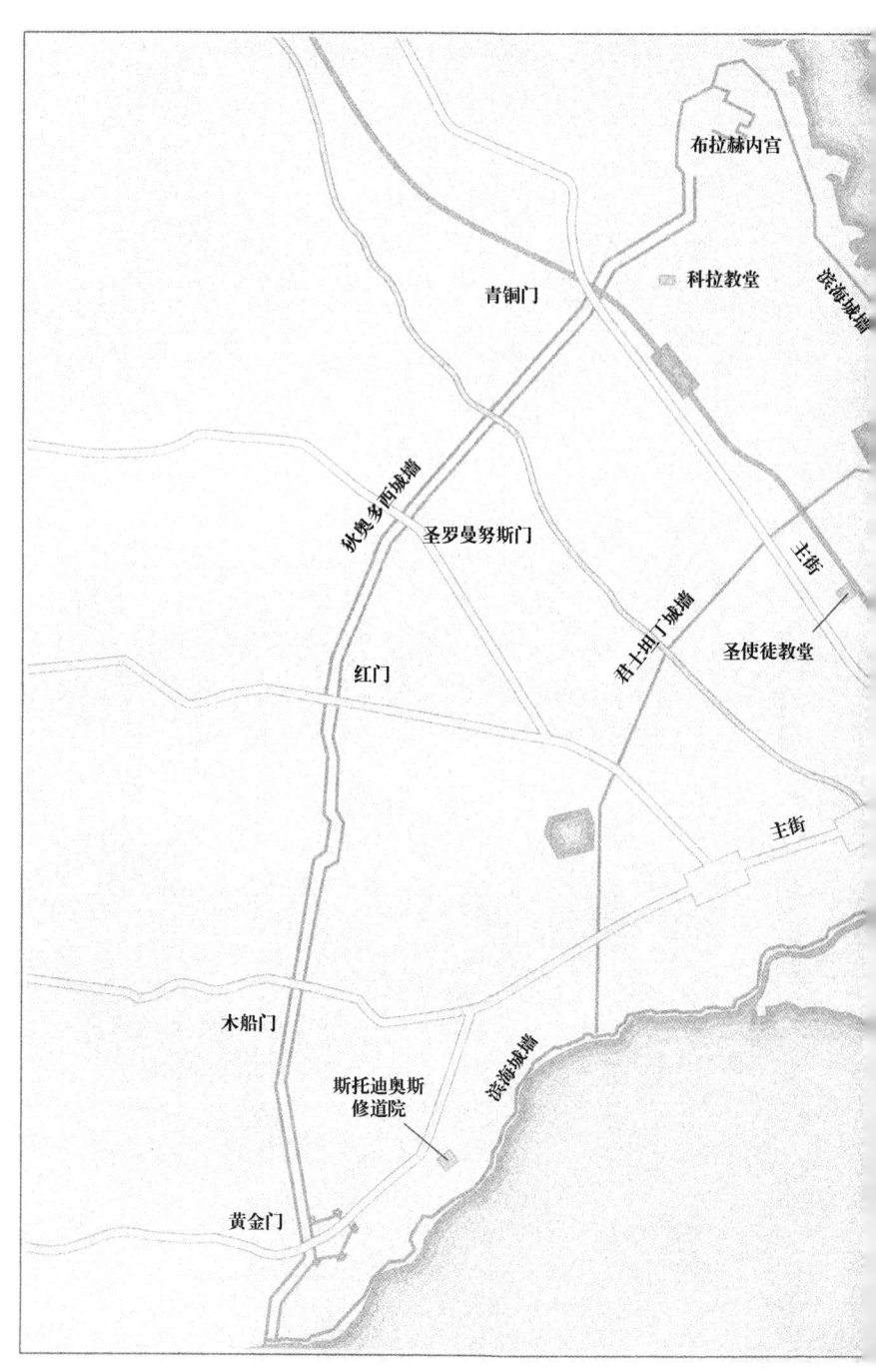

滨海城墙

青铜门

狄奥多西城墙

圣罗曼努斯门

主街

君士坦丁城墙

圣使徒教堂

红门

主街

木船门

斯托迪奥斯修道院

滨海城墙

黄金门

* 本书地图均系原书插附地图。

图1 君士坦丁堡
（330—1453年）

金角湾

加拉太（佩拉）

博斯普鲁斯海峡

狄奥多西集会所

主街 君士坦丁集会所

圣索菲亚大教堂

赛马场

大皇宫

马尔马拉海

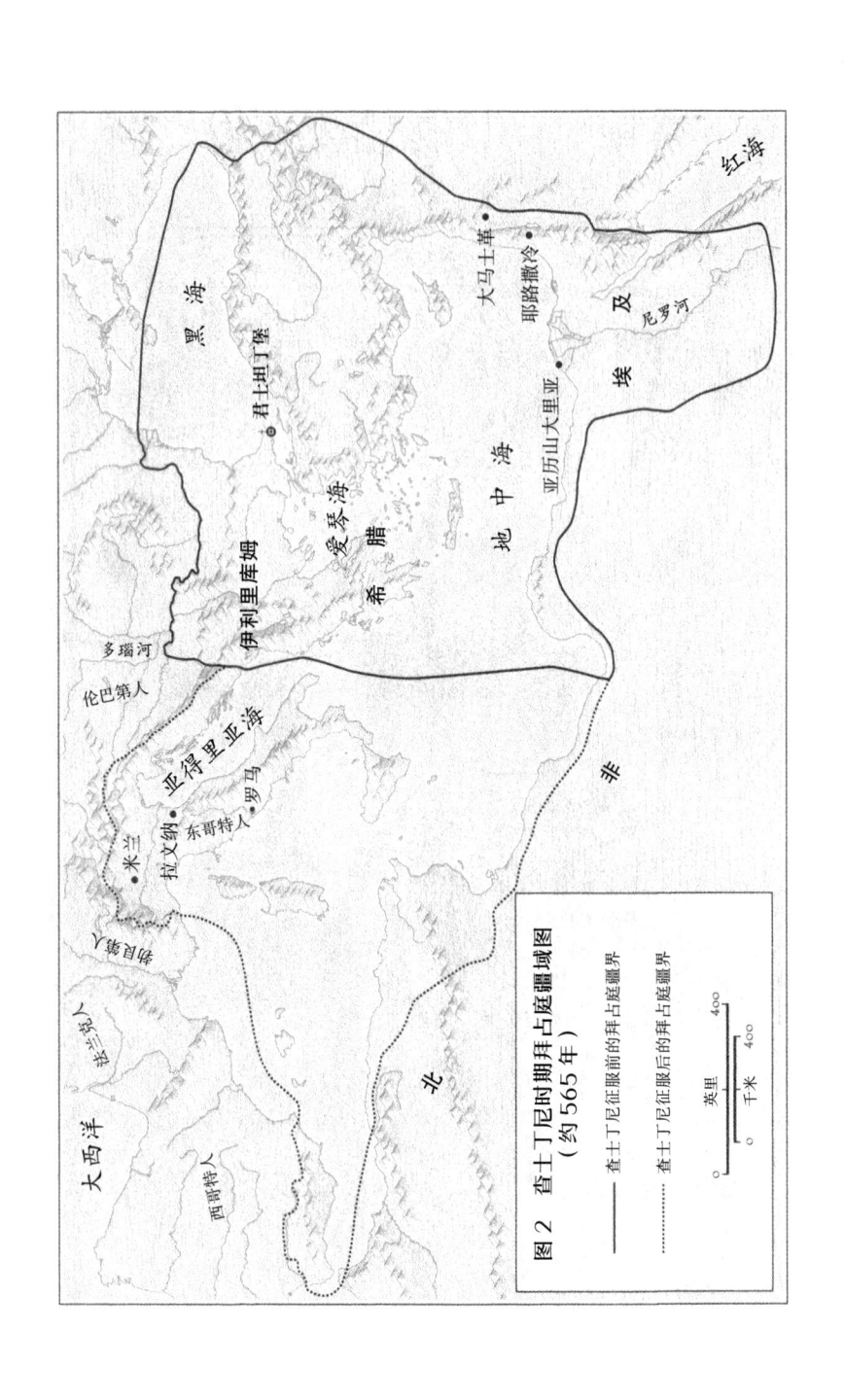

图 2 查士丁尼时期拜占庭疆域图（约 565 年）
—— 查士丁尼征服前的拜占庭疆界
······ 查士丁尼征服后的拜占庭疆界

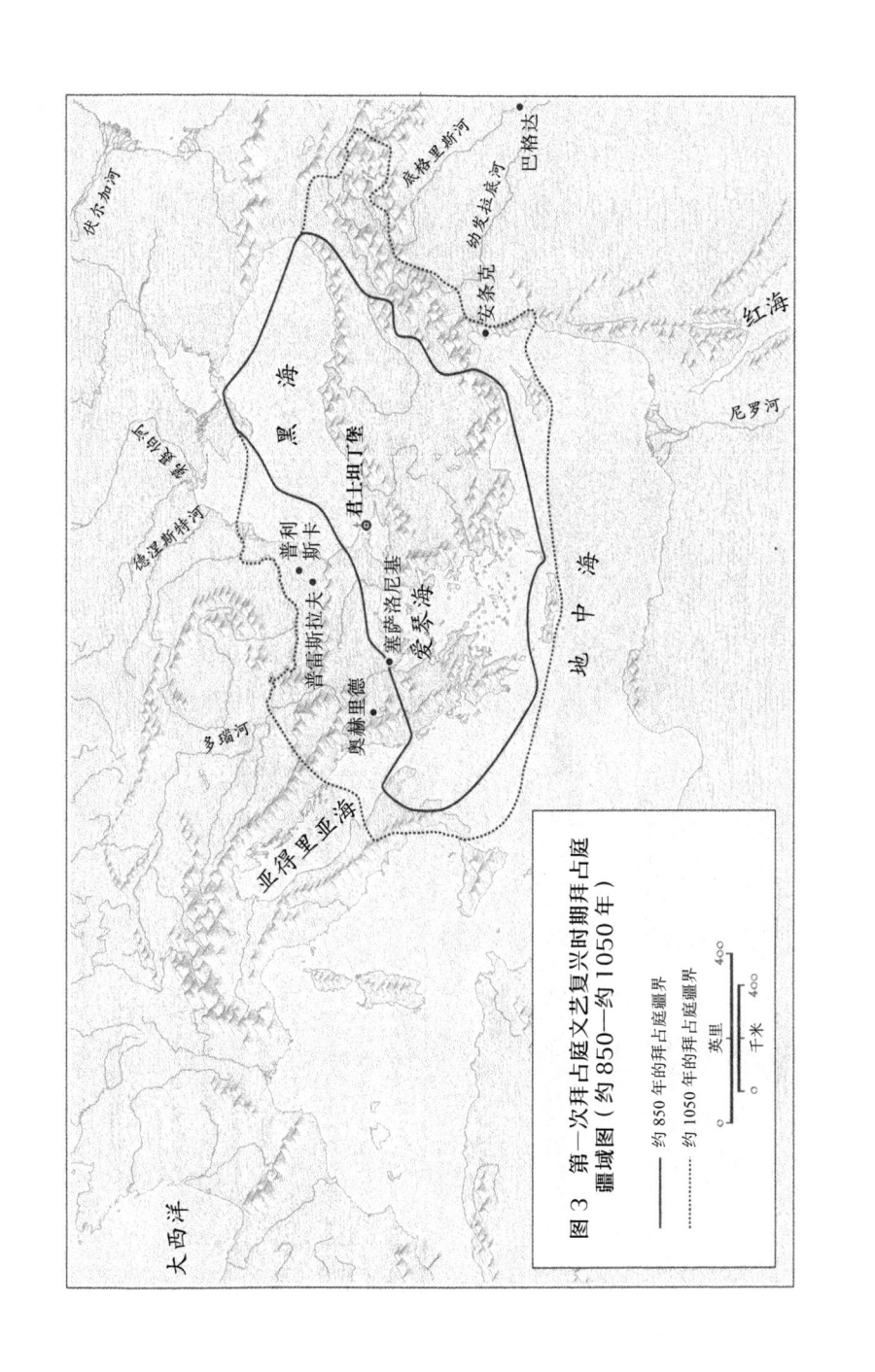

图 3 第一次拜占庭文艺复兴时期拜占庭疆域图（约850—约1050年）

—— 约850年的拜占庭疆界
······ 约1050年的拜占庭疆界

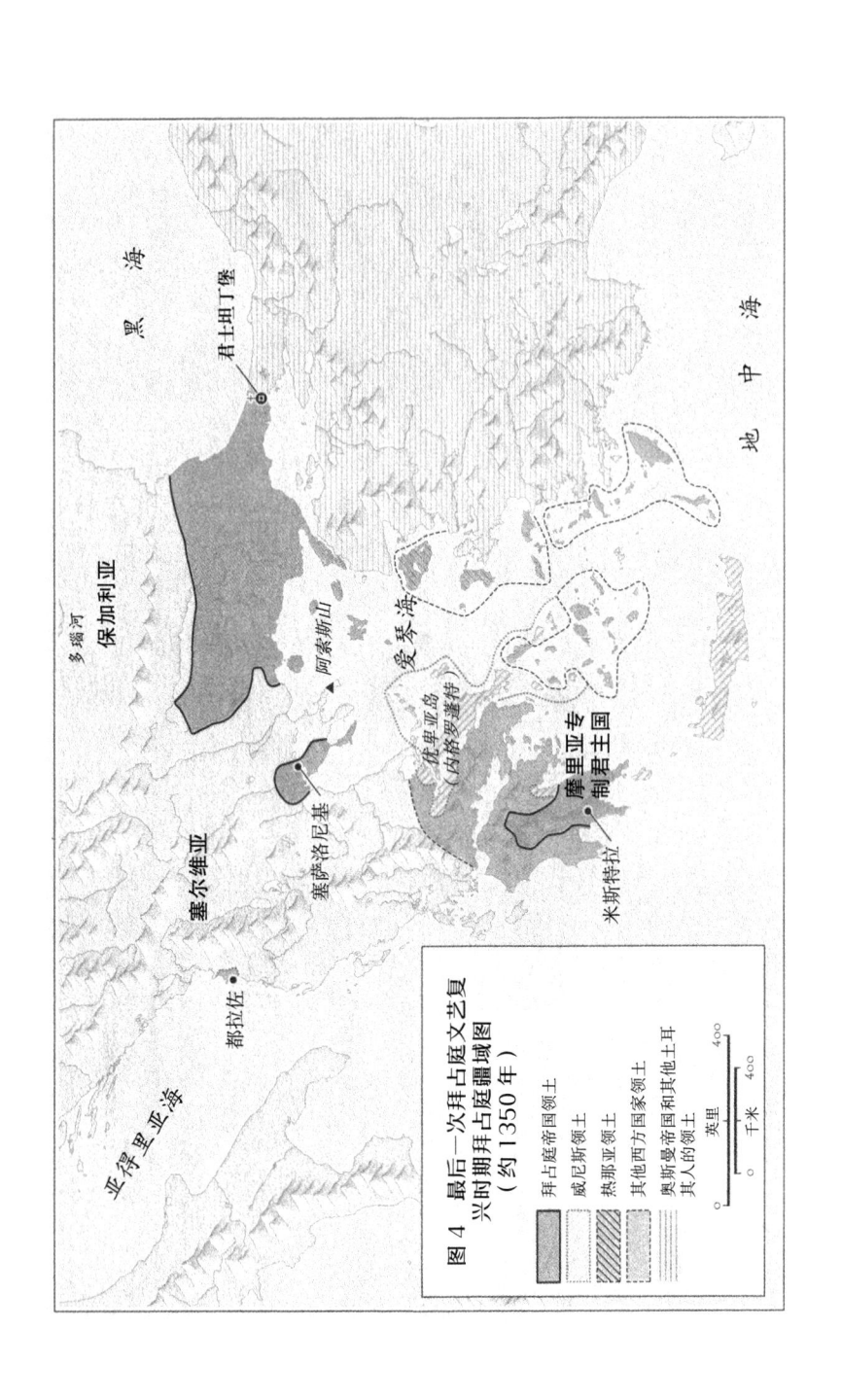

图4 最后一次拜占庭文艺复兴时期拜占庭疆域图（约1350年）

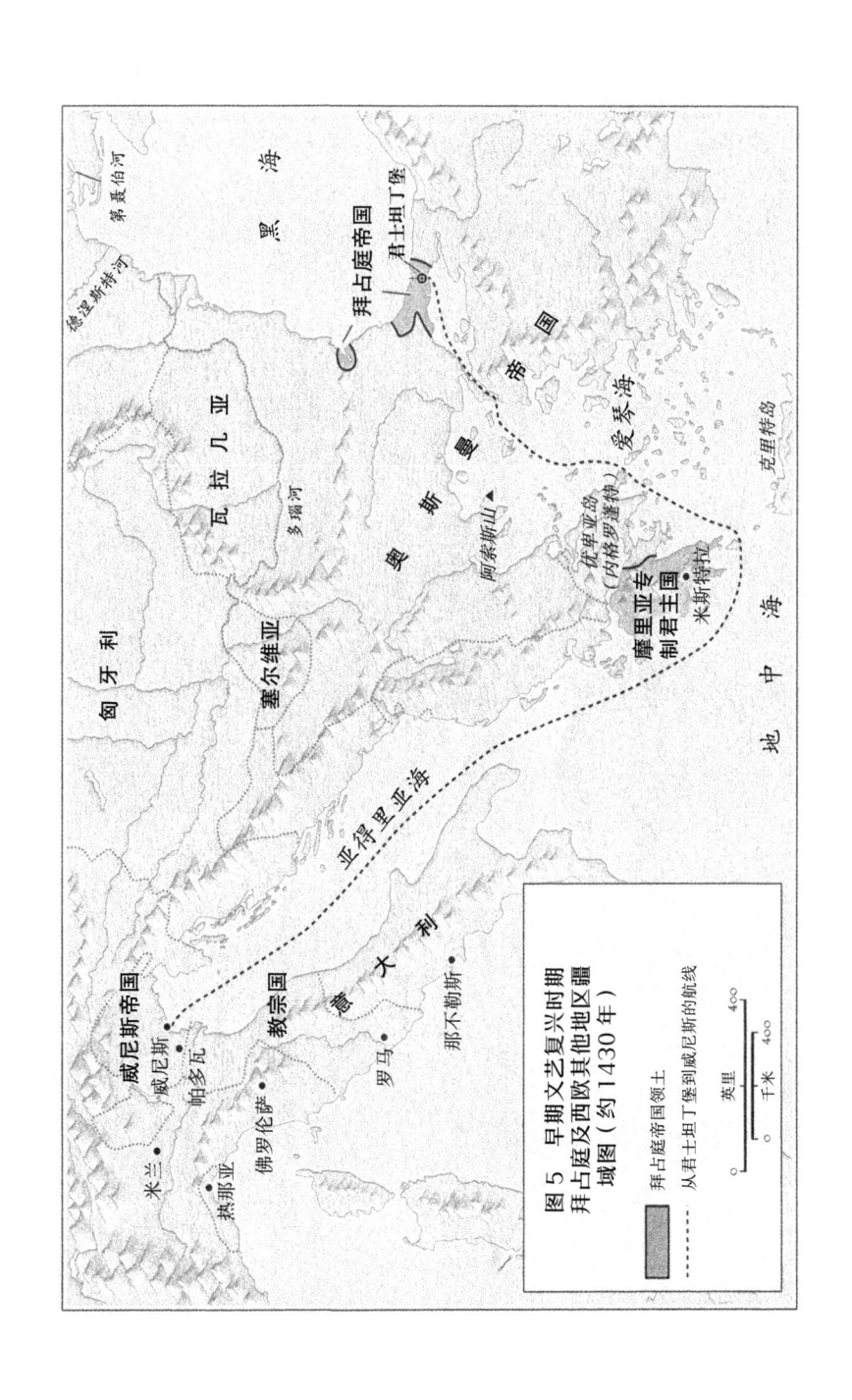

图 5 早期文艺复兴时期拜占庭及西欧其他地区疆域图（约1430年）

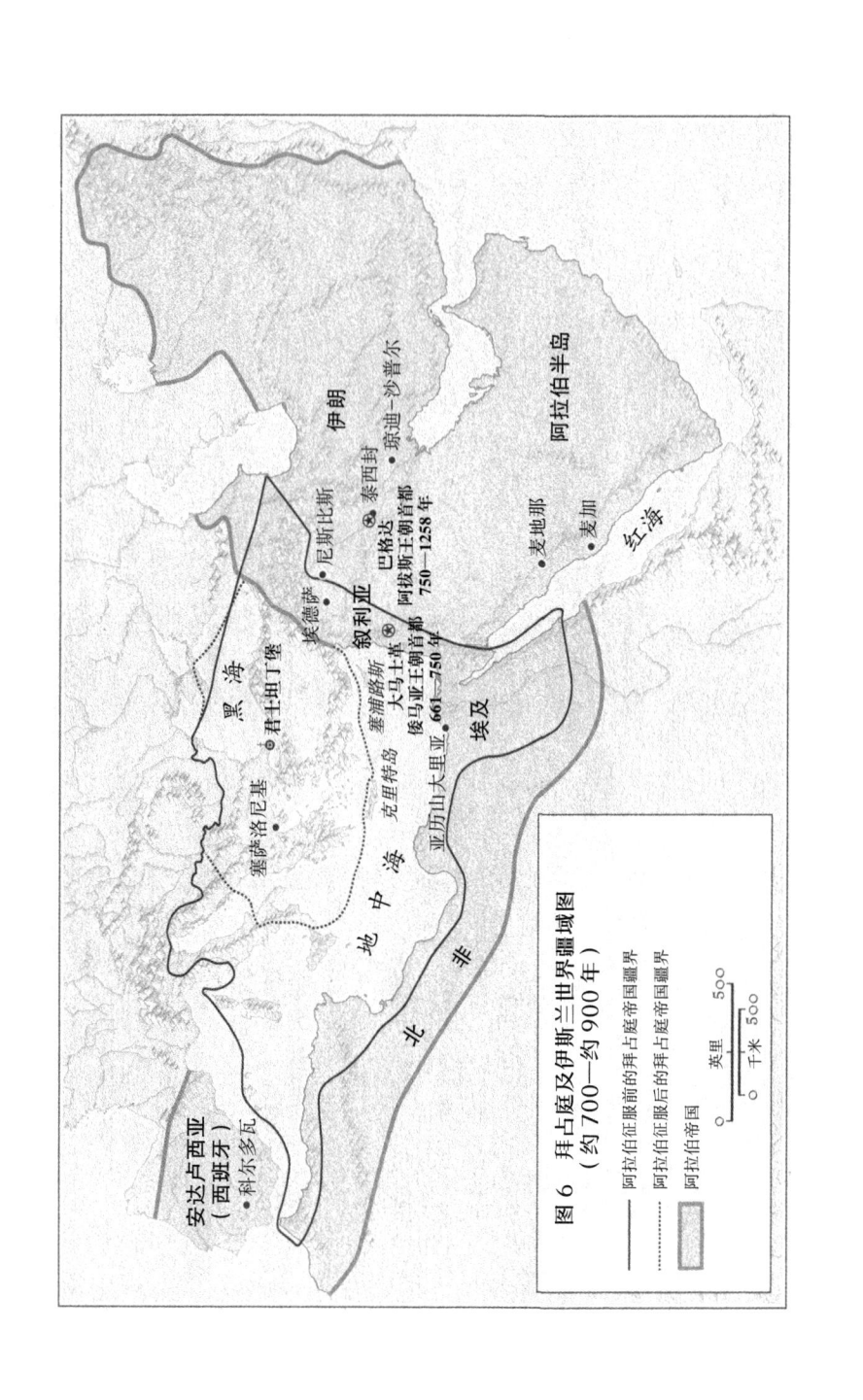

图 6 拜占庭及伊斯兰世界疆域图（约700—约900年）

— 阿拉伯征服前的拜占庭帝国疆界
---- 阿拉伯征服后的拜占庭帝国疆界
▨ 阿拉伯帝国

安达卢西亚（西班牙）
科尔多瓦

塞萨洛尼基
君士坦丁堡
黑海
埃德萨
尼斯比斯
伊朗
泰西封
巴格达
阿拔斯王朝首都
750—1258年
阿拉伯半岛
麦地那
麦加
红海
叙利亚
大马士革
倭马亚王朝首都
661—750年
塞浦路斯
克里特岛
地中海
亚历山大里亚
埃及
北非

图 7 拜占庭及斯拉夫世界的疆域图（约 1000 年）

- 拜占庭帝国
- 保加利亚
- 摩拉维亚
- 基辅罗斯
- ◄------ 西里尔与梅索迪奥斯的传教路线（863—864 年）

0　英里　400
0　千米　400

诺夫哥罗德

伏尔加保加尔人

大摩拉维亚公国
斯塔雷梅斯托

基辅

顿河

德涅斯特河

第聂伯河

伏尔加河

多瑙河

多布罗加

塞尔维亚
普雷斯拉夫 · 普利斯卡
保加利亚
奥赫里德 塞萨洛尼基
阿索斯山

黑海

君士坦丁堡

巴格达

地中海

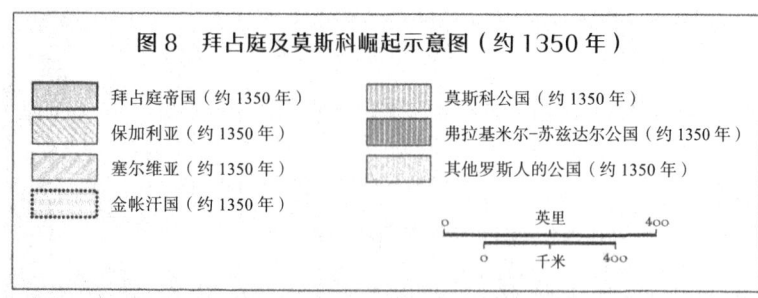

图 8 拜占庭及莫斯科崛起示意图（约 1350 年）

- 拜占庭帝国（约 1350 年）
- 保加利亚（约 1350 年）
- 塞尔维亚（约 1350 年）
- 金帐汗国（约 1350 年）
- 莫斯科公国（约 1350 年）
- 弗拉基米尔-苏兹达尔公国（约 1350 年）
- 其他罗斯人的公国（约 1350 年）

瑞典
诺夫哥罗德
罗斯托夫
特维尔
弗拉基米尔-苏兹达尔
莫斯科
梁赞
条顿骑士团
斯摩棱斯克
立陶宛
斯摩棱斯克
顿河
波兰
切尔尼戈夫
基辅
第聂伯河
金帐汗国
伏尔加河
德涅斯特河
匈牙利
多瑙河
瓦拉几亚
黑海
特拉布宗帝国
特尔诺沃
保加利亚
塞尔维亚
奥赫里德
君士坦丁堡
塞萨洛尼基
阿索斯山
土耳其人的诸埃米尔国
雅典公国

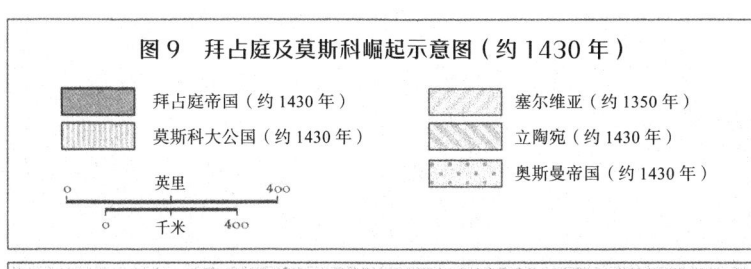

图9 拜占庭及莫斯科崛起示意图（约1430年）

- 拜占庭帝国（约1430年）
- 莫斯科大公国（约1430年）
- 塞尔维亚（约1350年）
- 立陶宛（约1430年）
- 奥斯曼帝国（约1430年）

瑞典

条顿骑士团国

诺夫哥罗德

特维尔

莫斯科大公国

弗拉基米尔-苏兹达尔

罗斯托夫

莫斯科

梁赞

斯摩棱斯克

顿河

立陶宛

切尔尼戈夫

基辅

第聂伯河

波兰

伏尔加河

金帐汗国

德涅斯特河

匈牙利

摩尔达维亚

罗斯托夫

多瑙河

塞尔维亚

瓦拉几亚

黑海

特拉布宗帝国

特尔诺沃

拜占庭帝国

奥赫里德

奥斯曼帝国

塞萨洛尼基

阿索斯山

雅典公国

拜占庭帝国

主要人物

拜占庭

人文主义者

塞奥多里·梅托西特斯（Theodore Metochites，1270—1332年）。政治家、学者、艺术赞助者。拜占庭最后一次文艺复兴的缔造者，重建了科拉教堂。

卡拉布里亚的瓦尔拉姆（Barlaam of Calabria，约1290—1348年）。静默运动的第一个对手，曾向彼特拉克传授希腊语。

迪米特里奥斯·凯多内斯（Demetrius Cydones，约1324—约1398年）。拜占庭政治家，曾将托马斯·阿奎那的著作翻译为希腊语。

曼努埃尔·赫里索洛拉斯（Manuel Chrysoloras，约1350—1415年）。外交家、教育家，第一位在西欧取得成功的古希腊语教师。

乔治·格米斯托斯·普莱索（George Gemistos Pletho，约1360—1452年）。哲学家、学者，他引起了意大利人文主义者对柏拉图的兴趣。

约翰·贝萨里翁（John Bessarion，约1399—1472年）。流亡学者、翻译家，意大利的拜占庭与意大利人文主义者的赞助者，曾协助起草东正教与天主教的统一敕令（1439年），而后成为天主教枢机主教。

约翰·阿尔吉罗波洛斯（John Argyropoulos，1415—1487年）。教师、哲学家，延续了普莱索开始的、意大利人的研究兴趣向柏拉图转移的进程。

修士

格里高利·帕拉马斯（Gregory Palamas，约1296—1359年）。神秘主

神学家、圣人，东正教修士中静默运动的主要推动者。

西里尔（Cyril，约 826—869 年）**与梅索迪奥斯**（Methodius，约 815—885 年）。东正教传教士兄弟，斯拉夫人的使徒。发明并推广了古教会斯拉夫文，即斯拉夫东正教会使用的、以拜占庭希腊文为基础的书面文字。

皇帝

查士丁尼一世（Justinian，约 482—565 年；527—565 年在位）。收复意大利，建造圣索菲亚大教堂。

希拉克略（Heraclius，约 575—641 年；610—641 年在位）。从波斯人手中拯救拜占庭帝国，而后最富裕的省份被信仰伊斯兰教的阿拉伯人夺走，拜占庭帝国的黑暗时代自此开始。

"出生于紫色寝宫的"君士坦丁七世（Constantine VII Porphyrogenitus，905—959 年；945—959 年在位）。马其顿王朝皇帝，著有这一时期的重要史料《论帝国管理》(*De Administrando Imperio*)。

巴西尔二世（Basil II，958—1025 年；976—1025 年在位）。马其顿王朝皇帝，拜占庭帝国在他执政时达到第一次拜占庭文艺复兴的顶点。

阿莱克修斯一世·科穆宁（Alexius I Comnenus，约 1057—1118 年；1081—1118 年在位）。科穆宁王朝的创立者，在 11 世纪晚期的崩溃之后，他在十字军时代暂时恢复了拜占庭帝国的国力。

约翰六世·坎塔库泽努斯（John VI Cantacuzenos，约 1295—1383 年；1347—1354 年在位）。政治家、摄政、皇帝、神学家、史学家，最终成为修士，赞助人文主义者，同时又是坚定的静修主义者，阐述了与罗斯联合的政策。

曼努埃尔二世·帕列奥列格（Manuel II Paleologos，1350—1425 年；1391—1425 年在位）。约翰六世的外孙，拜占庭最后文艺复兴时代的许多拜占庭人文主义者的朋友与赞助者。

君士坦丁堡牧首

弗提乌斯（Photius，约810—约895年；858—867年、877—886年在职）。人文主义学者，实现了第一次拜占庭文艺复兴，促使西里尔与梅索迪奥斯去对斯拉夫人传教。

"枢机秘书"尼古拉斯（Nicholas Mysticus，852—925年；901—907年、912—925年在职）。君士坦丁七世年幼时，拜占庭与保加利亚的西美昂战争期间的摄政。

"红发的"菲罗西奥斯（Philotheos Kokkinos，约1300—约1378年；1353—1354年、1364—1376年在职）。静默派修士，协助完成与罗斯联合的政策。

西　方

狄奥多里克（Theoderic，约454—526年）。哥特国王（471—526年在位），在君士坦丁堡接受教育，在拜占庭帝国支持下统治意大利。

波爱修斯（Boethius，约480—约524年）。罗马帝国晚期的哲学家与学者，试图将亚里士多德的著作译为拉丁语。

卡西奥多罗斯（Cassiodorus，约487—约580年）。罗马帝国晚期的学者与官员，之后成为修士。

克雷莫纳的柳特普兰德（Liudprand of Cremona，约920—约972年）。伦巴第贵族与外交家，两度为西欧君主出使君士坦丁堡。

恩里科·丹多洛（Enrico Dandolo，约1107—1205年）。威尼斯总督（1192年就任），策划安排第四次十字军东征期间的洗劫与对君士坦丁堡的占领（1204—1261年）。

彼特拉克（Petrarch，1304—1374年）。意大利诗人，在意大利开始了文艺复兴的人文主义研究，学习过希腊语。

科卢乔·萨卢塔蒂（Coluccio Salutati，1331—1406年）。人文主义者，

佛罗伦萨执政官，安排曼努埃尔·赫里索洛拉斯在当地传授希腊语。

莱昂纳多·布鲁尼（Leonardo Bruni，1370—1444年）。修辞学家与史学家，赫里索洛拉斯的学生，公民人文主义的代表人物。

波焦·布拉乔利尼（Poggio Bracciolini，1380—1449年）。著名拉丁语学者，年轻时加入了佛罗伦萨的赫里索洛拉斯的学术圈。

尼科洛·尼科利（Niccolò Niccoli，1364—1437年）。流亡的古典学者，曾在佛罗伦萨向赫里索洛拉斯学习，作品不多，但对艺术家和其他人文主义者影响深远。

维罗纳的瓜里诺（Guarino da Verona，1374—1460年）。意大利先锋教育家，赫里索洛拉斯最亲密的追随者。

托马索·巴伦图切利（Tommaso Parentucelli，1397—1455年）。意大利人文学者，此后的教宗尼古拉五世（1446年就任），创立了梵蒂冈图书馆，安排贝萨里翁监督希腊语手抄本的翻译。

洛伦佐·瓦拉（Lorenzo Valla，1407—1457年）。天资聪颖的意大利古典学者与语文学家，流亡的拜占庭人文主义者枢机主教贝萨里翁的追随者。

马尔西利奥·费奇诺（Marsilio Ficino，1433—1499年）。美第奇家族的科西莫和洛伦佐的朋友与追随者，在学会希腊语后创立了佛罗伦萨的柏拉图学院。

伊斯兰世界

穆罕默德（Muhammad，约570—632年）。伊斯兰教的先知与创教者。

穆阿维叶（Muawiyah，约602—680年）。第五位哈里发（661—680年在位），以拜占庭帝国原叙利亚行省为核心创立倭马亚王朝。

阿卜杜勒·马立克（Abd al-Malik，646—705年）。倭马亚王朝哈里发（685—705年在位），恢复倭马亚王朝的力量，建造了圆顶清真寺。

曼苏尔（Al-Mansur，约710—775年）。阿拔斯王朝哈里发（754—

775年在位）、巴格达的建立者，开始了将希腊语文献翻译为阿拉伯语的运动。

马蒙（Al-Mamun，786—833年）。阿拔斯王朝哈里发（813—833年在位），继续推动希腊语文献翻译运动，此后的记载称他与"智慧宫"相关。

侯奈因·伊本·易斯哈格（Hunayn ibn Ishaq，808—873年）。聂斯托利派基督徒，将希腊的医学与科学著作翻译为阿拉伯语，在拜占庭帝国的故地收集文本。

斯拉夫世界

鲍里斯一世（Boris I，？—907年）。保加利亚可汗（852—889年在位），在865年皈依基督教，接受了西里尔与梅索迪奥斯的斯拉夫礼仪。

西美昂大帝（Symeon the Great，约865—927年）。鲍里斯之子，保加利亚的第一位沙皇（893—927年在位），虔诚的东正教徒，与拜占庭进行两次大型战争，试图夺取君士坦丁堡。

斯特凡·奈曼加（Stefan Nemanja，？—约1200年）。中世纪塞尔维亚的统治者，将国家纳入拜占庭共同体，创立塞尔维亚的统治王朝以及一系列的东正教修道院，此后成为修士与东正教圣人。

萨瓦（Sava，1175—1235年）。斯特凡·奈曼加的幼子，阿索斯山的修士，创立了独立的塞尔维亚东正教会，东正教圣人。

奥列加（Olga，？—约969年）。罗斯大公的夫人，基辅统治者（945—约969年），前往君士坦丁堡受洗成为东正教徒。

斯维亚托斯拉夫（Svyatoslav，约945—972年）。基辅的罗斯大公，奥列加之子，信多神教的战士，在渡过第聂伯河时被佩切涅格人杀死。

弗拉基米尔大帝（Vladimir the Great，约956—1015年）。基辅的罗斯大公，斯维亚托斯拉夫之子，带领他的民族皈依东正教，东正教圣人。

智者雅罗斯拉夫（Yaroslav the Wise，978—1054年）。基辅的罗斯大公，弗拉基米尔之子，重建基辅，使其作为东正教的首都达到鼎盛。

齐普里安（Cyprian，约 1330—1406 年）。保加利亚修士，他和牧首菲罗西奥斯共同推动了罗斯的拜占庭静默运动。

拉多涅日的圣塞尔吉乌斯（Sergius of Radonezh，1314—1392 年）。罗斯东正教修士与圣人，罗斯修道院体系的创建者与罗斯静默运动的推动者。

特尔诺沃的尤西米乌斯（Euthymius of Turnovo，约 1317—约 1402 年）。保加利亚静默派修士与特尔诺沃牧首，"第二次南斯拉夫文化运动"的推动者，也推动了古教会斯拉夫语遗产在静默派中的复兴。

马西姆·格列克（Maxim Grek，约 1470—1556 年）。原名米哈伊尔·特里沃里斯（Michael Trivolis），在佛罗伦萨接受人文主义教育，而后投入基督教活动，成为修士马克西莫斯（Maximos），在阿索斯山度过了十年，而后去往罗斯，被称为马西姆·格列克，即"希腊的马西姆"。

大事年表

年份	拜占庭	西方	伊斯兰世界	斯拉夫世界
330 年	建立君士坦丁堡			
500 年前后		哥特人在意大利；波爱修斯、卡西奥多罗斯活跃的时期		
6 世纪	查士丁尼（565 年去世）	再次征服意大利	拜占庭-波斯战争	斯拉夫人在巴尔干
约 575—640 年	希拉克略（641 年去世）	伦巴第人在意大利	穆罕默德（632 年去世）开创伊斯兰教	阿瓦尔人与斯拉夫人结盟
约 650—750 年	黑暗时代开始	法兰克人崛起	倭马亚王朝	保加尔人抵达巴尔干
约 750—850 年	毁坏圣像运动	教宗与法兰克人结盟	阿拔斯王朝；巴格达建城	保加利亚崛起
约 860—900 年	第一次拜占庭文艺复兴开始；弗提乌斯活跃时期	弗提乌斯分裂	希腊语译为阿拉伯语的翻译运动蓬勃发展；侯奈因·伊本·易斯哈格活跃时期	罗斯人攻打君士坦丁堡；西里尔和梅索迪奥斯活跃时期
约 900—1000 年	君士坦丁七世	奥托大帝	阿拔斯王朝开始衰落	保加利亚的西美昂一世（927 年去世）；基辅罗斯崛起

续表

年份	拜占庭	西方	伊斯兰世界	斯拉夫世界
约1000—1100年	巴西尔二世（1025年去世）；拜占庭开始衰落（约1075年后）	土耳其人进入小亚细亚（约1075年后）	塞尔柱土耳其人	弗拉基米尔一世；基辅罗斯皈依东正教
约1100—1200年	科穆宁王朝	十字军东征开始	阿拉伯启蒙运动开始衰退	罗斯各公国内讧
约1200—1300年	第四次十字军东征（1204—1261年）		蒙古人洗劫巴格达	金帐汗国统治罗斯
1320年前后	最后一次拜占庭文艺复兴；塞奥多里·梅托西特斯活跃时期	乔托活跃时期；意大利文艺复兴开始	奥斯曼土耳其帝国创立	都主教彼得前往莫斯科（1326年）
约1330—1355年	静默主义之争	瓦尔拉姆前往意大利；彼特拉克学习希腊语	奥斯曼帝国的势力在小亚细亚崛起	菲罗西奥斯促进罗斯都主教区的团结
约1350—1400年	凯多内斯、菲罗西奥斯活跃时期	萨卢塔蒂活跃时期；赫里索洛拉斯在佛罗伦萨（1397—1400年）	奥斯曼帝国占领巴尔干大部分地区	莫斯科的崛起；库利科沃战役（1380年）；齐普里安活跃时期
约1400—1480年	君士坦丁堡沦陷；拜占庭帝国终结（1453年）	贝萨里翁等人活跃于意大利；佛罗伦萨公会议（1439年）	奥斯曼帝国继续征服巴尔干地区	蒙古帝国瓦解；莫斯科的扩张

引　言

拜占庭帝国是古希腊及古罗马在中世纪的继承者,是罗马帝国在希腊领土上的延续,它以基督教为国教。它在4世纪初兴起于新的基督教首都君士坦丁堡,该城建立在年代久远的希腊城市拜占庭的位置上。当奥斯曼帝国的土耳其人于1453年攻陷这座城市时,帝国的命运终结,君士坦丁堡成为奥斯曼帝国的首都,而奥斯曼帝国也在统治领土和帝国制度上基本上取代了古老的拜占庭希腊帝国。

从爱德华·吉本的《罗马帝国衰亡史》一书开始,西方历史学家直到最近一直将拜占庭的历史描绘成一段漫长且于教化无益的帝国衰落的故事。如果衡量帝国的标准仅是领土大小的话,这种论调看起来很有道理。古老的罗马帝国曾一度幅员辽阔,然而在经历了约1000年的逆境局面之后,拜占庭帝国在最后几十年间仅剩的领土已减少到只比君士坦丁堡城本身略大的地步。

然而,若通过文化影响来衡量,最近的历史研究却揭示它拥有斐然的文化成就且经常积极扩张文化影响力。本书便会向各位读者讲述这段历程。

本书的结构源自两个要点,读者借助它们便可以容易地理解拜占庭的文化遗产。其一是这一遗产的双重性质,体现在它所包容的基督教信仰和希腊文化。其二则是,这种双重遗产的受益者是起源于拜占庭帝国故地上的三个更年轻的文明:西欧文明、伊斯兰文明和斯拉夫世界。这三个全球性的文明在本质上都是由拜占庭塑造的，但是每个文明拥抱拜占庭文明的方面都具有高度选择性。本书赞颂了这些年轻文明的活力和魄力，也赞颂了拜占庭文化的博大精深。

因此，本书分为三部分。第一部分"拜占庭与西方"讲述了拜占庭留给西方文明的遗产。这一部分的主要内容是古希腊著作的传播。在中世纪拉丁西方和希腊东方分裂的时候，拜占庭的学者煞费苦心地将古希腊的著作保存了下来。然后在文艺复兴时期的曙光到来之际，他们来到意大利，并将古希腊著作传授给意大利的第一批人文主义者，使其开始对古希腊罗马时代的知识产生渴求。如果没有这一批人数不多但富有活力的拜占庭人文主义教师，古希腊著作可能在 1453 年土耳其人征服君士坦丁堡时就永远遗失了。[1]

第二部分"拜占庭与伊斯兰世界"回顾了阿拉伯帝国在中东地区的拜占庭故地上的崛起。早在意大利人重新发现古希腊文明之前，阿拉伯人就吸收了古希腊的科学、医学和哲学，并在这些

---

[1] 自 14 世纪中叶以来，"人文主义"和"人文主义者"这两个术语被应用于许多方面，当时意大利诗人彼特拉克重新恢复了"humanitas"这一古代概念，罗马作家西塞罗认为它等同于希腊语的"paideia"，即"教育"。15 世纪末，意大利的大学中教授"studia humanitatis"——字面意思为"对人文的研究"，教学大纲中包括古代语法、修辞学和哲学——的教师被称为"humanistas"。19 世纪，德国学者从这一用法中创造了"humanismus"一词。大部分研究文艺复兴的学者将这些词限定于彼特拉克以降的古代希腊、拉丁的著作和西方文明的研究及研究者。在本书中，这些术语用于拜占庭帝国及其古典学者，而不管其时间是否晚于彼特拉克。一些现代的权威反对这种用法，称其既有时代错误的风险，又可能将一些重大的差异模糊化。然而，这似乎是强调拜占庭的"人文主义者"与他们那些意大利同行具有一致性的好方法：他们对古典世界都深深地怀有兴趣。

工作的基础上开展了阿拉伯启蒙运动，这段时期通常被称为"伊斯兰科学的黄金时代"。同样，这些文本归根结底还是来自拜占庭，向阿拉伯人传授这些教材的学者和翻译这些教材的学者也来自拜占庭。伊斯兰世界最终拒绝了古希腊的遗产，因为宗教当局压制了作为古希腊科学和哲学基础的理性探究活动。

第三部分"拜占庭与斯拉夫世界"探讨了拜占庭在宗教方面的遗产。拜占庭人几个世纪以来坚定不移地传教，将南斯拉夫人和东斯拉夫人从未开化的入侵者转变为东正教伟大的守护者。首先皈依的是保加利亚人，然后是塞尔维亚人，最后是罗斯人。拜占庭人和斯拉夫人的修士共同创造了一位当代顶尖学者所谓的"拜占庭共同体"。[①] 这个泛斯拉夫的文化实体超越了国界，融合了东正教修士的神秘主义冥想传统与充满活力的传教热情，从而彻底重塑了拜占庭边境以北的世界。

虽然这些故事必须分开来讲，但读者应该记住，它们在大部分情况下是并行发展的。所以我们最好按开始的先后顺序来呈现。它们在顶点的衰落顺序则又有不同。第一部分从古希腊罗马时代的落幕开始，一直讲述到14世纪和15世纪人文主义的再发现。第二部分重点介绍了7—9世纪阿拉伯伊斯兰文明在拜占庭影子下的兴起。第三部分则紧接其后，涵盖的时段为9—15世纪，那时联合起来的斯拉夫世界成为拜占庭文化最名副其实的继承者。若要纵观这三个地区的发展情况，读者可以参考本书前面的时间表。

---

① 这一术语由迪米特里·奥伯伦斯基（Dimitri Obolensky）创造。

前　言

在伊斯坦布尔的一个僻静角落里，一座小巧的东正教教堂坐落在一个安静的广场上，它缩在古城那巨大的城墙之下，城墙一直延伸到金角湾（Golden Horn）。旅游指南称这座建筑为卡里耶清真寺（Kariye Camii），这是它更老的拜占庭希腊语名字的土耳其语版本，它就是位于科拉（Chora）的圣救主教堂（Church of the Holy Savior）。"科拉"大约相当于俗话讲的"乡下"，"位于科拉"这一标签反映了教堂远离古城繁华的市中心。朝气蓬勃、肮脏混乱而又令人兴奋的现代伊斯坦布尔市已经远远扩张出了古城城墙的范围，但科拉教堂仍然能从更大更著名的诸如圣索菲亚大教堂、蓝色清真寺或托普卡帕宫等景点那里分流来大批游客。

科拉教堂的外观平平无奇，远没有对面广场上奥斯曼时代的建筑物那般吸人眼球，后者很迷人，最近被修复过，其中一栋建筑已被改建为怡人的咖啡馆，另一栋则被改建成了酒店。然而，那些有幸将科拉教堂包含在旅行计划中的人们，绝不会忘记那里优雅精致的马赛克镶嵌画，不会忘记内墙和天花板上那些大胆而富有动感的湿壁画。这些装饰在 20 世纪 60 年代得以精心修复，描绘了《旧约》和《新约》中的场景和故事。它们的品质和情绪感染力，强有力地证明了那个消失的文明所取得的成就——该文明在土耳其人到来之前在这座城市中十分繁荣。

教堂本身及与其相关的修道院可能早在 6—7 世纪就已建成，

虽历经数次修缮，但到了14世纪初，两者都已破损颓圮了。修道院早已不存，而教堂之所以得以保留，几乎全赖一个富有的拜占庭希腊人塞奥多里·梅托西特斯的一己之力，他于1316—1321年出资并监督了教会和修道院的全面翻修工程。在那几年里，科拉教堂的马赛克画被加以拼合完成，其湿壁画也被迅速绘制于未干的灰泥之上。

科拉教堂是当今留存的拜占庭艺术中最出色、最集中、保存最为完好的范例。科拉教堂也反映了拜占庭艺术表现形式的悠久历史中令人吃惊的新阶段。在千里之外的西方，意大利画家乔托·迪·邦多纳（Giotto di Bondone）——与梅托西特斯几乎生活在同一时代——刚刚在帕多瓦（Padua）的阿雷纳礼拜堂（Arena Chapel）完成了一组湿壁画。此作品是乔托的杰作，现在被公认为开创了意大利文艺复兴时期的艺术革命。以两处湿壁画之间清晰的相似性为线索，艺术史学家提出，二者具有共同的人文主义审美，即对人物形象进行现实描绘的新兴趣。有些人认为这种兴趣源于拜占庭，源于拜占庭艺术的创新时期，它在科拉教堂体现得淋漓尽致，并引发了西方的艺术革命。

在梅托西特斯所处的时代，拜占庭正处于它自己的文艺复兴之中，可以说是更为知名的意大利文艺复兴的预演。于2000年以97岁高龄辞世的著名拜占庭学家斯蒂文·朗西曼（Steven Runciman）爵士著有一本此方面的名作《最后的拜占庭文艺复兴》。其他历史学家通常称之为"帕列奥列格文艺复兴"，"帕列奥列格"是拜占庭帝国存在的最后两个世纪里皇帝的姓。

意大利和拜占庭的两次文艺复兴之间有明显而重要的差异。非常重要的一点是，我们知道乔托的名字，但不知道参与修复科拉教堂的任何一位艺术家的名字，而所有溢美之词都献给了富有的赞助人梅托西特斯。在某种程度上意大利人正在摆脱中世纪世界观，拜占庭人却在他们的历史终结之前一直没有意识到这一点。

即便塞奥多里·梅托西特斯除了翻修科拉教堂外毫无建树，他的名字仍然值得我们纪念。除了他的艺术赞助，他还被认为是最后的拜占庭文艺复兴的奠基者。在当时，作为杰出知识分子的梅托西特斯是一位学识令人印象深刻的作家和哲学家。他还是一位有权势的政府官员，在帕列奥列格王朝皇帝安德洛尼库斯二世的统治下，他在将近四分之一个世纪的时间里担任首相。

以现代标准来看，跟大多数拜占庭文人一样，梅托西特斯是作风怪诞的夸口之人。即使是习惯于冗长文风的拜占庭人，也普遍认为他那些仿古式的希腊散文啰唆重复、自我吹嘘，而且往往很费解。他的所有作品都保留了下来，只有他的信件在1671年的一场火灾中被烧毁了——对今天费力阅读他的作品的读者来说，可能会因此有一种暗暗的解脱感。其作品有：对亚里士多德的大量评论、关于天文学的论文、松散无力的诗歌、乏味的圣徒传记、夸夸其谈的演说辞，最重要的是大量关于希腊历史和文学的文章。

然而，现代学者也在这些作品中发现了具有价值的独创性和自由开放的思想，这两种品质在拜占庭作者中并不常见。梅托西特斯甚至被称为人文主义者，他的文学兴趣被认为补充了科拉教堂中那些马赛克画和湿壁画所反映的艺术价值。与意大利文艺复兴一样，最后的拜占庭文艺复兴是一场文学和智识上的运动，同时也是（甚至更是）一场艺术上的运动。这两次文艺复兴的线索，都来自基督教之前的古希腊罗马时期的著作。

梅托西特斯虔诚地赞赏科拉教堂中的那些新作品时，发出的顶多是不冷不热、依照习惯的赞赏而已。相比之下,他对那些非宗教的手抄本,即古希腊的经典著作,则充满了激情和感情。他大大丰富了科拉修道院的图书馆的藏书,使其成为城中最好的图书馆。他捐出自己的个人收藏,并在捐赠时规定藏书对公众开放。梅托西特斯认为这对他而言远非简单的慈善行为。正如在他写给科拉修道院的修士的一封长长的劝诫信中所明确说明的,"为了我",他在结尾中请求道,"请务必保护这些最有价值的宝库的安全,也就是这些无价的书籍的安全",保护"这些精美的珍品的价值不受减损,因为它们永远是人们所渴求的东西"。①

当安德洛尼库斯二世在 1328 年被他叛乱的孙子推翻后,梅托西特斯发现自己的权力和财富都被剥夺了。遭受了短暂的监禁和接下来的流放后,按照拜占庭人的退休习惯,他进入科拉教堂的修道院,成为一位名叫塞奥勒普托斯(Theoleptos)的修士。几年后他在那里去世,享年 60 余岁。

虽然科拉教堂中这些书籍的命运已无从知晓,但从更广泛的意义上说,梅托西特斯的话具有空前的预见性。几十年后,西方人将开始缓慢而蹒跚地重新发现古希腊著作。意识到能从拜占庭获取这些经典作品后,彼特拉克、薄伽丘等人和他们的后继者,将与那些作为梅托西特斯的学术继承人的拜占庭人文主义者结为盟友。在大约一个世纪的时间里,随着帝国的残躯在他们周围崩溃,拜占庭的教师和他们的意大利学生通力协作,在字面意义上从征服者土耳其人的手中将古希腊文献抢救了出来。拜占庭对古希腊著作的贡献,让文艺复兴时期人文主义的期许得以实现,让

---

① Underwood, *Kariye Djami*, 51-52.

西方世界重新获得构建西方文明基础的文献。试想，倘若没有这些著作，世界会是多么可怕！想到这些著作被细线系着，有消失在虚空中的危险，又会感到多么不安！

第一部分

拜占庭与西方

I
歧路揖别处

你若去意大利旅行，便会发现拜占庭仿佛近在咫尺。而当你走进美术馆、博物馆，特别是教堂时，这一点点距离也悄然而必然地消失了。在这些地方，拜占庭如薄雾一般绕在你身旁，掩盖了那些德国人、美国人和日本人的声音。比如坐落在威尼斯的圣马可教堂（Basilica di San Marco），便是在拜占庭工匠的帮助下，仿照君士坦丁堡损毁已久的圣使徒教堂（Church of the Holy Apostles）所建，并点缀着第四次十字军东征期间威尼斯攻陷君士坦丁堡后得到的战利品。又比如拉文纳（Ravenna）的圣维塔莱教堂（Church of San Vitale），教堂里那幅著名的镶嵌画上，拜占庭皇帝查士丁尼和他的妻子——艳名远播、出身风尘的皇后狄奥多拉（Theodora），带着各自的随从，目光平静地穿过15码①的后殿注视着对方，已有1400多年之久。

欧洲最有生气的拜占庭遗迹在意大利，意大利最有生气的拜占庭遗迹在拉文纳。今天的威尼斯确实更有拜占庭的感觉，但它代表的是更晚的时代，而且无论如何，威尼斯的拜占庭风格也基本是抢来的或复制来的，而拉文纳的拜占庭风格则是原生的。早

---

① 1码约合0.91米。——译者注

在威尼斯城打下第一根桩之前，拉文纳就已建成。拉文纳城四周的沼泽环境使其比罗马更容易防御，它在中世纪初成了拜占庭政府在意大利的首府。

然后野蛮人——汪达尔人、哥特人等——便汹汹而至，夺取了权力，造成了我们熟知的"罗马的陷落"。6世纪中叶，查士丁尼决心光复沦陷的土地，并对意大利和西罗马帝国的其他故地进行了残酷而艰苦的征服。漫长的战争结束后，他建立了圣维塔莱教堂以庆祝胜利。

出圣维塔莱教堂只需走几分钟，有一座圣阿波利纳雷教堂（Basilica di Sant'Apollinare Nuovo），教堂中的镶嵌画向我们提供了另外的信息，这个信息与皇帝夫妇和他们随从的那种平静、坚定的目光截然不同。圣阿波利纳雷教堂由东哥特国王、政治家狄奥多里克大王（Theoderic the Great）在查士丁尼即位前所建，比圣维塔莱教堂早了一代人的时光。画中描绘了哥特人进入罗马世界时最意气风发的一幕。两幅马赛克镶嵌画在教堂那长长的内墙上南北相对：南面的是拉文纳的城市全景及狄奥多里克大王的宫殿，北面的则展现了附近克拉赛港（Classis）的景色。

南墙的城市风景画上曾经有哥特人的肖像，包括狄奥多里克的阿马尔家族（Amal）及其他贵族成员。查士丁尼收复这里之后，如同他们煞费苦心地把哥特人从意大利彻底根绝一样，拜占庭人撬下了这些描绘哥特人形象的马赛克，换上了其他马赛克。今天的游客很容易就能找出那些斑驳的区域，后来镶嵌上去的马赛克与原来的马赛克无法融为一体。在画中宫殿旁边的柱子的边缘，在那些掩盖了原本的哥特人形象的大片覆盖物的边缘，你仍然可以看到几块手指造型的马赛克，由于这些石块在柱子上镶嵌得太精致,难以被拆除,因而在修改中得以保留下来,仿佛最后一批哥特人就藏在柱子后面,等着从覆盖物下一跃而出。在附近的墙上,有一幅似乎曾经是狄奥多里克的肖像,旁边的名字已经被去掉了,代之以查士丁尼的名字。

圣阿波利纳雷教堂反映了当时欧洲的一种普遍状况。当时确实有一种文明,却是一种笨拙的文明,学者称之为"亚罗马"(sub-Roman):半罗马、半蛮族的文化群体,比如在4—5世纪西方分裂的过程中崛起的哥特人。这些发酵中的小世界是西欧诞生的最早迹象,它们首先出现在此前的罗马殖民地,从西班牙、高卢到德意志,再南下巴尔干,最终进入意大利本土。

然而,哥特人统治下的意大利并没有得到足够的发酵时间,作为发酵容器的哥特政权很快就被查士丁尼为收复这里而发动的枉然的战争所毁灭。不仅哥特人承受了苦难,事实上几乎整个半岛都受到了毁坏。本该拯救当地居民的人,却给他们造成了深深的创伤。

并非野蛮人的入侵,而是这场残酷的拜占庭再征服活动造成的浩劫,终结了西方的古代世界。

然而,恰在查士丁尼的再征服之前,狄奥多里克统治下的意大利充满了乐观的气氛。5世纪早期的西方世界可谓战火频仍、动荡不安。罗马帝国的统治逐渐瓦解后,到来的蛮族与群龙无首的罗马地方精英建立起不稳固的伙伴关系:汪达尔人最终去了非洲,西哥特人待在西班牙,法兰克人停留在高卢。蛮族军队还曾在410年和455年两度进入罗马城。罗马帝国的崩溃,使罗马帝国阿非利加行省的一位基督教主教和作者——希波的奥古斯丁(Augustine of Hippo)不再关注尘世的情景,转而向他的读者描绘上帝之城，那里一尘不染，坚不可摧，和衰落的罗马城形成了鲜明的对比。然而正是在这短短几十年内，西方世界完成了一次转折。

476年，即后世认为的西方的帝国灭亡的年份——其实同时代人对此并不在意。那时帝国权力已经衰微不堪，纵然灭亡也不引人注目。5世纪的最后十年，拜占庭邀请狄奥多里克——他在君士坦丁堡长大，并接受了一定的教育——和追随者一起夺取意大利。哥特人与古老的罗马元老院的精英们结成了脆弱的联盟，自命为友善的地方政府，以拜占庭的那位"罗马"皇帝的名义统治意大利。

同时代拜占庭的重要历史学家普罗柯比（Procopius）将狄奥多里克描绘成深孚众望、气质庄严的君主。在他笔下，这个哥特国王"谨慎地主持正义，在可靠的基础上维护法律，保护土地，驱逐四方的蛮族，展现出首屈一指的智慧和男子气概"。[①] 尽管狄奥多里克本人"背负僭主之名"，普罗柯比说，"事实上，他和一开始就能显露才能的皇帝一样，堪称一位真正的皇帝"。[②]

普罗柯比的描述，暗示有一些有趣的、模棱两可的因素塑造了这个不断变化的世界。是什么造就了这个蛮族、僭主、国王，甚至是皇帝？拜占庭人和意大利人不久分道扬镳，渐行渐远之后，答案也就莫衷一是了。这种漫长的分离过程——鲜有重大而不可挽回的变故，却满是细微而难以察觉的进程——在拜占庭千年的历史之中如影随形。

---

① Procopius, *History*, 11.
② Procopius, *History*, 13.

波爱修斯与卡西奥多罗斯

为了追溯这条歧路，我们首先要拜访一下狄奥多里克时代两位学识渊博的罗马绅士，波爱修斯和卡西奥多罗斯。像掌管开始与终结的双面罗马神祇雅努斯（Janus）一样，他们各自望向两个方向，一面回顾衰落的古代世界，一面呼唤我们向新兴的中世纪前进。

当代学者总是将波爱修斯称作"最后一个罗马哲学家和第一个经院哲学家[①]"。如此评价的原因是，波爱修斯是西欧在很长的一段历史时期里，最后一个掌握古希腊语和古希腊哲学并具有文化影响力的人。当然他绝非最后一个——有许多不重要的人，他们的数量远比我们此前想的要多——但他是最后一位重量级的人物。至少要等到大约700年后的12世纪，托马斯·阿奎那（Thomas Aquinas）和其他经院哲学家才开始重新认识亚里士多德。即使在那时，也很少有经院哲学家对古希腊语的了解堪与波爱修斯相比。直至波爱修斯之后将近1000年的15世纪，[②] 文艺复兴时代的佛罗伦萨学者才拥有那种层次的学识。

我们不能确定波爱修斯是怎样、从哪里习得的希腊语，从现存记载中的线索来看，他年轻时可能在雅典或亚历山大里亚，甚至先后在这两个地方学习过。这种旅居学习方式曾经在地中海的

[①] 经院哲学是人文主义兴起之前欧洲的主要思想运动，它也受到发现的古代文学的刺激——这里指亚里士多德的思想在12世纪的部分恢复。经院哲学与大学或"学校"的兴起密切相关。最伟大的经院哲学家是圣托马斯·阿奎那，他去世后，他的思想被纳入天主教教义。经院哲学强调阐述神学时使用推演和辩证式争论。

[②] 原文 Quattrocentro，意大利语的"四百"，指15世纪意大利的文化创新。

上流社会之中颇为常见，但到这个时候，已经接近消亡了。波爱修斯幼年丧父，被长辈绪马古斯（Symmachus）收养。绪马古斯是罗马的显赫人物，也与东方的希腊文化有密切的联系。事实上，文雅的绪马古斯有一个雄心勃勃的计划，即让意大利人重新熟悉希腊古典文学，这可能也是他资助这位才华横溢的晚辈的理由。在绪马古斯的指导下，波爱修斯开展了近乎难以置信的宏大项目，他不仅想将柏拉图和亚里士多德的全部作品翻译为拉丁语并作注，还想调和他们二人那些不同的哲学观点。而且他的计划是在闲暇时间完成这一计划，因为从大约20岁开始，他便笔耕不辍，并在狄奥多里克的手下担任日益重要的政治角色。

狄奥多里克显然很看重波爱修斯的广博学识，意图借此实现罗马上流文化的复兴，并使其与哥特文化结合。但他在意大利促进希腊学术之举也有更现实的原因。波爱修斯的学识有实用的一面，而国王充分利用这一点提升了自己在国内外的声望。他写给波爱修斯的满是溢美之词的信保存了下来。他在信中要求波爱修斯设计一套数值恒定的度量衡系统，给法兰克国王克洛维（Clovis）找一位技艺精湛的竖琴手，制作两件计时器——一件日晷和一台水钟，作为厚礼送给勃艮第国王贡多巴德（Gundobad）。这些信件呈现了罗马元老院阶层——波爱修斯是其成员之一——及其在拉文纳的新君主哥特国王之间和平共处的美好图景。

然而，这个幸福的王国也有黑暗的一面。现代学者普遍遵从普罗柯比的观点，认为除了在位的最后几年，狄奥多里克在统治时期的大部分时间里都是一个开明而大度的统治者。他提倡的宗教宽容尤其为人称道，毕竟他和他手下的哥特人都是阿里乌派信徒（Arian），因此他们不遵循教会的主流观点。[①]4世纪时，哥特人逐渐皈依了基督教，那时阿里乌派背后有强大的支持，特别是君士坦丁大帝的继承者们。阿里乌派后来被斥为异端，但这是哥特人和大多数其他日耳曼部落接受它之后的事情了。在一个宗教迫害几乎是理所当然的时代，狄奥多里克采取一种"隔离但平等"（separate but equal）的政策。在今天的拉文纳，在狄奥多里克的阿里乌派大教堂旁边，游客可以看到迷人的阿里乌派洗礼堂，哥特人过去就是在这里接受洗礼的。建这座洗礼堂是为了平衡另一座更大的洗礼堂——城中主要的大教堂旁边附属的正统派洗礼堂。

正统派的洗礼堂实际就是罗马人使用的洗礼堂。由于教会还尚未像我们所知道的那样分裂成罗马天主教与拜占庭/希腊正教，因此无论是罗马还是君士坦丁堡，都可以自由使用以下术语："catholic"（意为"普遍"）、"orthodox"（意为"正信"）。

千里之堤的第一个蚁穴就此打下。从484年到519年，波爱修斯逐渐成长，并开始在狄奥多里克的朝廷任职，在这段时间里，教会经历了第一次东西方的分裂。分裂始于在解决另一个异端的问题，即一性论派[②]问题时，罗马主教将君士坦丁堡牧首革除了教籍。君士坦丁堡的皇帝支持牧首，而罗马的权威则全部支持罗马主教，所以整个争议变得高度政治化，让留在罗马的精英阶层与君士坦丁堡的帝国政府日益疏远。

此前地位模糊不清的狄奥多里克从这次分裂中获益良多，罗

[①] 阿里乌派的信徒遵循埃及教士阿里乌斯（Arius，约256—336年）的教义，否认基督的神性而强调他的人性。
[②] 一性论派强调基督的神性而否认了人性的存在，大体而言与阿里乌派持相反的观点。当时在埃及、耶路撒冷、叙利亚及所有拜占庭的行省，一性论派的观点都非常流行。

马精英阶级出于对君士坦丁堡的敌意，更愿意与信奉阿里乌派的哥特人共处。只要狄奥多里克能让罗马和君士坦丁堡之间的对抗继续下去，那么他夹在中间的地位便能保持相对的安全。然而在518年，出身低微的军人查士丁（Justin）称帝。从一开始，在查士丁的背后实际掌权的人就是他的外甥彼得·塞巴提乌斯（Peter Sabbatius）。彼得·塞巴提乌斯后来改名查士丁尼，似乎正是让他的舅舅坐上皇位的谋士。查士丁尼决心恢复统一，亲自参加谈判，以图结束分裂。他的努力在次年取得了成果。当罗马主教与君士坦丁堡牧首再度共同参与圣餐仪式时，狄奥多里克才突然发现自己的地位不复稳固了。

正是在分裂得以成功弥合的背景下，狄奥多里克决定逮捕、审判、监禁、拷问，并最终处决了他的首相波爱修斯——他学识渊博、多才多艺，是最高行政官员，也是其政府之中级别最高、最受尊敬的大臣。普罗柯比的记载之中，波爱修斯的罪名为谋逆，普罗柯比记载他"意图发动革命"是由于其他罗马人嫉妒他的财富和地位而罗织罪名诬告，这些流言蒙蔽了原本很明智的狄奥多里克。[①]

这一说法堪称模糊处理的典型，也是由于普罗柯比虽擅长长篇大论，但向来见识短浅。波爱修斯本人在《哲学的慰藉》（*The Consolation of Philosophy*）中提供了一种更完整的叙述，该书为他在监狱里等待行刑期间所著。这本书复杂而深刻，糅合了散文和诗歌，它在中世纪西方的影响力仅次于《圣经》。这部杰作成书之后不久，波爱修斯就被处决了。据记载，波爱修斯先是在额

---

① Procopius, *History*, 13.

头上被紧缚了一条绳索，直到他的眼珠开始凸出。然后他被棒打至死。

普罗柯比指出，酷刑处决波爱修斯之举与狄奥多里克开明自由的名声不相称。普罗柯比暗示狄奥多里克受到波爱修斯在元老院的敌人的误导，然而许多评论者认为这个解释是站不住脚的。一个引人深思的可能性是，哥特国王了解到罗马人想发动政治阴谋结束分裂，就此让东方帝国与西方帝国重新统一于拜占庭的统治之下，他便蓄意处决了波爱修斯。如果情况确实如此，波爱修斯的神学著作想必在其中发挥了关键作用。若没有宗教和解，就没有政治统一的希望，而波爱修斯的神学论著促进了分裂的弥合，完全符合正在为拜占庭进行谈判的查士丁尼提出的路线。实际上，这是帝国蓄谋已久的宣传策略，从属于推翻哥特人在意大利的统治的大计划。狄奥多里克处决了波爱修斯，是因为波爱修斯作为一个拜占庭的代理人，背叛了哥特国王。

接下来的几个世纪，东西方世界渐行渐远，而波爱修斯无法安息的幽灵总会以不同的方式伴随着这两个世界。随着西欧的重新调整，主轴线由此前的东西走向变为南北走向，希腊的衰落也在所难免。在波爱修斯闻名于世的许多事迹之中，最重要的一点正是他通晓希腊语，而他认为自己对古希腊哲学能做的最有意义的事，就是将其著作翻译成拉丁语，虽然这在更早的时代是没什么必要的。

如果波爱修斯能够在有生之年完成翻译亚里士多德和柏拉图著作的计划，西方思想史将大不一样。但他根本没来得及翻译柏拉图的著作。在亚里士多德的大量著作中，只有六篇逻辑学著作被波爱修斯译为了拉丁语，即《工具论》(*Organon*)。"工具论"

本质上是系统思维的一系列规则，是亚里士多德理性主义的核心。在这里，亚里士多德提出了他的诸多思想方法，比如从前提引申出结论的三段论，例如：苏格拉底是一个哲学家，所有哲学家都是人类，因此苏格拉底是人类。

然而，这些译作被忽略了几个世纪。波爱修斯的其他作品，即大量的技术论述，涵盖代数、音乐理论、天文学、修辞学、哲学和神学，独力支撑起了西方在整个中世纪都将遵循的教育课程。与他翻译的那些希腊文作品相反，这些综合性的作品一直是主流，还成了标准读本，而且他在这些学科中的影响力一直持续到文艺复兴时期。

波爱修斯那些被遗忘的著述隐藏着一个中心问题，而七个世纪后继续他的工作的大思想家托马斯·阿奎那也不谋而合地提出了同样的问题："conjungere rationem fidemque"，即信仰与理性相结合的问题。与调和柏拉图和亚里士多德的思想相似（因为柏拉图的作品带有强烈的神秘元素），它需要调和宇宙认识论中的对立，但西方世界已经丧失了这种调和的欲望，直到几个世纪后才重新关注这一问题。

狄奥多里克提拔了宫廷修辞学家卡西奥多罗斯接替波爱修斯的首相职务，前述那些满是溢美之词的请求波爱修斯工作的信件正是出自此公之手。以国王的名义撰写这样的信件是他作为宫廷修辞学家工作的一部分，在6世纪的头十年里，他在担任多个要职期间很好地扮演了他的这个角色。后来这些文辞典雅的信件由卡西奥多罗斯精心编纂，并留存至今，成为我们认识狄奥多里克时代的意大利风貌的主要史料之一。

波爱修斯在风暴之中冒险起航，而卡西奥多罗斯则顺势而为，确实依靠谨慎而存活。卡西奥多罗斯自始至终支持哥特统治者，还编造了一篇《哥特史》表明他们本质上完完全全是罗马人。他在拉文纳生活和工作，呼吸的空气中都洋溢着对罗马与蛮族通力协作的渴望。波爱修斯不仅是地域意义上的罗马人，在文化意义上也是罗马人。卡西奥多罗斯是一个官员，不是哲学家，在他所处的时代没那么有名，却在各方面都比才华横溢的波爱修斯更具代表性。卡西奥多罗斯漫长的一生——据说他活到了100岁——延伸到了新的时代，而波爱修斯的生命则终结于旧时代的尾声。

作为一个接受传统教育的修辞学家，卡西奥多罗斯凭借娴熟的文学技艺为哥特人效劳。然而没过多久，这种技能在意大利就丧失了用武之地。狄奥多里克于526年去世，此后查士丁尼开始对衰弱的哥特政府持续增加外交压力。535年，他的军队入侵意大利。540年，他麾下杰出的将军贝利萨留（Belisarius）攻占了拉文纳。与哥特人合作的卡西奥多罗斯实际上成了战俘。拜占庭人取代了哥特政权，直接统治拉文纳。拜占庭人还将卡西奥多罗斯带去了君士坦丁堡。

虽然卡西奥多罗斯是以俘虏身份被带到君士坦丁堡的，却可谓塞翁失马，焉知非福。查士丁尼再征服意大利的行动虎头蛇尾，陷入僵局，继而进行了15年艰苦而残酷的拉锯战。到553年战争结束时，虽然哥特人被消灭了，但意大利也变为一片焦土。其间卡西奥多罗斯似乎一直留在君士坦丁堡。虽然他没有记录他在那里逗留时的情景，但是我们可以想象这座城市给他带来了何种触动。当意大利笼罩在战火之中时，这里却到处是闪闪发光的财富、排场壮观的权力，到处是仪式和文明。

君士坦丁堡处在欧洲的边缘，位于一处前端平缓的海岬上，若干个山丘临海而终，这里的山丘隔着狭窄的博斯普鲁斯海峡与亚洲相望。根据传说，古典时代的希腊殖民者建立了这座城市，以他们的领袖拜扎斯（Byzas）为之命名。此前已有殖民者在博斯普鲁斯海峡对面建立了查尔西顿（Chalcedon），他们因为忽略了拜占庭所在的这块海岬而被后世斥为瞎了眼。城市南端毗邻马尔马拉海，城市以北的金角湾是一片沿着博斯普鲁斯海峡伸入欧洲大陆海岸的细长水域，为这座城市提供了世界上绝顶美丽的天然港湾。应对来自海上的入侵时，拜占庭人在港口的入口拉起一条沉重的铁链，以封锁敌船的进攻。

君士坦丁的城市在一个世纪后被狄奥多西二世（Theodosius Ⅱ）扩建，他建造的宏伟的双层城墙，绵延5英里[①]，跨在城市通往大陆方向的道路上。梅塞大道（Mese）是城市的中央大道，它直通奥古斯都广场（Augusteum），这里是海岬顶端附近的一系列大型综合性公共空间：君士坦丁堡赛马场（Hippodrome），经常举办马车比赛和各种游戏；许多由柱子、拱门和门廊所环绕的广场；两座富丽堂皇的元老院大厅，象征权力已从罗马转移至此。还有雄伟的君士坦丁堡大皇宫，帝国的事务在那里得到处理，皇宫的范围一直从山坡绵延到博斯普鲁斯海峡的海墙。君士坦丁堡城内遍布纪念柱、雕像、教堂、公共浴场、修道院和宫殿。在查士丁尼的时代，人们形成了上帝守护着这座城市的观念。它是世界的中心，一个天堂之城的世俗版本。它就像一个龟壳，庇护着拜占庭人的肉体和精神，拜占庭人屡次在这个龟壳内藏身，抵御那些文明程度较低的入侵者的进攻。

---

① 1英里约合1.61千米。——译者注

在我们现代人听来，它特别的名字会唤起一种异国情调，但其实从一开始，城中就回荡着异国的声音。因为不管是从哪里出发的贸易路线，是连接地中海和粮食富足的黑海诸港口的南北向水路，还是从欧洲到亚洲的另一端的东西向陆路，罗盘都会把商队指引到君士坦丁堡这个交会点。城中总是混杂着多种语言，经常可以听见有人用陌生的语言达成交易、提供货物，以及争论紧要的神学问题。

当卡西奥多罗斯到达那里时，君士坦丁堡正在经历建设的热潮。在十年之内的那场始于赛马场的暴动中，城市的大部分已经被火烧掉了。查士丁尼清除了旧的废墟，开启了一波壮观的建设热潮。公共浴场、政府大楼、有门廊的宫殿，尤其是教堂，都在短短几年内兴建起来。在市中心，梅塞大道旁的圣使徒教堂虽然在火灾中幸存下来，但也被推倒重建了，重建的教堂比原来的更大、更好，五座穹顶构成了十字架的形状。重建工程在卡西奥多罗斯到达君士坦丁堡时就已经开始，并在他逗留期间竣工。①

它将是城市中第二大的教堂。卡西奥多罗斯马上就可以参观城中最大的教堂——查士丁尼的圣索菲亚大教堂，它代替了被烧毁的原教堂，皇帝的建筑师此时刚刚完成修建工作。教堂的穹顶很宽，弧度不大，横跨一百多英尺，②在穹顶之下是敦实坚固的砖结构，控制着梅塞大道尽头附近君士坦丁赛马场的最高点。几个世纪以前，罗马人发明了混凝土，或是单独使用，或是与砖石混

---

① 教堂已于1453年损毁，后来又被拆毁，以为征服者穆罕默德决定修建的清真寺（土耳其语Fatih Camii）腾出位置。该教堂或许与以它为原型而建的威尼斯圣马可教堂非常相似。
② 1英尺约合30.48厘米。——译者注

用,用于建造房屋、水道、纪念建筑和道路。在西方,制砖的技艺如同古希腊本身一样,已经逐渐为人淡忘,消失了近千年。而它在拜占庭得以留存,那里的圣索菲亚大教堂的砖块与砂浆标志着晚期罗马建筑技艺的顶峰。

才过了几年,穹顶就出现了崩塌。因为地震,穹顶的高处受到挤压而损坏,所以穹顶的弧度必须建得更大一些。虽然新的穹顶给观者留下的印象可能没那么深刻,却在另一方面弥补了其原有的质量缺陷。这个故事像是有关查士丁尼统治的一则很好的寓言:过分宏伟的设计弄垮了建筑,而随后不得不以一种更实用而少浮夸的方式重建。

卡西奥多罗斯在君士坦丁堡度过的日子恰恰是从古代向中世纪过渡的时代。6世纪40年代,对查士丁尼和拜占庭来说正是形势开始变坏的时期。从表面上看,战争似乎以攻克拉文纳而告终,但是这场西征重新点燃了意大利半岛长久而猛烈的火焰。即使如此,拜占庭人本来有望解决这一问题。但是在卡西奥多罗斯到达后的一年左右,君士坦丁堡和其他拜占庭城市里都暴发了非常严重的腺鼠疫,流行病夺去了查士丁尼约四分之一臣民的生命。在未来几十年,瘟疫的反复暴发使帝国人口大量减少,同时给军队带来了巨大的压力。与此同时,查士丁尼在东方还开辟了另一条向波斯帝国发起敌对行动的战线。当贝利萨留请求增援时,已经没有可用之兵了。

拜占庭人开始向内转变,卡西奥多罗斯也是如此。在战争开始的某个时间段,他便已经"转变"了,即使名义上早已是一个基督徒,但此时他以一种古代的方式,更完全地接受基督徒的生活方式和价值观。此时他完全进入了修士的世界。可能正是在君士坦丁堡时期,他撰写了关于《圣经·诗篇》的大量评注,它们后来成为西方阅读这些文本的标准指南。阅读基督教经典只是个人日常修道院生活的一部分。在回到意大利之前,卡西奥多罗斯便已经在过这种生活了。

面对满目疮痍的故土,卡西奥多罗斯返回其家族在南方的广阔庄园隐居。在斯奎拉切(Squillace)海风吹拂的海崖附近,他建立了一座叫作维瓦里乌姆(Vivarium)的修道院,意为"鱼塘"。就修道院来说,其规模并不算大。同时代的卡西诺山修道院(Monastery of Monte Cassino)由修道院生活的创始人圣本笃在几十年前建立,其宏伟程度令维瓦里乌姆修道院难以企及。然而,这座修道院之所以在历史上占有一席之地,是因为其文采斐然的创建人建造了一间修道院缮写室:一个专门配置的房间,用于复制手抄本。虽然我们无法确定,但维瓦里乌姆修道院的缮写室似乎是西方世界的第一间缮写室。卡西奥多罗斯从拜占庭将缮写室引入西方。在拜占庭帝国,这种缮写室早已存在于修道院以及贵族文人的私邸里。

卡西奥多罗斯的著作《论神圣文献与世俗文献》(*Institutions of Divine and Secular Learning*)可以说是一本修道院手册暨百科全书,也可能是他最有影响力的著作。在这本书里,他自豪地描述了维瓦里乌姆修道院的缮写室:阳光明媚的日子里有日晷指示时间,阴天和晚上则靠水钟来指示,此外还有"布置巧妙的灯……不用人工干预,便可聚集足够的光,从而维持非常清晰的照明"。[①]虽然维瓦里乌姆修道院在卡西奥多罗斯去世后不久就损毁了,但缮

---

① Cassiodorus, *Institutiones*, I xxx (in Jones, *Introduction*, 134-135).

写室却流行起来，并很快成为西方修道院的一个普遍特征。

　　为了与缮写室相匹配，卡西奥多罗斯为他的修道院建立了一个藏书异常丰富的图书馆，藏书中包括他从君士坦丁堡带回来的大量书籍。学者曾经将卡西奥多罗斯描述成在维瓦里乌姆修道院保全异教文学的拯救者，但他们现在相信，他对宗教典籍具有专一的兴趣，他从拜占庭带回来的那些希腊著作也证实了这一点。这是他建立的一座基督教图书馆，也是他打造的基督教智识环境，旨在替代而不是修复西方已衰落的世俗文化中心。这里确实也收藏了一些拉丁文世俗作家的作品，但他对这些作品只有纯粹的语言学习上的兴趣。修士以这些文本为模板，可以提高他们古典拉丁语的语法和句法的水平，以便在之后为宗教目的而服务。在教会之外，拉丁语的口语逐渐演变成意大利语、法语和西班牙语。卡西奥多罗斯以九十多岁高龄完成的最后一部作品是一本关于拉丁语拼写的基础手册，是为那些在缮写室中工作却缺乏知识的修士而编写的。

　　这与他早期的世俗历史作品和夸张的辞藻已经相去甚远了。但是那个世界已经不复广阔，其规模已大为缩小。卡西奥多罗斯职业生涯的节奏和方向表明，随着生活的范围从公共场所扩展到私人空间，在西方开始出现教会垄断知识学习的趋势。毫无疑问，卡西奥多罗斯称得上是高级的变色龙，但我们不禁会想，在他年事已高时，是不是他所处的环境让这条变色龙回归了本来的颜色呢？

歧　路

　　黑暗时代此时已经拉开了帷幕，基督教世界缓慢而有机地一分为二，天主教和东正教各为其半。它们分别建立在拉丁语和希腊语的教会著作的基础上。几个世纪以来，双方都在门面上维持着教会的统一，而门面上的裂缝却越来越宽。

不仅是教会在分裂。查士丁尼的再征服活动随着皇帝的去世而崩溃，同时人口变少的意大利半岛涌入了新的蛮族——伦巴第人（Lombards）。与哥特人不同，他们并不关心罗马过去的声望。罗马教宗因拜占庭政权的崩溃而孤立，同时受到伦巴第人的威胁，因此最终转向北方，向正在崛起的法兰克人寻求庇护。双方最终于800年的圣诞节正式结盟，教宗利奥三世（Leo Ⅲ）加冕法兰克国王查理曼（Charlemagne）为"罗马人的皇帝"。拜占庭人听闻此事后，理所当然地觉得这对他们是一个深深的侮辱。当时伊琳妮（Irene）女皇是君士坦丁堡的统治者。教宗挪用皇帝称号的理论基础中，有一项就是女人永远不能被承认是罗马的合法统治者。拜占庭人之所以如此盛怒，是因为他们在表面之下认为教宗可能是对的。[①] 拜占庭人开始把所有西方人都视作"法兰克人"（Frangoi），当成没有差别的、危险的野蛮部落。

在未来的数年、数十年乃至数个世纪里，对"罗马人的皇帝"称号的争夺几乎达到了滑稽而夸张的程度。拜占庭人带着一种接近幻想的坚定，认为自己才是真正的"罗马人"，只有自己的皇帝才是正统的。他们维持着一种幻想，即拜占庭的统治适用于所有基督徒，西方的国王只不过是傀儡而已。不过，即使拜占庭帝国在9世纪初开始恢复元气，现实依然不尽如人意。到那时，西方

---

① 没多少拜占庭人胆敢公然在女皇面前质疑她。伊琳妮女皇是一位可怕的统治者，她刺瞎了自己儿子的双眼，只为将其废黜并取而代之。其过程非常残忍，最终他因伤致死。

那些受到孤立的国王已经萌生了自立的意识，在这些好斗、野心勃勃的封建君主之中，最有权力的那几位则与查理曼的例子一样，忍不住觊觎最高的头衔"罗马人的皇帝"。而惯于保持独立的罗马教廷保留了为世俗君主授予这项头衔的权利。

西方人和拜占庭人不再去了解彼此，当被引见给对方时，便忙于筑立互相蔑视的高墙。我们有幸有柳特普兰德为我们提供的具有启发性的视角，来观察这种隔阂。柳特普兰德是一位伦巴第贵族，同时也是一名外交官。10世纪中叶，他曾于949年和968年两次出使君士坦丁堡。第一次是为勃艮第国王效劳，第二次则是代表他的新主人奥托大帝（Otto the Great）出使。奥托大帝曾是萨克森公爵、德意志国王，并最终（也可以说不可避免地）成为"罗马人的皇帝"。著述颇丰的柳特普兰德对两次出使的情形都进行了详尽的描写，他在两次出使之间的时间里被奥托大帝任命为克雷莫纳（Cremona）的主教，所以他在历史上被称为"克雷莫纳的柳特普兰德"。

在他第一次出使期间，拜占庭皇帝君士坦丁七世[①]给他留下了良好的印象，他同时详细描述了君士坦丁堡的壮丽宫殿、威严的宫廷礼仪，这两者都比西方的更好。与巴格达的哈里发一样，拜占庭的宫廷中也设置了复杂的装置，以营造一种威严的氛围。皇帝宝座的旁边立着一棵镀金的青铜树，树枝上歇着同样镀金的机械鸟，每种鸟的叫声都和相应的真鸟一样。君士坦丁本人就坐在由机械的金狮守卫的巨大宝座上，来访者靠近时，这些狮子会"用尾巴拍打地面，张开嘴巴，抖动舌头，发出可怕的咆哮声"。[②]

---

① 原文误作罗曼努斯一世，酌改，下同。——译者注
② Liudprand, *Works*, 208.

皇帝最后展示了超自然的全能力量:宝座载着皇帝神奇地飞了起来,一直上升到天花板那么高。[1] 当它在数秒后降落到地面时,皇帝已经换上了崭新而华美的服装。远距离阻止了来访者与皇帝之间发生任何直接的互动,而在此时,皇帝通过一位大臣与已经心悦诚服的访客进行交流。

20 年之后,柳特普兰德已经不再会被这种伎俩唬住了。他此时是克雷莫纳的主教,代表着另一位罗马人的皇帝的竞争者。君士坦丁已经不在了,此时拜占庭的统治者是尼基弗鲁斯二世(Nicephorus Ⅱ),对拜占庭已经不再着迷的柳特普兰德对他大肆辱骂。"他是个奇丑无比的人,是一个侏儒,脑袋肥大,长着鼹鼠般的小眼睛"[2],以此为开头,他保持这样的语调一路谩骂下去。事实上,尼基弗鲁斯二世是拜占庭最令人印象深刻的军人皇帝之一,是参加过多次对付阿拉伯人和斯拉夫人的战役的老兵。但他拒绝承认奥托是"罗马人的皇帝",这让柳特普兰德如鲠在喉。

这次访问中的所有其他事物也都令柳特普兰德不满,包括(字面意义上的)食物,这些食物"带有强烈的大蒜和洋葱的气味,上面满是肮脏的油和鱼酱"。[3] 正如柳特普兰德所观察到的那样,拜占庭的习俗已经非罗马化了。拜占庭人身着长袖的袍子,头发飘垂,佩戴珠宝,诡计多端而缺乏男子气概,是"不男不女的懒散骗子"。[4] 拜占庭皇帝喝洗澡水,奥托大帝却正直而阳刚,绝不吃发臭的食物。

---

[1] 20 世纪时这些景象为威廉·巴特勒·叶芝带来了灵感。他的诗《驶向拜占庭》和《拜占庭》用这些意象隐喻了不朽的智慧和永恒的美。
[2] Liudprand, *Works*, 236.
[3] Ibid., 254.
[4] Ibid., 267.

日益加深的文化鸿沟在 11 世纪以宗教的形式表现了出来。当时一位极端傲慢的教宗使节安贝尔（Humbert）出于愤怒，自作主张地开除了君士坦丁堡牧首的教籍。此事发生于 1054 年，后来固化为两个教会之间最终的分裂。这也表明在夸张的自负背后正在发生什么更深层次的事情。其中之一是罗马方面 11 世纪早期在拉丁文信经中加入的"和子句"[①]（filioque）：天主教此时宣称，圣灵"出于圣子"亦出于圣父；东正教坚持原有的观点，认为圣灵仅出于圣父。自 1054 年以来，罗马教宗和君士坦丁堡牧首再也没有进行过会面。

在战略层面也是一样，11 世纪和 6 世纪一样，成为一个支点。11 世纪初，拜占庭正处在中世纪的繁荣时期，此时的西方世界只能甘拜下风。但在 11 世纪结束时，拜占庭已是一片混乱，西方则进入了一个爆炸性的发展时期。

最明显的迹象便是 11 世纪末为收复穆斯林手中的圣地耶路撒冷而发动的第一次十字军东征。喧嚣的远征使法兰克人与拜占庭人的关系变得亲密了些，因为通往穆斯林地盘的路线要经过拜占庭。拜占庭人认为被征服的领土会重新由拜占庭统治，而十字军的想法却不一样。十字军征服了耶路撒冷、安条克（Antioch）和其他曾经属于拜占庭的城市后，没有满足拜占庭皇帝的要求，而是建立了若干个十字军的国家。

在整个 12 世纪的两次十字军东征期间，越来越绝望的拜占庭人（理论上的主人）力图对引发混乱的法兰克人（理论上的客人）

[①] "filioque" 即拉丁语的"出于圣子"。这个词是西方教会在法兰克人的坚持下面加入《尼西亚信经》（Nicene Creed）的。最终，如何表达圣灵的来源成为天主教会和东正教会在教义上的主要分歧。

保持一种表面上的控制。但是东西方之间的鸿沟已经变得太宽了。基督徒表面上的联盟很快就会自我毁灭,而且是以所能想象到的最具有戏剧性的方式。

第四次十字军东征

1203 年的一个阳光明媚的春日清晨,一支庞大的入侵军队正在希腊北部亚得里亚海一侧科孚岛(Corfu)的周围聚集。舰队张开风帆,乘着轻柔的顺风,逐渐向南行驶。眼见此景的船员兴奋不已。舰队在波光粼粼的海面上一路排开,从头望不见尾。在最前面航行的是笨拙却极有战斗力的加莱桨帆船,其次是载有人和马匹的运输船,然后是由奴隶和战俘划着的快速桨帆船。与舰队一起行动的还有大批装载补给品等货物的商船。这一天是 5 月 24 日,星期五,圣灵降临节的前一天。而舰队的目标正是东方大约 500 英里远的传说中的君士坦丁堡。

这支舰队属于富有的海洋共和国——威尼斯。它过去是拜占庭的行省,但现在是其对手。这些船只从西欧带来了大约 1 万名十字军战士,其中大多是法兰西骑士和诺曼骑士,他们以高昂的价格租用了威尼斯的船只。这是第四次十字军东征,君士坦丁堡是这些虔诚的十字军骑士的补给站,后者的目的是推翻埃及的穆斯林统治者。

自 1202 年的夏天驶离威尼斯之后,十字军沿达尔马提亚(Dalmatian)海岸南下。当年秋天,他们征服了达尔马提亚的港口城市扎拉(Zara)——一个由威尼斯的对手匈牙利所控制的基督徒城市。威尼斯人让十字军以攻占扎拉为条件,暂缓支付为运输而收取的巨额费用。这种称得上见利忘义的交易,是由年事已高、雄心勃勃,并且完全不讲道德的威尼斯总督恩里科·丹多洛所主导的。十字军当然不应该攻击其他基督徒,教宗英诺森三世(Innocent Ⅲ)被完全激怒了。他此前已经警告过这种不敬神的行为,还怀疑丹多洛觊觎的是比扎拉更大的利益。事实证明他的怀疑是正确的。十字军在扎拉过冬,然后向南驶向科孚岛,一路上收编了不少散兵游勇。

从科孚岛到君士坦丁堡的航程花了一个月的时间。1203 年 6 月下旬,十字军的舰队第一次在望得见拜占庭首都的地方下锚。

城市的景象使他们大为震撼。西欧没有哪座城市能在规模和壮丽上与君士坦丁堡相匹敌。这时西方世界最大的城市或许是威尼斯,其人口最有可能是 10 万人左右。伦敦和巴黎,甚至罗马本身,相比之下都闭塞而落后,人口约在 2 万至 4 万之间。根据从拜占庭官员那里得到的数据,法兰西骑士若弗鲁瓦·德·维尔阿杜安(Geoffroy de Villehardouin)后来估计君士坦丁堡的人口约为 40 万。因此,它的规模为巴黎的 10—20 倍。

若弗鲁瓦在关于第四次十字军东征的编年史中告诉我们:"所有从未见过君士坦丁堡的人都非常专注地凝视着城市,从未想过世间还有如此美好的地方。"① 船队沿着马尔马拉海航行的过程中,岩石海岸的边缘蹲伏着绵延不断的高耸海堤,海堤由灰色石材筑成,随着十字军舰队的驶近而渐渐从地平线上的黑暗中显露出来,进入船员眼中。随着船队逐渐绕过海岬,城墙依然在延伸,现在位于城墙后面的山坡一侧。此时可以看见君士坦丁堡大皇宫的那

---

① Geoffroy de Villehardouin, *Chronicles*, 58-59.

些优美的门廊和柱子了。远处海堤还在延伸，非凡的圣索菲亚大教堂跃入眼帘，它位于城市的最高的地方，可以从博斯普鲁斯海峡清晰地望见。若弗鲁瓦继续说："的确，此情此景之下，有哪个人能不为之所动呢？"[1]

尽管拥有惊人的财富和持续繁荣的贸易——这贸易维系着威尼斯的生命，威尼斯渴望控制它——君士坦丁堡及其帝国已经经历了数十年的政治动荡。拜占庭的神圣宝座被一个个篡位者夺取，内部的分歧对统治阶级和帝国政府造成了极大的伤害。十字军迅速发现了城市防御的软肋。西方军队按照传统驻扎在金角湾旁的加拉太（Galata）。在加拉太的加拉太塔上，吊着一条巨大的锁链，与加拉太塔同高，它封锁了港口。威尼斯人领导的十字军通过冲击加拉太塔，降低了锁链的高度，便可以穿过锁链，攻击金角湾深处城墙最薄弱的部位。[2] 几周之内，他们占领了城市，并将自己的傀儡阿莱克修斯四世（Alexius Ⅳ）扶上帝位。阿莱克修斯四世是前任拜占庭皇帝之子，已被流放多年。

那年夏天和秋天，十字军和他们的威尼斯舰队都在君士坦丁堡等待着，因为阿莱克修斯四世未能履行诺言，特别是他许诺的为换取自己的皇位而需支付给十字军的巨额钱财，十字军还欠着威尼斯人这笔钱款。在这段时间里，阿莱克修斯四世越来越不受他的拜占庭臣民的欢迎，他们憎恨城中粗暴又蛮横的十字军。在城中，爱惹是生非的西方骑士和愠怒的拜占庭士兵之间时常爆发

---

[1] Geoffroy de Villehardouin, *Chronicles,* 59.
[2] 最重要的是，拜占庭人于不久前解散了他们的海军。以前侵略者围攻君士坦丁堡时，拜占庭海军待在金角湾，从而拦截了那些与十字军采用相同战术的入侵者。

冲突。

最后，人们的愤怒达到了极点，于1204年1月爆发，阿莱克修斯四世被拜占庭反抗运动的领袖推翻并处决。这位年长但充满活力的贵族叫做阿莱克修斯·杜卡斯（Alexius Ducas），他也被称为"浓眉者"（Murtzuphlus）。他登上皇位，称阿莱克修斯五世（Alexius V）。

十字军加紧催款，但新皇帝坚决地拒绝了。即使他希望与之合作也做不到，因为（如他的前任所发现的）国库早已空空如也。但是十字军也需要向不愿松口的威尼斯人付钱，后者以撤回舰队相威胁。显而易见的解决方案，正如狡诈的丹多洛所预见的，便是让十字军自己攻占并掠夺这座城市。

他们于4月初发动进攻。虽然绝望又士气低落的拜占庭人设法抵挡住了第一波攻击，但法兰克人已经在心理上完成了征服。拜占庭的防御几天后宣告崩溃，4月13日，十字军再次在金角湾内部顶端附近城墙最薄弱的地方将其破坏。他们在城中纵火。阿莱克修斯五世弃城而逃，大多数拜占庭贵族也跟着他逃走了。十字军一拥而入。

随后是历史上绝无仅有的大混乱。整整三天三夜，十字军杀人放火，奸淫掳掠，无恶不作。成千上万的人死去了，还有更多人被施以暴行，或落得残废，或无家可归。拜占庭历史学家尼基塔斯·侯尼亚迪斯（Nicetas Choniates）目睹了这一切，他于浩劫结束的两天之后逃离了这座城市。他后来写道，街上满是垂死之人和伤者的喊叫与呻吟声，十字军杀掉男人，强奸女人和女孩，殴打老人，抢劫富人。"在广场是这样，在庙宇是这样，即使在藏身之所也是这样；因为没有任何地方可以逃脱搜查，或者为那些涌入的民众提供庇护。"[①]

君士坦丁堡被洗劫一事之所以在历史上独一无二,其原因并非拜占庭民众遭受的苦难。自从4世纪初新罗马建立以来,这个城市已作为基督教世界的首都而不朽地屹立了近九个世纪。教堂、修道院、图书馆和富丽堂皇的住宅里堆满了艺术品、宗教遗物和无法替代的手抄本,藏品之丰富罕有其匹。马赛克镶嵌画、圣像、湿壁画、古代的青铜及大理石的雕像、金银器、嵌有珠宝的器具、丝绸墙帷、被呕心沥血地复制的古代和中世纪希腊文献的手抄本——这些东西在三天时间内究竟损失了多少已永远无法知晓了,只能凭借猜测。

贪婪而毫无收敛的威尼斯人精于拆除。他们的战利品中最有名的例子是装饰圣马可教堂的四匹青铜马,但事实上还有无数其他艺术珍品被带走,用于装饰教堂、宫殿和广场。而没那么有经验的法兰克人往往进行耍酒疯般的大规模破坏,尽管金银珠宝对他们来说已是唾手可得。尼基塔斯·侯尼亚迪斯告诉我们,抢劫者在圣索菲亚大教堂扯下了丝绸墙帷,砸碎了圣像,又弄坏了室内的金银陈设,再把骡子赶进来驮战利品。一些骡子滑倒在满是血污的大理石地板上,再也站不起来了。它们的肠子被刀划开,屎尿从伤口渗出,与大理石上的血混杂在一起。一个醉酒的妓女坐在牧首的宝座上唱下流的歌曲,然后发疯似的跳滑稽的舞。

侯尼亚迪斯继续说,即使是信异教的穆斯林,对待基督徒的俘虏也比这更好。人们看见,这些西方人的暴行违背了人性,也背弃了神,揭示了他们堕落和魔鬼的本质。至于君士坦丁堡本身,

---

[①] Nicetas Choniates, *O City*, 316.

侯尼亚迪斯叹息道,城市的雄伟壮观已经永远不再了:"呜呼,我的城,你以前高高地坐在宝座上,走路的步伐又宽又阔气,宏伟中透出俊秀,身形更为漂亮;现如今,你那华美的服装和优雅的皇室面纱被撕破,闪亮动人的双眸也变得黯淡无光。"[1]

十字军没有去埃及。相反,他们建立了一个西方"皇帝"统治的"君士坦丁堡的拉丁帝国"。但他们扩张过头了,拜占庭人证明自己有能力迅速重组。首先是几个敌对的流亡政权,然后是一个单一的拜占庭残余部分的国家,其领袖是米哈伊尔八世·帕列奥列格(Michael VIII Paleologos),他自称"新君士坦丁"。1261年,拜占庭人夺回了君士坦丁堡。

此时东西方的情感之间已经形成了深深的鸿沟。拜占庭人永远无法宽恕或忘怀第四次十字军东征的暴行,至死都对西方怀有恨意。虽然帝国的统治又持续了两个世纪,但再也没能恢复往日的强大与政治影响力。

然而,正是在最后的阶段,拜占庭孕育出了最为灿烂的文明。尼基塔斯·侯尼亚迪斯万万不会想到,拜占庭那明亮的双眸绝不是黯淡无光,而是前所未有地照亮了全世界。

---

[1] Nicetas Choniates, *O City*, 317.

2
雅典与耶路撒冷之间

"雅典与耶路撒冷有何关联?" 2世纪的基督徒作家德尔图良(Tertullian)曾如此发问。反对古典世俗学问的德尔图良,意图说明这个问题的答案是"毫无关系",其他人则出于纯粹的求知欲而探索研究这个问题。波爱修斯也提出过这个问题,本质上是因为他希望将信仰与理性合二为一。在他之后,西方便不再严肃地考虑这个问题了。

在拜占庭,情况则有所不同。德尔图良的问题从未完全消失,它如同一个小孔,让我们得以窥见拜占庭文明的轮廓。事实上,数个世纪以来,拜占庭一直紧紧地控制着古希腊文学,却又保持着一些距离。古希腊的多神教文学涉及世俗的道理等危险,如果离得太近,就可能给信基督教的拜占庭带来伤害,因此他们不敢与之过于亲密。它又太过引人入胜,太过绚丽动人,让人无法尽数拒绝。雅典在拜占庭观念的一极熠熠生辉,耶路撒冷则在另一极发出柔和的光芒。

向来擅长分门别类的拜占庭人在古希腊文学(他们称之为教外智慧)和基督教文学(他们称之为教内智慧)之间划出了一道清晰而至关重要的界线。4世纪时有一位东方教会的教父名为凯撒利亚的圣巴西尔(St. Basil of Caesaria),他著有名篇《致年青人：如何从多神教文学中获益》(*To Young Men, On How They Might Derive Profit from Pagan Literature*)，它是拜占庭帝国境内最广为人阅读的作品之一。在这部不长的作品中，作者详列了两者的差异。在接下来的 1000 年中，这本篇幅不长的书在让雅典的理念和耶路撒冷的理念之间保持和平的方面起到了重要作用。

在巴西尔写作期间，关于德尔图良之问的争论已经遍及希腊罗马世界。为了平息纷争，巴西尔试图向基督徒肯定"教外智慧"①的道德效用，至少是肯定与基督教规一致的那部分准则。他写道，古典时代的诗人、历史学家，特别是哲学家，都赞美道德，所以他们的作品应该在基督徒的教育中拥有一席之地。他们的作品也确实描绘了弑父、杀害兄弟姐妹、乱伦、淫欲、残暴、贪食等罪行，更不用提那些多神教的万神殿里争吵不休的诸神了。因此，读者必须勤加练习，以去粗存精，获取道德上的经验，正如蜜蜂在芬芳多彩的花丛中飞舞时，除了花蜜，别无他求。

随着时间的推移，巴西尔的观点成了东部帝国拜占庭的主流。这种观点风行了不止 1000 年：1000 年后，塞奥多里·梅托西特斯在给科拉修道院修士的信件中也明确地重复了巴西尔的观点。然而，即使在巴西尔所处的时代，也有一些人对希腊的世俗化、理性的异教徒遗产持有更强硬的态度，其中就包括他的朋友——名声仅略逊于他的神学家纳齐安祖斯的圣格里高利（St. Gregory of Nazianzus，或译为额我略·纳齐盎）。这些基督徒中的强硬派——基本上都是修士——对这些古典作品的敌意和怀疑永远不会消失。这种情绪，有时如同正在加热的水一般暂时平静，有时

---

① St. Basil, *Letters*, 384.

则如沸水一般引发公开论战。

即使修士心怀敌意，但这个基督徒占绝大多数的社会依然得以保留一套基于教外智慧的世俗教育体系，这套体系自基督教化之前的时代继承而来，令东方的拜占庭世界与西方的拉丁世界泾渭分明。当4—6世纪基督教在整个帝国繁荣发展之时，各种力量——教义的纷争、蛮族的入侵，以及伊斯兰教在7世纪的崛起——破坏了希腊罗马世界原有的统一。东西方世界都进入了黑暗时代，古典文化都前所未有地接近消亡。在西方拉丁世界，即日后的天主教世界，新旧时代之间出现了极深的断层。在东方拜占庭世界，即日后的东正教世界，古典世界得以延续，但形式已发生了变化。罗马与西方世界落入入侵的蛮族之手时，君士坦丁堡及东方世界经受了类似的苦难，却得以幸存。

拜占庭的黑暗时代

到了7世纪苦难最为深重的时候，希腊语已取代拉丁语成为政府的语言，这也反映了新首都的希腊氛围。此时基督教和多神教信仰之间的长期斗争也即将结束。529年是标志性的一年，这一年皇帝查士丁尼下令关闭了多神教哲学的最后一个主要的大本营——著名的雅典柏拉图学园。在那里，新柏拉图主义作家和教师曾竭尽所能，意图通过发展与整理柏拉图的学说来遏制基督教的潮流。[1]

---

[1] 柏拉图主义指柏拉图的观点，而新柏拉图主义指后世哲学家对柏拉图观点的解释及扩充。在常被称作"流溢说"的理论中，柏拉图主义和新柏拉图主义认为意来自唯一的神圣起源，而物质世界是不真实的，真正的现实以一种非物质的"形式"或"观念"而存在。柏拉图还认为灵魂不朽。柏拉图和他后世的解读者对基督教神学的发展带来了巨大的影响。

在查士丁尼下令关闭柏拉图学园的一个世纪之后,拜占庭的黑暗时代开始了。拜占庭的世俗传统是在多神教古典文化中发展文学及更高级的教育,这种世俗传统在接下来的150年里遭到了破坏。其余的学园也都关闭了,学习希罗多德和修昔底德的拜占庭历史学家也不再用理性的问询去考察人类活动。在东方,随着伊斯兰教的兴起,阿拉伯人开始入侵;在北方,斯拉夫人入侵了巴尔干半岛,一路扩张至希腊南部。在这样的压力下,拜占庭人没有财力、精力,更没有意愿,去沉迷于这种文化追求了。

此时,世界陷入了一片黑暗,并且只有黑暗。西欧对古典作品的学习完全消失了,而在同时代的拜占庭,它只是被暂时搁置、忽视和冷落,只是因为社会迫切需要基督教提供的统一和简单的慰藉而已。拜占庭的黑暗时代开始得比西欧晚,却结束得比西欧早。在这一时期,一个坚实的社会核心仍得以保留,而同样的情况在西欧却不存在。在学校里,人们依然阅读荷马、埃斯库罗斯、索福克勒斯、希罗多德、修昔底德、柏拉图、亚里士多德等古代作家的著作。他们也可能在一些博学者的指导下接受水平更高的私人教育,尽管这些老师并未在史上留名。同时,像意大利语一样,希腊语口语已演变为更简单的形式:即使对那些母语是希腊语的拜占庭人来说,阅读,特别是书写古希腊文也需要刻苦的学习。拜占庭的人文主义者总是很少。即便在黄金时代,也只有富裕的精英阶级才有闲暇追求教外智慧。在黑暗时代,即使有人文主义者存在,他们的数量也必然是极少的,毕竟他们没有留下什么痕迹。[①]

[①] 在对拜占庭的研究中,古典文学在黑暗时代的延续仍然是一个有争议的问题。人们对此知之甚少,更多地靠推测。学界的一些领军人物认为断层十分严重。然而事实显示,9世纪的拜占庭人文主义者完全能够掌握古希腊语,若认为这一切完全是凭空出现的,总有些难以置信。

尽管高等教育受到破坏，荷马一直是为拜占庭学生所知的"大诗人"，他的作品，也就是西方文学的开端，之所以能流传至今，正是因为这些作品包含在拜占庭教育的课程中。其他古希腊作家的作品也因此而得以留存。像恐龙的骸骨一样，古希腊文学以化石的形式得以存留。

黑暗时代终结之后，一个领土扩张、经济繁荣的新时代到来了，而拜占庭人对古希腊文明也重新提起了兴趣。为了方便起见（以及对史蒂芬·朗西曼爵士致敬），我们把这个时期称之为第一次拜占庭文艺复兴时期。[1] 拜占庭研究者以主导这一复兴的马其顿王朝为其命名，称之为"马其顿文艺复兴"。

第一次拜占庭文艺复兴

这个时代正是克雷莫纳的柳特普兰德这样的访客充满敬畏地仰望拜占庭皇帝宝座的时代。威名赫赫的拜占庭帝国为西欧提供了基督教帝国统治的范本，即使是奥托大帝这样的西方君主也愤怒地想要超越它。拜占庭同时也是一所艺术学校，一个西欧正开始重新发掘的宝库，满是或旧或新、或失传或不为人所知的技艺。从匈牙利、奥地利，到西班牙、葡萄牙，从西西里岛、那不勒斯，到不列颠、法兰西，拜占庭的艺术家（和艺术作品）一路旅行至欧洲宫廷。他们带去了关于镶嵌画、绘画、雕刻、书籍插画等技术的宝贵知识。珐琅瓷从拜占庭传入了利摩日（Limoges）。

在这个重拾自信的外向型的拜占庭社会里，世俗知识与基督

---

[1] 史蒂芬·朗西曼爵士于2000年去世，他生前一直是英国拜占庭学者中的元老级人物。他的著作《最后的拜占庭文艺复兴》在本书前言中有所提及。

教的虔信于该时期开始了它们最密切、成果最为显著的伙伴关系。精通古典希腊文学风格,再次成为贵族在帝国官僚机构中服务的标准(接受过度教育的拜占庭官吏经常被拿来与古代中国的儒家官吏相比较)。拜占庭的历史学家又拿起了笔,竭力模仿缜密且蕴含理性的修昔底德风格。这个时代的缮写者与学者保留了我们所知的古希腊文学的一切,现存最早的手抄本正是誊写于这个时代。这种协作还造就了东正教在遥远将来的胜利,即东斯拉夫人和南斯拉夫人的皈依。

11世纪,内忧外患再度困扰了帝国。一方面,曾为马其顿王朝强势的皇帝所控制的社会出现了分裂,从而削弱了国家;另一方面,拜占庭在其领土的各个边界上都突然面临着强敌的入侵。佩切涅格人(Petchenegs)从北部袭击;诺曼人(对拜占庭人来说依然是"法兰克人")从意大利南部侵入;还有人口众多的塞尔柱土耳其人(Seljuk Turks),[1]在取代阿拉伯人成为伊斯兰世界的领袖的过程中开始从东方涌入小亚细亚地区。

随之而来的是艰难的抉择。阿莱克修斯一世·科穆宁在11世纪后期创立了科穆宁王朝,在这位杰出皇帝的振奋人心的领导之下,帝国设法延续了下来。正如他才华横溢的女儿、历史学家安娜·科穆宁娜(Anna Comnena)在她为父亲所著的赞美之作《阿莱克修斯传》(*The Alexiad*)中所说,这在很大程度上要归功于阿莱克修斯的坚韧和决心。阿莱克修斯开始运行和拼凑一支又一支由乌合之众组成的军队,并在这一过程中经受住了诺曼人的一系列猛攻。此外,也要归功于他跟曾经的拜占庭臣民——威尼斯人

---

[1] 从中亚向西迁移的突厥部落的松散联盟。塞尔柱土耳其人从巴格达进行统治。

的巧妙谈判，阿莱克修斯利用君士坦丁堡那价值不菲的贸易特权换取了一定的军事援助。这个计划看上去很成功，也确实很成功。然而在并不遥远的未来，威尼斯人就会让他们割肉还债，并从帝国衰弱的躯体上拿走更多的东西。

为了生存下来，拜占庭还付出了另一个代价，那就是存在于世俗知识与对基督教的虔诚之间，即理性与信仰之间的伙伴关系，开始在社会和军事解体的负担下崩溃。阿莱克修斯利用当前不确定的形势，以及修士对人文主义知识分子一贯的怀疑态度，恫吓极不情愿的教会，令教会宣判批评他的哲学家约翰·伊塔卢斯（John Italus）有罪，罪名为异端的新柏拉图主义信仰。其他诸如此类的审判接踵而至。历史学家认为这些现象与拜占庭修士团体中神秘主义的热潮有密切联系。约翰·伊塔卢斯的例子对以后的拜占庭人文主义者造成了极大的影响。在之后的数个世纪里，伊塔卢斯的遭遇事实上否定了在拜占庭社会中自主探究希腊哲学思想的可能性。

极富权势的拜占庭修士素来反对这种探究，而一系列历史事件持续向帝国那已经破裂的社会结构施压，从而很快进一步加强了这种反对探究的立场。最具破坏性的是第四次十字军东征，它让拉丁人占领君士坦丁堡长达半个多世纪。在帕列奥列格王朝的统治下，拜占庭人及他们的首都在1261年恢复了些许士气。这也使得雅典和耶路撒冷之间再度维持了几十年的和谐。

然后，随着塞尔柱王朝的势力在14世纪初的衰落，一个富有侵略性的新兴土耳其人势力开始在小亚细亚西部拜占庭的边境线附近兴起。它以其创立者奥斯曼（Osman）为名，也就是奥斯曼利（Osmanli）或奥斯曼（Ottoman）国家，它不断扩张，不久后就迫使拜占庭开始防御，直到最后一刻。

最后的拜占庭文艺复兴

14世纪，几次后果惨重的内战给不断衰落的拜占庭帝国造成了严重的破坏。常常有数人同时觊觎皇位，威尼斯和热那亚都在朝中各自支持帕列奥列格王朝的皇室成员，而土耳其人则扮演了废立皇帝的幕后强权。在战略层面上，拜占庭历史的最后一段堪称一则沉闷的故事。热那亚、威尼斯、奥斯曼帝国等势力都争先恐后地搜刮帝国的遗迹。

反常的是，每当在军事方面受挫之时，拜占庭的文化之花则似乎开放得更加灿烂。这种反常的文化繁荣被称为"帕列奥列格文艺复兴"或"最后的拜占庭文艺复兴"，塞奥多里·梅托西特斯在其中扮演了非常重要的角色。我们现在走一个圈回到原处，拜占庭的人文主义者从这里将古希腊的古典著作向西传播。

在君士坦丁堡陷落之前的一个世纪左右，塞奥多里·梅托西特斯和他的后继者们一定程度上在拜占庭重新兴起。然而，他们这一次没能和修士达成富有成效的合作关系。14世纪中叶，在人文主义风潮日益兴盛之时，修士自身也在进行复兴，把梅托西特斯的学术继承者们倡导的文学与人文主义故意排除在外。在修士的率领之下，宗教的复兴最终焕发了整个拜占庭教会的活力。帝国日益衰微之际，教会的权威与势力却得以增长。这场大觉醒被称为静默运动（Hesychasm），它也是最后的拜占庭文艺复兴中的重要组成部分。

这个名字来自希腊语名词"hesychia"，原意为"安静"，后来演变为"神圣的安宁""和平""孤独"的综合体。静默派的修士认为，通过控制呼吸和不断重复地祷告而进行的冥想，可以实现"通神"(theosis),即与神性之间产生神秘联系,静默的实践者将一样沐浴耶稣于变容日(transfiguration)在他泊山所沐浴的神圣之光。静默派最终在东正教会占据了主导地位,今天的宗教学者将他们的运动视作东正教神学发展的最后一个主要阶段。

拜占庭的人文主义者发现他们再次遭到了修士的反对,这次面对的是新的静默派的修士。他们大胆地在激烈的公开辩论中挑战修士,历史学家称之为静默派之争。

人文主义者更清醒地意识到他们与西方世界拥有共同的历史,并最终对其更加开放,而西方世界则反过来对他们心爱的古代文学表现出强烈的兴趣。他们之中有许多人改宗为天主教徒。对他们而言,若要免于被土耳其人灭亡,让基督徒团结一致似乎是合情合理、显而易见的(事实上也是唯一的)办法,并且这似乎只有通过东正教主动向天主教妥协才有可能实现。

但他们与拜占庭的主流观念以及身为主流观念维护者的修士意见相左。一个走投无路的虔诚信徒会陷入深深的宗教排外主义,最终甚至宁愿选择让国家灭亡,也不愿在宗教上妥协。拜占庭帝国就是这样。从这个意义上讲,拜占庭选择了它自己的命运。比起在精神上顺从于那些可憎的天主教徒,似乎土耳其人的军事征服也就没那么难接受了。不坚守正统信仰,就没有精神救赎;而比起政权存续,精神救赎更为重要。

随着帝国进一步接近灭亡,静默主义者和人文主义者在意识形态上成了死敌,双方在价值观与信条上爆发了激烈的冲突,并经常上升到政治层面。这不是简单的对立,而且各派之间的界线在大多数时候并不明显,其根本意图也有许多相同之处。双方都爱国,都希望拯救拜占庭及其遗产。然而不可避免的问题是,要拯救哪个遗产？古典遗产还是基督教的遗产？要为此付出怎样的代价？于是双方展现了悲剧式的冷酷，仿佛认定了一种遗产的幸存必须以另一种的灭亡为代价。

现在我们可以领会到塞奥多里·梅托西特斯最终的重要性。他生于1270年，逝于1332年，他的一生跨越了士气高昂的年代，当时君士坦丁堡的光复带来了最后的欢欣。梅托西特斯所生活的历史时期，也是雅典和耶路撒冷能够在拜占庭文明中和平共处的最后一个时期。

在梅托西特斯去世后的几十年里，原本教义上的争论如滚雪球般升级成文化层面的生死之战。修士和人文主义者有时能搁置分歧，但更多的时候是忽视共同的利益，以轻蔑而顽固的态度对待对方。土耳其人的征服逐渐逼近，在此压力下，多神教的希腊传统与基督教的希腊传统之间的巨大裂痕——几个世纪以来，这条裂痕都在拜占庭帝国里不祥地隆隆作响——最终以复仇的方式爆发出来。静默派之争催生了14世纪中叶的一系列内战，即使团结是当时的拜占庭与土耳其人相斗的唯一希望。

然而，正是这种紧张局势推动拜占庭的影响力向国外传播，即使在奥斯曼军队兵锋已近的时候也依然如此。从这一点来说，静默派之争对拜占庭的破坏虽然深重，对后世的我们而言却是遗泽深厚。这个奇怪而复杂的过程，将成为接下来的故事的核心——在垂死的帝国之外，支持雅典或支持耶路撒冷的拜占庭人都发现了新的天地。

3

彼特拉克和薄伽丘的希腊语学习如何失败

触发静默派之争的拜占庭人文主义者是来自意大利南部的希腊人瓦尔拉姆,他才华横溢,但言辞刻薄。他作为一名东正教修士(虽然他后来改信天主教),还相当精通古典学问。他既是天文学家、数学家,同时也是哲学家、神学家。不幸的是,与他那杰出的学识相伴的是傲慢而刻薄的态度。他的尖刻有时甚至会让他的朋友与同道中人敬而远之。

瓦尔拉姆于1290年左右出生于意大利南部的卡拉布里亚(Calabria),并于14世纪20年代来到君士坦丁堡。[①]他立即凭借渊博学识而声名远播,得以在一个重要的修道院中担任院长。1334年,两位从热那亚到克里米亚去的天主教传教士主教在路过君士坦丁堡时向牧首发出公开辩论的挑战。

这种辩论在当时很常见,人们也乐于观看。牧首不愿亲自出场,遂求助于瓦尔拉姆。

瓦尔拉姆的任务是为东正教的立场辩护,即圣灵只出于圣父而非圣子。他选择了一种攻击性的、理性主义的方法,利用亚里士多德的逻辑,来论证上帝永远无法实际显现,而只能靠理性来

[①] 南意大利某些孤立的地区仍然有人在使用希腊语,它们在不属于拜占庭帝国的很长时间之后依然保留了拜占庭文化。

推断出来。即使在当时，瓦尔拉姆的理性主义便已引起了人群中一些人的反感，后来他又以同样的方式写了几篇短文。

瓦尔拉姆的论点引起了一位严厉的静默派修士格里高利·帕拉马斯的注意。特别是瓦尔拉姆对多神教哲学的使用激怒了帕拉马斯，帕拉马斯将其比作蛇毒，用自己的宗教主张抨击瓦尔拉姆。瓦尔拉姆的理性主义立场的问题在于，虽然他意在反驳天主教徒，但同样违背了东正教的信仰。在瓦尔拉姆的手中，亚里士多德的理性主义是一柄双刃剑。

被激怒的瓦尔拉姆此时开始大加叱骂，不仅针对与他意见不合的帕拉马斯，而且针对静默派本身。最出格的是他还漫骂了阿索斯山（Mt. Athos）[①]那些受人尊敬的修士，而这个位于希腊北部的修士群体正是静默派最坚定的支持者。静默派的冥想实践包括凝视自己的脐部以集中冥想的力量。瓦尔拉姆嘲笑这种做法，称修士们为"omphalopsychoi"，大意为"脐头派"。他同时在信条上攻击他们。帕拉马斯对此以静默派的立场迅速做出了辩护，在抵御瓦尔拉姆攻击的同时也令静默派的信条更加尖锐。

在回应瓦尔拉姆时，帕拉马斯在神的"本质"（essence）和"能量"（energy）之间作了重要的划分。这种划分隐含在东正教早期的神学理论中，但从未完全消除。而若要捍卫静默派的神秘主义取向，这个问题必须得到解决，因为暗示人类有可能触及神的本质就是异端学说。帕拉马斯的论证声称，启蒙的关键并非理性，而是通过冥想、控制呼吸和重复祷告等方式直接共享上帝的神圣能量的可能性。帕拉马斯说，上帝当然可以被证明，但无法

---

① 读者可在第 12 章读到关于阿索斯山的简述及其历史。

被理性认知；个人能够体验，但无法表达出来——大致与理性的瓦尔拉姆和其追随者所站的立场完全相反。这种平衡的信仰对立，把神秘的灵性与人类的理性对立起来，它正是问题的核心。

瓦尔拉姆、薄伽丘与彼特拉克

此时，在一定程度上或许是为避免事态激化，皇帝安德洛尼库斯三世（Andronicus Ⅲ）派瓦尔拉姆首次执行外交任务，出使西欧。皇帝的目标是获得对抗土耳其人的军事援助，不是想要另一支十字军（那时的拜占庭人已经受够了十字军），而是一支西欧的职业军人组成的远征军。瓦尔拉姆的第一站是那不勒斯。在那不勒斯国王智者罗伯特（Robert the Wise）那充满人文主义气氛的宫廷中，他们相处甚欢。智者罗伯特是一个有求知欲而聪慧的文化资助者，受他资助的人还包括旅居那不勒斯的佛罗伦萨作家薄伽丘。瓦尔拉姆在暮春时节到达，待了几周之后，便前往巴黎，到达法国国王的宫廷，最后到达阿维尼翁（Avignon）的教廷。[①]在那里，教宗在法国人的支持下勉强维持着教廷的权威。

希腊人为获得援助而最不希望付出的代价便是向教宗屈服。结成联盟，未尝不可；立即屈服，则绝不可能。但这两者又互为因果，缺一不可。

为解决这种困境，瓦尔拉姆给出了自己的方案。在他致教宗的一封以拉丁语写就的长信中，他恰当地总结了整个棘手状况。东正教的立场原本是（在这点上依旧如此）：教宗在所有基督教主

---

① 教宗因派系争斗而被驱逐出罗马，于1309—1377年居住在阿维尼翁。

教之中的威望或许是最高的，却没有最终的裁决权，也就是说，他们认可他的首要地位，但不承认他为最高权威。东正教向来坚持，重大议题的裁决应该像基督教时代早期的几个世纪那样，由主教会议决定。但到14世纪，那个时代早已远去，教宗已经习惯于在西方教会中享受无可置疑的统治地位了。

瓦尔拉姆的提议是，在东方、在希腊的领土上召开一次联合的公会议，出席各方包括东正教的牧首们和教宗特使们。瓦尔拉姆坚称，要让希腊民众接受教会统一的法令的话，除此之外别无他法。而在此之前，教宗首先要促成一场军事远征，将土耳其人赶出小亚细亚。然而，瓦尔拉姆也知道，教宗受限于自己朝不保夕的政治地位，绝不可能第一个做出让步。在拜占庭帝国剩余的岁月之中，向西方求援的问题一次又一次被提起，最终演变成一场持续的闹剧：双方都不肯让步以满足对方的要求，却又都开出了对方无法接受的条件。

因此，瓦尔拉姆的协商没有获得任何实质性的成果也就不足为奇了，而且从外交层面上看，这次出使无疑是失败的。最重要的是，帕拉马斯利用瓦尔拉姆不在的机会巩固了自己的地位。向来冲动的瓦尔拉姆在返回后立即指控帕拉马斯为异端。但在1341年6月10日，在就这一问题召开的宗教会议上，牧首、阿索斯山举足轻重的修士们，以及高声反对西方的民众们都在帕拉马斯背后坚定地支持他，让帕拉马斯轻而易举地为自己做出了辩护。不久后发生的事件证明瓦尔拉姆不是唯一反对静默派的人，但他作为出身南意大利的希腊人而难免遭人怀疑。反西方的情绪充斥了整个城市。会议最终谴责了瓦尔拉姆。

仅仅五天之后，安德洛尼库斯三世去世，留下年仅九岁的儿子约翰五世（John V），再就是一些近臣和皇位的竞争者，他们争相想在小皇帝达到执政年龄之前掌握摄政的权力。

瓦尔拉姆对那次宗教会议的裁决进行了短暂的抗议，但他很快意识到，他在东方的前途已经到此为止了。然而，两年前的那次旅行为他在西方赢得了真正的朋友。他在夏末回到意大利，在卡拉布里亚稍作停留，然后前往那不勒斯。在那里，他再次受到了国王罗伯特二世和那不勒斯人文主义者圈子的欢迎。那不勒斯王国的领地包括西西里岛。在西西里岛，拜占庭、阿拉伯、意大利和诺曼的文化奇妙地混合在一起。这里的诺曼统治者喜欢保持活泼的气氛，智者罗伯特不过是一系列开明国王中的一位。

薄伽丘在他父亲去世后，应家人之邀，搬回故乡佛罗伦萨，而瓦尔拉姆与罗伯特的宫廷图书馆长佩鲁贾的保罗（Paul of Perugia）的关系却得以延续。在罗伯特那藏书日渐丰富的图书馆中，瓦尔拉姆帮助保罗整理了希腊语手抄本。他还协助保罗编写了关于古典神话的书籍《故事集》（*The Collections*）中的希腊部分。瓦尔拉姆与保罗的年纪大致相当。薄伽丘写道，保罗"与瓦尔拉姆有着独特的友谊，虽然它并非建立在对拉丁文化的共同兴趣上，但保罗依然通过这种方式深受希腊知识的熏陶"。[①] 瓦尔拉姆从1341年夏末一直待在那不勒斯，待到1342年初，他在此期间改宗了天主教。1342年春天，当他旅行到阿维尼翁时，他已成为一名罗马天主教徒。

彼特拉克在阿维尼翁等待他。此时彼特拉克正与阿维尼翁的教宗密切协作，在附近的沃克吕兹（Vaucluse）还有一座心爱的

---

① Boccaccio in Osgood, 114.

别墅。我们并不知晓在瓦尔拉姆此前的访问中两人是否曾见过面，但至少这一次他们成了朋友。彼特拉克设法从阿维尼翁的一位拜占庭外交官那里得到了一份荷马史诗的希腊文手抄本。他在信中说这是他最珍贵的财富之一。他非常渴望自己有能力阅读它。

佩鲁贾的保罗、薄伽丘、彼特拉克——这些人文主义者的先驱刚刚开始重新发现罗马的光辉过往，以及记述了这一切的拉丁语作家们。然而，在阅读这些作家的作品不久之后，人们终将意识到，若想要共情地阅读古典拉丁文学，还需要先熟悉古希腊文学。

这不只是受到影响或取得灵感的问题。古典拉丁作家在自觉地创造民族文学的过程中，几乎所有的作品都是以希腊文学为模板的。维吉尔（Virgil）是最常被引用的例子，他显然也与彼特拉克和薄伽丘有很强的联系。《埃涅阿斯纪》（Aeneid）只是维吉尔所著的此类作品中的最后一部，它模仿了荷马的《伊利亚特》。在他的两部早期作品《牧歌集》（Eclogues）和《农事诗》（Georgics）中，维吉尔分别模仿了古希腊诗人忒奥克里图斯（Theocritus）和赫西俄德（Hesiod）的风格。西塞罗是彼特拉克和他的许多后继者崇拜的偶像，他在书信和演说中也不断提及他自己作品的古希腊模板及原型（其中很重要的一位便是雅典的演说家德摩斯梯尼［Demosthenes］）。

因为这些希腊语的文本只在拜占庭得以留存，所以意大利人发现自己在再发现这些作品的过程中难以接触到这些文献，而这些文献不仅启发了拉丁文学，甚至几乎是支配了拉丁文学。瓦尔拉姆这样学识渊博的拜占庭人为意大利人提供了接触希腊语文本的唯一途径。"我引述瓦尔拉姆的次数称得上频繁，"薄伽丘后来在《异教诸神谱系》(*The Genealogy of the Gods*)中写道,"虽然他身材瘦小,却在学识上比其他人都要高大。特别是在涉及希腊语的问题上,难道我不是理当信任他吗?"[1]

从1342年5月中旬到11月中旬,瓦尔拉姆待在阿维尼翁。8月,他的名字出现在教廷支付的薪资清单上。薪资项目是支付"在教廷中教授希腊语"[2]的费用,课程时间是81天,酬劳是53弗罗林20先令。这里所说的可能就是他给彼特拉克上的那门著名课程。然而,授课时间实际上非常短暂,因为在彼特拉克自己的请求下,瓦尔拉姆被派往南方的卡拉布里亚的杰拉切(Gerace)担任主教。

时间并非唯一的因素。在教廷里教授东方语言的课程并非无人问津,但古希腊语很难学习。语法书、练习册、词汇表,以及希腊文和拉丁文的双语文本(后来的人文主义者尤为青睐),这些辅助学习的材料即使在后世得到普及,当时的彼特拉克却无法获取,因此他面临着学习的困境。"就学习希腊语而言,我并不幸运,"他写道,"我带着满腔热忱和坚定的信念投入进来,但是语言之陌生以及老师的早早离开,使我未能达到目的。"[3]

瓦尔拉姆在杰拉切度过了几年不快乐的时光,其间他代表教宗前往君士坦丁堡进行了一次短暂且更不愉快的访问。他于1347年第三次回到阿维尼翁。他给彼特拉克上了更多的课,但这次他依然只停留了六个月,时间太短,成效甚微。在彼特拉克的催促之下,14世纪50年代的薄伽丘似乎运气略好些。指导他的是瓦

---

[1] Baccaccio in Osgood, 113.
[2] Setton, "Byzantine Background," 44.
[3] Petrarch, *Le Familiari*, Letter 12.

尔拉姆的学生莱昂齐奥·皮拉图（Leonzio Pilato），后者也曾短期给彼特拉克上课。与瓦尔拉姆一样，皮拉图也是一个卡拉布里亚的希腊人，曾在君士坦丁堡和塞萨洛尼基（Thessalonica）旅居。他是一个不太理想的老师。用薄伽丘的话说："他有着粗野的外表、丑陋的容貌、长长的胡子和黑色的头发，他永远溺于思考，举止和行为都很粗鲁。"①

据印象深刻而又敢于尝试的薄伽丘所述，他们在约三年的时间里共同艰难地研读希腊文的荷马史诗。14世纪60年代初，薄伽丘甚至帮皮拉图在佛罗伦萨谋得了一个教授希腊语的职位，却收效甚微。毕竟，这种兴趣想要从彼特拉克和薄伽丘这样杰出的文艺复兴时期人文主义的创始者那里传播到他们的追随者身上，还是为时尚早。意大利人文主义者需要更多同道中人的共同努力，也需要一名能够真正教授希腊语并给予深邃启迪的教师。这二者终将到来，但此时尚需等待。

凯多内斯翻译托马斯·阿奎那

尽管瓦尔拉姆挫伤了拜占庭人的感情，但年轻的知识分子依然怀念他。1347年，即他第二次尝试向彼特拉克教授希腊语的同一年，瓦尔拉姆与一位名叫迪米特里奥斯·凯多内斯的拜占庭青年才俊就神学问题进行了简短的通信，二人在瓦尔拉姆上次到访君士坦丁堡时曾经会面。

与瓦尔拉姆见面时，凯多内斯刚来到君士坦丁堡谋求出路。

---

① Boccaccio in Osgood, 114.

当时20岁出头的凯多内斯，出生于帝国第二大城市塞萨洛尼基的一个近年来已经潦倒的贵族家庭。他的父亲作为安德洛尼库斯三世的朋友，为皇帝承担了很多敏感的外交任务，然而安德洛尼库斯三世在宗教会议谴责瓦尔拉姆的几天之后就去世了。继而爆发的内战长达六年，参战双方伤亡惨重，帝国内耗严重。一方是安德洛尼库斯三世最好的朋友，主持政务的约翰·坎塔库泽努斯（John Cantacuzenos）；另一方则是牧首与安德洛尼库斯三世遗孀萨伏依的安妮（Anne of Savoy）的联盟。萨伏依的安妮是一位不得人心的西方公主，她在战争的大部分时间里都掌握着君士坦丁堡的权力。坎塔库泽努斯最终赢得了战争，但是政治上的暗斗在接下来的数十年内接连不断。凯多内斯的家族站在坎塔库泽努斯一方，却在塞萨洛尼基反抗坎塔库泽努斯的暴乱中失去了一切。

凯多内斯精通深受拜占庭贵族文人重视的、华丽的古典修辞术。在瓦尔拉姆离开后他写给瓦尔拉姆的一封信里，凯多内斯哀叹称君士坦丁堡的知识分子圈子因此出现了空白。接下来便是关于神学细节的长篇讨论，凯多内斯显然热切期盼着瓦尔拉姆的答复。依然为两个教会的统一而热心争论的瓦尔拉姆，寄出回信后不久，便于1348年春天去世了。那时，坎塔库泽努斯已经赢得了内战，并加冕为约翰六世，而凯多内斯已经在获胜的坎塔库泽努斯的政府部门中谋到了职位。

新皇帝是一个复杂而不露声色的人，他的政治生涯如同充满矛盾的集合体。他是冷酷而现实的政客、杰出的统治者、干练的将领、贵族的领袖，既是虔诚的静默派，也是颇有造诣的文人——正如他在更早的时候赞助瓦尔拉姆的行为所体现的那样，他不是经常和静默派信仰联系在一起的那类蒙昧的人。热衷读书的坎塔库泽努斯对神学方面的思考持开明态度,甚至自己也研究。他即位不到 10 年,便被迫退位。他退位后成为一名修士,以古典的方式投身于文学创作,并用修昔底德的风格撰写了他所在的时代的历史。即使静默派保持着怀疑态度,但对希腊古典作家的效仿一直都是受过教育的拜占庭人渴望达到的文学高度,凯多内斯便因精通于此而声名在外。

凯多内斯在任官之初便作为皇帝的首席秘书,掌管官职任免。很快,无论作为朋友还是秘书,他都成了不可或缺的人物。才华横溢且著述颇丰的凯多内斯(在他留存下来的信件里,其中大约有 450 封构成了满满 3 卷的希腊语记录,这些信件也是研究 14 世纪晚期拜占庭历史的重要史料)将追随瓦尔拉姆的反静默主义的步伐。不同于张扬的瓦尔拉姆,凯多内斯尽管身处坎塔库泽努斯这样坚定的静默派的皇宫之中,依然穿着一双人文主义的便鞋,在权力的走廊中悄然躲闪腾挪。在 50 余年的政治生涯里,迪米特里奥斯·凯多内斯总能逢凶化吉,灵巧地躲开来自阴影的攻击。

然而并非所有人都如此幸运,人文主义者阵营中有许多人经历了和瓦尔拉姆相似的命运。静默派将瓦尔拉姆的另一位朋友,博学的西蒙·阿图曼诺(Simon Atumano)逐出了教会,他转而投向西方,并及时改宗了天主教,以继承他朋友的杰拉切主教之职。他与瓦尔拉姆一样,曾对一些意大利人进行过短暂却不成功的希腊语教学。瓦尔拉姆和帕拉马斯共同的好友神学家格里高利·阿金迪诺斯(Gregory Akindynos)起初尝试在二者之间调停,但不久后他就在纯粹的神学观点上被说服,转而支持瓦尔拉姆。

与瓦尔拉姆和阿图曼诺相比，阿金迪诺斯在早期的反静默主义者之中可以说更为典型。在古典学术方面见识广博的他，并未对拉丁人产生什么偏爱。他于1341年与瓦尔拉姆一同遭到谴责，并在1347年的另一次宗教会议上被革除教籍，然后被流放至东方，不久后去世了。反静默派领袖变为博学的历史学家尼基弗鲁斯·格里戈拉斯（Nicephoras Gregoras），虽然他对拉丁人的态度也不友善，却还是在1351年的宗教会议上遭到谴责，被软禁于君士坦丁堡。

正是在此时——内战结束，坎塔库泽努斯掌权，帕拉马斯论调的正统性得到了几次宗教会议的肯定——可以认为帕拉马斯在论战中取得了胜利。从此以后，静默派在拜占庭东正教会中占据主导地位。帕拉马斯于1358年去世后，他得到了民众的哀悼，并且很快就被封为圣人。格里戈拉斯于1360年左右去世后，他的遗体被拽着穿过城市的街道，遭到虔诚民众的嘲笑。

拜占庭现在做出了自己的选择。在漫长的数个世纪后，它最终拒绝了教外智慧。帕拉马斯的胜利将瓦尔拉姆拒之门外，使之投向西方，在那里，人文主义广受欢迎，而不是受人谴责。这种模式在接下来的数十年间将不断地重演，与此同时，拜占庭的人文主义者发现他们越来越不认同拜占庭所选择的方向。

直到静默派的胜利稳固下来，并掌控了教会之后，反对它的人文主义者才开始和西方的同道中人产生更坚固的联系。迪米特里奥斯·凯多内斯就足以证实这一点，因为他的反静默派思想——在14世纪40年代他给瓦尔拉姆的信中已清楚表明——是先于他对西方的兴趣而产生的，也就是说，他对西方的兴趣在1351年的宗教会议确定支持静默派之后才产生。

在凯多内斯改宗天主教后所著的《信仰辩白》("Defense of His Own Faith")中,他讲述了下面的故事。凯多内斯在为皇帝处理事务时,经常要与西方人打交道,其中商人居多,但也有外交官、教宗使节、雇佣兵。他偶尔还要接待贵族游客——西方在帝国宫廷的存在变得越来越强烈。他们呈上了不少因为各种原因而寻求皇帝恩惠的请愿书,而每一份请愿书都必须从拉丁语翻译为希腊语,凯多内斯很快便对平庸的宫廷译员的翻译速度失去了信心。他意识到,除了自学拉丁语,他已别无选择。在来到君士坦丁堡的西方人之中,有方济各会与多明我会的修士。在金角湾对面热那亚人聚居的加拉太,凯多内斯找到了一名多明我会修士来教他拉丁语。

尽管凯多内斯工作繁重,但据他所说,他学习拉丁语进步很快(与瓦尔拉姆类似,他并未表现出那种虚伪的谦逊),而且很快就流利到"就像小时候被爸妈教过"的程度。因此,为了让他小试牛刀,欣喜的老师给了他"一本小书",让他翻译——托马斯·阿奎那的《反异教大全》(*Summa Contra Gentiles*),阿奎那计划调和神学家的信仰与哲学家的理性的两部作品之一。[①] 凯多内斯记载称,阅读西方"天使博士"的著作让他找到了归宿,而且最终使他走向了改宗之路。他说,"吃下忘忧果后",[②] 他便无法回头了。随着进一步的阅读和翻译,阿奎那便成为一种进步的启示。当他将拉丁人与那些试图驳斥他们的希腊人相比较时,却是希腊人鹦鹉学舌般提出简短的、盲目的老旧观点,而缺乏阿奎那那样详细而复杂的推理论证。

---

① 另一本是《神学大全》(*Summa Theologiae*)。
② Cydones, *Apology*, 363.

到了 1353 年，凯多内斯已升职为总理大臣，他决定完成全书的翻译工作。他的做法引发了轰动，因为他毫不掩饰自己的新嗜好。皇帝本人对此很感兴趣，他支持凯多内斯的工作，因为这有利于拜占庭的文化，当然也是因为坎塔库泽努斯本人对神学有极强的好奇心。

凯多内斯的最后一部分译稿由他的秘书完成，由凯多内斯本人作注，现存于梵蒂冈图书馆。在译稿的末尾，凯多内斯仅用拉丁语留下了一处庆祝的注释。这段话的直白（以及古典文学的学习者非常熟悉的感情色彩）足以穿越数个世纪的阻隔："书已译毕，赞美和荣耀归于基督。塞萨洛尼基的迪米特里奥斯，基督的仆人，将这本书由拉丁语翻译为希腊语。他为此工作了一年，于 1354 年 12 月 24 日下午 3 时完稿。"[①]

仅仅在一个月前，坎塔库泽努斯让位给了约翰五世，后者时年 20 岁出头，娶了坎塔库泽努斯的女儿海伦娜为妻。据凯多内斯说，坎塔库泽努斯在有了充裕的时间之后，就花了一番工夫亲自抄写了一份凯多内斯的译稿。另外他也将译稿给他人传阅，使阿奎那的学说给拜占庭的最高统治集团造成了意想不到的冲击。

凯多内斯的弟弟普罗霍罗斯（Prochorus）学习拉丁语时，似乎接受过兄长的亲自辅导（虽然凯多内斯没有明确提及），两兄弟共同工作，继续将阿奎那以及其他拉丁神学家的许多作品翻译为希腊语。他们两人都翻译了圣奥古斯丁的著作，普罗霍罗斯还翻译了一些波爱修斯的神学著作。两兄弟之中，普罗霍罗斯·凯多内斯在反静默主义方面的态度更为尖锐，尽管他本人就是阿索斯

---

① Setton, "Byzantine Background," 53.

山的一所修道院的修士，而且没有皈依天主教（这一点与迪米特里奥斯不同）。迪米特里奥斯无法永远保护弟弟免遭迫害，静默派于1368年成功地将普罗霍罗斯咒逐（anathematize）出教。他遭到流放，不久后去世。迪米特里奥斯本人也同样遭到咒逐，但那是他去世以后的事情了。

凯多内斯兄弟对阿奎那的热情，展现了拜占庭人文主义者与天主教徒所共有的气度，当东正教会正朝着神秘主义迈进之时，天主教会正向着理性主义迈进。如同很久以前的波爱修斯，阿奎那首先力图在基督教的信仰中为亚里士多德的理性主义找到一个位置。阿奎那的思想已于近期被教宗正式接受，而静默派也清楚这一点。静默主义完善了东正教，而阿奎那的学说完善了天主教。帕拉马斯和阿奎那可谓彼此的镜像。

迪米特里奥斯·凯多内斯的翻译工作，不仅使他对阿奎那和天主教神学越来越充满热情，也让他对西方人产生了全新的接受能力，毕竟他与他们的交流愈发频繁。他自己的家成为作品待翻译的西方人的聚集之地。就"法兰克人"自己而言，他们乐于见到这种态度的转变，以展现那些之前没有拜占庭人愿意提及的成就。凯多内斯说："毕竟他们评价整个拉丁民族只通过旅居者来下判断而已，无论谁提到拉丁人，嘴里总是离不开帆啦，桨啦，还有海上旅行所需的东西。"他继续说拜占庭人依然保留着希腊的老习惯，"把所有人分成希腊人和野蛮人，并断定野蛮人愚蠢而粗鲁"。[①]

现在似乎野蛮人已经领先了，在科学中的女王——神学领域，也同样如此。凯多内斯着迷于新的拉丁神学的活力，便坚定地发

---

① Cydones, *Apology*, 365-366.

起了一场战争，决心打破他那些同胞的古老偏见——而且他和之前的瓦尔拉姆一样，也希望实现最重要的目标，即两个教会的和解。尽管坎塔库泽努斯下台了，但凯多内斯设法保住了自己的职位，并很快让自己在新皇帝约翰五世那里变得同样不可替代。约翰五世·帕列奥列格在接下来的几十年中断断续续地掌权，他儿子们不时的纷争扰乱了他的统治。而在此期间的绝大部分时间里，凯多内斯都担任着职务，他最终成为拜占庭最受尊敬的政界元老。1353 年的威尼斯之旅是他第一次承担出国的任务，他加深了拜占庭与威尼斯、罗马、佛罗伦萨的联系。之后其他人也将追随他的脚步。

凯多内斯专注于政治、外交和对阿奎那学说的研究，改宗了天主教，到十五年之后才再次前往意大利。1369 年，他与约翰五世前往罗马，约翰五世在凯多内斯的力劝之下采取了激进的措施，宣称信奉天主教，以期获得教宗的支持来对抗土耳其人。

这本是约翰五世常用的狡猾伎俩，因此他的改宗之举完全被君士坦丁堡的东正教会无视了，而其他人对此也没有什么感觉。凯多内斯与罗马教廷中的众人交谈甚欢，但在这个时期的信件中，每当涉及向西方求援这个向来难办的目标时，他便在希望和绝望之间摇摆不定。西方的承诺已经变得非常空洞，以致他写道："甚至土耳其人都会笑着问是否有人有远征的消息。"[①]

其实西欧能做的也不多。大概在 14 世纪中叶，坎塔库泽努斯和萨伏依的安妮之间那场残酷的内战爆发之后，境况便无法挽回了。在那之后，任何远征部队都再也无法扭转奥斯曼势力的兴起，

---

① Cydones, *Letters II*, 31.

后者在小亚细亚继续征服越来越多的土地，并且在1347年之后开始在欧洲扩张。

约翰五世统治了30多年，眼看自己的领土在势不可当的土耳其人面前迅速而灾难性地陷落。他们席卷了巴尔干半岛，摧毁了文化上属于拜占庭风格的塞尔维亚和保加利亚诸国。奥斯曼帝国在巴尔干的统治一直持续到现代。到了14世纪80年代，拜占庭"帝国"的领土所剩无几，只剩下几座城市及其周边地区：君士坦丁堡、塞萨洛尼基、特拉布宗，以及伯罗奔尼撒半岛上的零散地区。奇怪的是拜占庭人竟然能坚持这么久。

奥斯曼帝国苏丹巴叶济德一世（Bayezid Ⅰ）从1394年开始对君士坦丁堡进行了为期八年的封锁。只是因为令人生畏的蒙古征服者帖木儿，拜占庭才得以逃脱，又苟延残喘了半个世纪。帖木儿于1402年在安卡拉摧毁了巴叶济德的军队，然后撤回东方，并于几年后去世。事实证明，奥斯曼帝国在安卡拉的溃败只是暂时性的挫折，却对希腊文献的保存来说至关重要。土耳其人重新集结之时，他们将再次使用攻城武器，向这座"众城之女王"的高墙发起轰击。

与赫里索洛拉斯同在威尼斯

在20年的时间里，土耳其人席卷了巴尔干半岛，而政治上的考量阻碍凯多内斯实现他时常提及的重返西方的愿望。他在书信中——现代学者指出，他写作时知道它们将被公之于众——提及了或祝贺过一些对西方及其文化感兴趣的年轻人，其中有的正在学习拉丁语，有的亲身到过意大利或法国。而他自己重返西方的计划则不断被搁置和推迟。最终到 14 世纪 80 年代后期，由于凯多内斯年事已高（已经 60 多岁），他对约翰那雄心勃勃却又忠心耿耿的儿子曼努埃尔公开表达过喜爱之情，因此他参与的朝中事务也得以减少，因而增加了外出旅行的可能性。凯多内斯于 1389 年底动身前往威尼斯，再次为对抗土耳其人而求援。

凯多内斯赴威尼斯的第二次旅行只持续了不到一年半的时间，在这段时间里，他巩固了他与这个最具拜占庭风格的意大利城市的关系。1391 年 1 月，也就是凯多内斯即将结束他旅居生活的几个月前，威尼斯总督安东尼奥·维内里奥（Antonio Venerio）授予他荣誉市民称号。该文件仍保存于威尼斯的国家档案馆，文件说："高贵和富有智慧的迪米特里奥斯·凯多内斯阁下如今居住于威尼斯人之中……向其授予其他威尼斯公民所享有的所有权利、利益、豁免权和荣誉。"[①]

如果威尼斯人知道迪米特里奥斯的旅居最终将带来什么样的成果，他们可能会给予他更高的礼遇。凯多内斯的旅伴中有他的学生、朋友及同胞曼努埃尔·赫里索洛拉斯。1390 年，凯多内斯把赫里索洛拉斯引荐给一个希望学习一些希腊语的意大利人罗伯托·罗西（Roberto Rossi）。瓦尔拉姆对彼特拉克的指导可能失败了，但在接下来的几十年里，才能卓越的赫里索洛拉斯将挽回这一失败，还取得了更多成果。

与一两代人之前的彼特拉克和薄伽丘的时代相比，此时想学习希腊语的意大利人有更好的机会。一方面，此时出现了罗西这样渴望学习希腊语的人，他并非有开拓之力的天才，却是一个

---

① Loenertz, "Demetrius Cydones," 125-126.

有代表性的人物，聪明而有天分。这类人越来越多。这种发展要直接归功于一个人，即佛罗伦萨的执政官和著名的人文主义教师——科卢乔·萨卢塔蒂。

萨卢塔蒂不懂希腊语，此后虽经一番努力，但仍然不甚精通。尽管如此，萨卢塔蒂仍然在佛罗伦萨那些从众的年轻知识分子之中极大地激发了学习希腊文学的热情，这些年轻人视他为自己的导师。罗西正是这些佛罗伦萨年轻人中的一位（实际上罗西本人并没有很年轻，他当时 40 岁左右，与赫里索洛拉斯差不多是同龄人）。历史学家认为，正是在萨卢塔蒂的催促下，罗西才会来到威尼斯，专程向凯多内斯或赫里索洛拉斯这两位名声在外的学者寻求指导。罗西可能向这两个拜占庭人提过萨卢塔蒂的事，回到佛罗伦萨后，他也把两位老师的所有事情都告诉了萨卢塔蒂。无论如何，凯多内斯为罗西安排了课程，而这些课程成了赫里索洛拉斯与佛罗伦萨之间的第一丝联系，这种联系最终将成为传奇。

凯多内斯、赫里索洛拉斯和罗西都于 1391 年回到了自己的故乡，两个拜占庭人回到了君士坦丁堡，罗西回到了佛罗伦萨。对于年迈的凯多内斯来说，未来的几年可以说是回报他的时间。曼努埃尔二世·帕列奥列格——凯多内斯在一封贺信中称他为柏拉图笔下的"哲学王"——在凯多内斯离开威尼斯的前不久继承了皇位。再次参与国家事务后，凯多内斯便专注于辅佐曼努埃尔，后者正绝望地寻找对付土耳其人的办法。

罗西则在此时返回佛罗伦萨，并在他的老师萨卢塔蒂和他在萨卢塔蒂圈子中的同学们面前，给予赫里索洛拉斯很高的评价。其中的一人，斯卡尔佩里亚的雅各布·安杰利（Jacopo Angeli da Scarperia）因为罗西的故事而振奋不已，他在 1395 年采取了最简单的方法来效仿罗西——或许简捷，却也充满危险，因为那时土耳其人已经开始围攻君士坦丁堡了。然而，安杰利怀着与他的热情相当的勇气，到达君士坦丁堡，找到赫里索洛拉斯，向他学习希腊语。

4
赫里索洛拉斯在佛罗伦萨

斯卡尔佩里亚的雅各布·安杰利于 1360 年左右出生在佛罗伦萨以北的一个小镇上。安杰利还小的时候，父亲就去世了，他的母亲把他带到佛罗伦萨城，并在那里再婚。他起初如何引起萨卢塔蒂的关注，我们已经无从得知，但是这位长者似乎很早就对安杰利青睐有加。尽管没能成为一流的人文主义者，亲和的安杰利依然是萨卢塔蒂最喜欢的学生之一，他荣幸地成为萨卢塔蒂的一个孩子的教父。

产生了邀请赫里索洛拉斯到佛罗伦萨授课的想法之后，萨卢塔蒂就开始敦促安杰利启程，前往君士坦丁堡。他们的计划是，萨卢塔蒂前往佛罗伦萨最主要的政府议会，即所谓"执政团"（signoria），游说后者发出正式邀请。同时安杰利会尽一切努力使赫里索洛拉斯接受这一邀请。

为了到达拜占庭的首都，安杰利所选择的路线可能是常规路线，也就是将近两个世纪前第四次十字军东征的骑士们使用的路线——从陆上到达威尼斯，再从威尼斯出发穿过亚得里亚海，然后向东穿过爱琴海。安杰利离开意大利的确切时间已不可知。但很可能是在深秋的某个时候，他避开土耳其人对君士坦丁堡的封锁，进入这座城市。他大概随身携带着萨卢塔蒂和罗西的介绍信，以及萨卢塔蒂要他寻找诱人的古希腊著作手抄本的指示。

久经遗忘的书籍通常被发现于修道院的图书馆中。自从彼特拉克在其他作品中重新发现了西塞罗的重要作品《给阿提库斯的信》（这位罗马作家在信中赞颂了希腊文化）之后，人文主义者便一直是这些图书馆的常客。寻找重要且尚未被发现的古希腊作品，以及学习古希腊语的欲望，很大程度上让其他意大利人决心追随安杰利的脚步，来到君士坦丁堡。还有许多书籍被赫里索洛拉斯和那些追随他的拜占庭人文主义教师带到西方。有一封萨卢塔蒂于1396年春寄给安杰利的书信留存至今，彼时安杰利已在东方生活了几个月。萨卢塔蒂在信中列出了一份清单，清单上记载了一些作品的名称及作者，他希望安杰利找到这些作品并带回佛罗伦萨。与西方世界一样，书籍在拜占庭非常昂贵，而且难以寻找。每一本都还得用手工费力地抄写，而印刷术在半个多世纪后才会传到这里。萨卢塔蒂向安杰利保证，自己已经找到了一个出资购买这些书的赞助人，他将迅速弄到所需的钱，购买这些书。

安杰利于1395年秋天抵达君士坦丁堡后，拜访了凯多内斯和赫里索洛拉斯，给两位老人都留下了很好的印象，并开始向后者学习希腊语。赫里索洛拉斯向周围的人介绍了安杰利，爱好交际的安杰利很快便与其他出类拔萃的拜占庭人文主义者及智者建立了友谊。在赫里索洛拉斯的指导下，他的希腊语水平正在稳定地进步，尽管距离不需老师指导便能独立阅读希腊语的程度还需一段时日。这是预料之中的事。我们今天的学生常使用对照译文或颇有帮助的现成译文，他们就这样学习古希腊语三四年。一般如果文本特别困难，那么这段时间会更长。然而安杰利无从获得这样的译文，简单来说，就是因为其中大部分作品的首次翻译正是由他本人和他未来的同学在意大利完成的。在这段时间里，安杰利自然会抓住每一个机会，跟他的老师宣传佛罗伦萨的景点和萨卢塔蒂的杰出品质。事实上，赫里索洛拉斯并不怎么需要劝说。显然，他自己就有充分的理由接受这个提议。萨卢塔蒂在1396年3月的信中高兴地告诉赫里索洛拉斯，执政团发出的官方邀请即将送达，同时还给出了一份可观的薪水。在那一年的夏末或初秋时节，赫里索洛拉斯、安杰利，以及老朋友迪米特里奥斯·凯多内斯一同离开君士坦丁堡前往意大利。安杰利在拜占庭首都那卓有成效的停留时间只持续了不到一年。

佛罗伦萨、萨卢塔蒂和市民人文主义

赫里索洛拉斯游历的佛罗伦萨还不是现代游客所熟悉的那座城市。如果我们穿越时光，欣赏赫里索洛拉斯眼中佛罗伦萨的天际线，最先注意到的事便是缺少了布鲁内莱斯基（Brunelleschi）主持建造的穹顶。佛罗伦萨大教堂（Duomo）或称主教座堂，开工于1296年，此时尚未完工，由于规模过大，至此为其设计穹顶的所有尝试都没能成功。布鲁内莱斯基最终以创造性的设计建造了波爱修斯时代之后意大利的首个大穹顶，然而那是20多年之后的事了。

再凑近看，我们还可以发现城市中那些不同寻常的尖顶。佛罗伦萨曾经塔楼林立。许多塔楼在14世纪被拆除，但在早期的画作中，城市看起来就像一个挤满了箭头的箭袋。留存下来的那些塔楼已经足够引人注目，其间还点缀了那些被毁掉的塔楼的残迹。我们进入城市的中心区域后，便会因黑暗狭窄的街道而顿生压迫封闭之感。这些狭窄如小巷的道路蜿蜒通过坚固的砖石峡谷,只有偶尔出现的小广场及庭院能带来一点开阔空间。这种幽闭感到了文艺复兴时期会慢慢消散,让位于更宽阔的街道和开放的公共空间。城市领袖的头脑中已经有了计划,然而中世纪城市特有的臭味还会飘荡一段时间。赫里索洛拉斯到达佛罗伦萨的几个月后,那里的官员对三个居民进行了每人10里拉的罚款,因为他们没有按照命令挖粪坑,而是任由污物流入街道。

大部分时间里,生活节奏都和现在一样快速而紧迫。从大街上一直通到韦基奥桥(Ponte Vecchio)的市集每天都是熙熙攘攘的,肉类、鱼类、水果、蔬菜、异国情调的美味特产和干货都应有尽有。买东西的人挤过驮货的马和大车,富有的男人警惕地照看他们精心打扮的妻子,远离那些盗贼、赌徒、醉鬼和妓女。人声鼎沸,不时夹杂着钢铁碰撞的声音。佛罗伦萨并非安全之地。这座城市充满了活力,表现为持续的派系斗争和政治试验。宵禁会在入夜后实施——夜间在外活动的人会受到罚款或更重的处罚。

在赫里索洛拉斯抵达佛罗伦萨的冬季,那里的生活节奏减慢了一些,因为潮湿的托斯卡纳(Tuscany)寒气刺骨。但无论是否在冬季,佛罗伦萨都是大地上最令人兴奋的地方。佛罗伦萨洋溢着无政府主义的风气,因为这个城市是由其人民统治的。在塔楼最终被摧毁前,它们都保护着被剥夺政治权利的那些佛罗伦萨贵族,使之不被人民的愤怒所攻击。自从古典时代的雅典之后,再也不存在这样的地方。

赫里索洛拉斯到来时,佛罗伦萨正处于一段漫长而令人陶醉的、最终相当危险的历史时期。从1348年起反复暴发的黑死病使城市人口减少了近一半,即使如此,也没能消磨掉这座城市的精神。到世纪之交时，佛罗伦萨已经蓄势待发，准备成为未来几十年里无可争议的西方文学与艺术之都。赫里索洛拉斯会发现自己就像生活在6月的花园里，而他本人将最终为这里带来丰硕的果实。这些果实将它们的萌芽归功于被称为"人文主义"的运动。虽然在意大利的其他地区（例如那不勒斯、帕多瓦）也长出了类似的新芽，但人文主义的果实首先成熟于佛罗伦萨。

佛罗伦萨不是大学城，它在这一点上不同于那些自傲的经院哲学的学习中心，如巴黎、牛津、博洛尼亚、帕多瓦，在这些地方，庞大的大学——"学院"——从12世纪起便已开始出现。与之相比，于14世纪20年代才建立的佛罗伦萨的"studio"（意大利人对大学的称谓）显得小巧又落后。从14世纪到15世纪，它的建校时间也不长，这让富裕的佛罗伦萨人很尴尬。

与此同时，佛罗伦萨的财富建立在鼓励识字的活动（比如国际银行业，基本上就是由佛罗伦萨人在14世纪发明的，不过他们也从事手工业和贸易）上，其结果就是，佛罗伦萨公民可能是全欧洲识字率最高的。那里的大学可能很一般，但他们的基础教育非常优秀。此外，如果佛罗伦萨人想读大学，他们很容易在附近的博洛尼亚或帕多瓦读书。即使这些各有专攻的大学（这两所大学的优势分别是法律及医学），也与北方的大学，比如巴黎大学和牛津大学的情况不同：经院哲学远远达不到垄断的地位。经院哲学毕竟是北方的发明，而从巴黎和牛津引进的东西往往在意大利根本没有机会占据首位。在佛罗伦萨，情况更是如此。

所有这一切使意大利充满了文学革命及知识创新的可能性，在佛罗伦萨尤然。这种创新自然受到了意大利丰富的罗马遗存的启发，这种遗存不仅存在于维吉尔和西塞罗的作品中，而且在许多意大利城镇的古代遗迹中表现得更为明显。在佛罗伦萨的例子中，城市的罗马基础在无法忽视的人文主义自我认同中发挥了重要作用。

薄伽丘于1375年去世，同年科卢乔·萨卢塔蒂被选举为佛罗伦萨执政官（cancelarius，或译首相）。萨卢塔蒂的同道者和导师彼特拉克已于一年前去世。彼特拉克率先提出恢复"人文"（humanitas）的理念，这个古罗马时代的理念认为人文可以通过谨慎的培养与全面的文化教育而提升。尽管彼特拉克在著作中多次提到"人性"的理念，但真正最终将其变为纲领性的口号的人却是萨卢塔蒂。

萨卢塔蒂于1331年生于托斯卡纳的斯蒂尼亚诺镇（Stignano），年轻时曾在博洛尼亚学习法律，但他很快就放弃了法律学习，成为一名书记员的学徒。他身为书记员的职业技能对他帮助很大，并自然而然与他对古典文学的热爱结合了起来。在担任佛罗伦萨的执政官之前，他还曾在其他几个城镇任职。执政官是城市中政府机构的领导。在佛罗伦萨，这份工作地位显赫、待遇优厚，为萨卢塔蒂带来了可观的财富、声望和权力。萨卢塔蒂再没有离开过这座接纳他的城市。他在佛罗伦萨一直担任执政官，直到他于1406年去世。他去世后，佛罗伦萨为他举办了隆重的国葬。佛罗伦萨共和国宪法规定，各个管理委员会中待选举产生的职位，只能由贸易行会及商业协会的成员担任，也只有他们拥有投票权。与这些有权有势还往往有钱的商人阶层相反，上等阶层中的"权贵"（旧贵族）和下等阶层的工人通常被排除在官方权力之外。但是，管理委员会中职位的任期很短，通常只有几个月。这意味着佛罗伦萨的政府机构是唯一连续负责公共行政的组织。作为政府的首脑，萨卢塔蒂在几十年的时间里都是佛罗伦萨最受认可的公众人物和政治领袖。

到14世纪90年代，萨卢塔蒂效仿他感兴趣的希腊罗马时代的古风，招揽了大批有才华的年轻人，他们大多数是贵族，但非全都是。他们中的大多数将在赫里索洛拉斯的指导下学习希腊语，而其中最聪明的两位，莱昂纳多·布鲁尼和波焦·布拉乔利尼将来继承了萨卢塔蒂执政官的职位。萨卢塔蒂在他那一代人里并不是唯一一个人文主义者，在年长的佛罗伦萨人文主义者里也不是唯一拥有大批学生的人，但他绝对是最杰出的。

萨卢塔蒂的威望以及他对佛罗伦萨的价值都非常突出，因为在他任执政官的时期，共和国正面临一系列严重的危机。最严峻的威胁正好发生在14世纪90年代后期，当时佛罗伦萨面对着富有危险性和侵略性的对手米兰的军事威胁。萨卢塔蒂使得与米兰的冲突这一事件，变得不再是强大的军事城邦对一个较小而不太军事化的邻国发动战争那样简单。在吉安·加莱亚佐·维斯孔蒂（Gian Galeazzo Visconti）的独裁统治之下，米兰与一贯奉行自由的、共和主义的价值观的佛罗伦萨形成鲜明对比，萨卢塔蒂在公开信中对米兰这种"暴君"式的价值观表示强烈反对。

萨卢塔蒂很喜欢这种角色。与第二次世界大战早期温斯顿·丘吉尔的角色相仿，萨卢塔蒂广泛流传的信件与丘吉尔富有挑战意味的广播演讲具有相同的目的。和在敦刻尔克大撤退之后艰苦时光里的丘吉尔一样，雄辩的言辞成了萨卢塔蒂最好的、也几乎是唯一的武器。维斯孔蒂本人曾一度对其对手雄辩的文采大加赞扬，他最著名的评论说，萨卢塔蒂的一封信抵得过1000个骑兵。然而，尽管萨卢塔蒂在修辞上有着这样值得夸耀的力量，佛罗伦萨也是只在维斯孔蒂于 1402 年意外死亡后,才摆脱了危险的境况。

作为执政官,萨卢塔蒂利用修辞对米兰发起冲击的主旨,是共和主义的佛罗伦萨对共和主义的罗马那些道德和价值观的认同,尤其是关于"自由"(libertas)的认同。这些精心策划的宣传工作在赫里索洛拉斯到达佛罗伦萨时正处于高潮阶段。一场反映了上述价值观的小型文化运动最终诞生,历史学家称之为"市民人文主义运动"。①

在彼特拉克引领的意大利人文主义运动的第一阶段之后,佛罗伦萨人通过市民人文主义开启了第二阶段。市民人文主义决定了萨卢塔蒂及其追随者最希望阅读及评论何种书籍。虽然他们在根本上受到了彼特拉克的启发,却对诗歌之类的主题没那么感兴趣,而更关注政治理论,尤其关注历史。这种转变直接源于佛罗伦萨与米兰的斗争而产生的市民危机感。因此,如果人文主义在整体上构成了赫里索洛拉斯教学的大环境,那么市民人文主义的诞生则为其提供了直接的背景,因为赫里索洛拉斯正是于 15 世纪初期离开被围困的君士坦丁堡来到局势紧张的佛罗伦萨的。

赫里索洛拉斯的新式教学

凯多内斯、赫里索洛拉斯和安杰利于 1396 年底从拜占庭首都出发,在威尼斯停留了几个月。年长的凯多内斯愉快地留在此地,另外两位朋友则沿陆路继续旅程,并于 1397 年 2 月 2 日到达佛罗

---

① 由汉斯·巴伦(Hans Baron)在其著作《意大利文艺复兴早期的危机》(*The Crisis of the Early Italian Renaissance*)中命名。

伦萨。赫里索洛拉斯受到萨卢塔蒂和他圈子中那些年轻的人文主义者的热烈欢迎，几乎立刻就在佛罗伦萨学院承担了教学任务。

作为一个在西方文明史上扮演了这样至关重要的、杰出的角色的人物，赫里索洛拉斯可称得上是一个奇怪又难以捉摸的人。他极少著述，只有一些信件和其他几份简短的作品留存了下来。虽然现代历史学家称这些少数作品特别重要，但是它们依然没有告诉我们赫里索洛拉斯到底是什么样的人。

我们对赫里索洛拉斯不多的了解主要来自他学生的著作，其中有些人单纯地将他视为自己的偶像。他被描述成一个充满个人魅力的男人，一位温暖而富有天赋的传播者，就算不能称作知识异常渊博，至少也是一名很有修养的学者。他的外表让人印象深刻，他虽然只有中等身材，却有着醒目的健康气色，在拜占庭式红色长须的下面，他的双眼展露出严肃而无忧无虑的神采。放在现代美国的大学里，赫里索洛拉斯将是一位受欢迎的讲师，而不是学术研究人员——但是他的学生将在之后取得辉煌的成就。而他作为老师，也对这些学生产生了深远的影响。

赫里索洛拉斯的学生名册看起来就是文艺复兴早期人文主义运动的名人录。由于他的学生还将继续指导各自的学生，所以赫里索洛拉斯的教学遗产得以一代又一代地传播，并在他死后影响了数代的人文主义者。

赫里索洛拉斯的教学方法具有创新精神，甚至可以说具有革命性，但更引人关注的是这种教学方法如何与他在佛罗伦萨遇到的人文主义社会环境的需求和价值观完美契合。

在基础的层面上，赫里索洛拉斯将拜占庭的课堂上使用的极其枯燥而复杂的希腊语教科书简化成一种清晰而简明的形式，产生了一份入门级的、通俗易懂的古希腊语初级课本，名为《问题》（*Questions*）。书的标题并非原创，拜占庭的教材一贯这样命名，但赫里索洛拉斯的《问题》在一个多世纪的时间里成为西方学生学习古希腊语的标准入门书籍。它对希腊语语法做出了根本性的合理化，在应用层面产生了巨大的影响。比如在几年前的传统教材中，拜占庭的学生要记忆 56 种名词，而在赫里索洛拉斯的新教材中这一数量减少到 10 种。当印刷术于 15 世纪出现后，赫里索洛拉斯的《问题》成为最先被印刷的书籍之一，该书的重要性可见一斑。

这是一次革新，它在亲身实践、日常生活的方面带来了巨大的进步。革命发生在更为深刻的细微差别层面和情感层面，最好的解释便是赫里索洛拉斯的方法对看似复杂的翻译问题产生了影响。中世纪经院哲学的学者将希腊语翻译为拉丁语时，他们使用一种称为"verbum ad verbum"的方法，字面意思为"逐字逐句"，顾名思义，就是指机械地、逐字地将一种语言替换为另一种。纵然做到最好，翻译出的拉丁语也拙而不雅。译得差的时候，正如赫里索洛拉斯指出的，这种方法将完全改变原文的意思。赫里索洛拉斯放弃了旧方法。相反，他让他的学生尽可能贴近希腊语的感觉，在将其翻译为拉丁语时，要保持原来的优雅、流畅和语言习惯。①

极度渴望写出完美而不枯燥的古典拉丁语的意大利人文主义者，兴致勃勃地接受了新技巧。这完全符合他们的文学价值观，符合人文主义运动的发展逻辑。事实上，萨卢塔蒂可能已经有了

---

① 最近一些学者认为经院哲学派的翻译没有人文主义者认为的那么差（甚至比人文主义者的翻译更好）。无论哪一种更好，人文主义者都有着非常不同的目标和兴趣。这两个群体的不同目标可能比对他们技巧的主观比较更具启迪作用。

类似的想法，因为西塞罗本人就谴责说逐字逐句的翻译过于呆板。赫里索洛拉斯的学生很快开始了人文主义的大规模翻译活动，许多重要的希腊著作开始迅速以准确而优雅的拉丁语译文首次出现在西方世界。

赫里索洛拉斯的学生中最多产的译者——著名的莱昂纳多·布鲁尼，是使用这一新方法的典型人物。布鲁尼在翻译柏拉图的著述时，以自己的标准添加了评注，他笔下古希腊的作家好似他仍然在世的好友："我以一种我认为会让他非常开心的方式翻译他的作品。……作为笔下的希腊语最优雅的作家，他绝不希望自己作品的拉丁语版本表现得缺乏品味。"[1] 顺便一提，布鲁尼是第一个以这种方式使用"翻译"（translatio，字面意思为"转移某物"）一词的人，即指代将一种语言转述为另一种语言的行为。

正如萨卢塔蒂直觉感受的那样，赫里索洛拉斯在世纪之交对佛罗伦萨的造访，可谓正确的人在正确时间待在正确的地点，换句话说，他是能够完成手头艰巨教学任务的完美教师。这就是为什么研究文艺复兴的学者认为萨卢塔蒂对人文主义的最大贡献是他将赫里索洛拉斯请到了佛罗伦萨，尽管他自己还取得了许多成就。

赫里索洛拉斯在佛罗伦萨的学生们

赫里索洛拉斯在佛罗伦萨只待了三年的时间，于1400年3月离开。在这段短暂的时间里，他为古希腊研究在西方打下了深厚的根基。他在佛罗伦萨的学生代表了西欧第一代真正的古希腊研

---

[1] Wilson, *From Byzantium to Italy*, 12.

究者:

莱昂纳多·布鲁尼(1370—1444年)。出生于阿雷佐镇(Arezzo,因此他也被称作阿雷提诺[Aretino])的布鲁尼是15世纪上半叶佛罗伦萨最著名的人文主义者。他主要研究历史和政治理论,是市民人文主义的代表人物。① 在布鲁尼的诸多优美的译作中,有亚里士多德的《政治学》与《伦理学》,古代传记作家普鲁塔克(Plutarch,早期的人文主义者最喜爱的作家之一,其作品后来成为莎士比亚众多剧作的素材)的《希腊罗马名人传》,以及古希腊雄辩家德摩斯梯尼和埃斯基涅斯(Aeschines)的修辞学著作。萨卢塔蒂将佛罗伦萨与共和主义的罗马进行比较,而布鲁尼更进一步,将雅典也加进了这种比较。1401年,布鲁尼出版了他著名的颂词《佛罗伦萨城市颂》(*In Praise of the City of Florence*),该书以各种希腊语颂词,例如埃留斯·阿里斯提德斯(Aelius Aristides)所写的雅典城颂词为模板而创作。后来,他创作了文艺复兴时期的历史作品中具有先锋意义的著作——《佛罗伦萨人民史》(*The History of the Florentine People*),他在书中采用了古代历史学家那种批判性、世俗化的写作方法。像他的许多朋友一样,布鲁尼也在人文主义的另一个重要中心梵蒂冈工作,他在人文主义方面的知识为他带来了财富和声誉。与他的老师萨卢塔蒂一样,他也担任了佛罗伦萨执政官一职(任期从1427年开始,直到他去世)。

波焦·布拉乔利尼(1380—1459年)。赫里索洛拉斯到达佛罗伦萨时,波焦还是个少年,可能因为他太过年轻,而不能被正

---

① 人们认为市民人文主义通过布鲁尼的著作影响了英国、美国和法国的革命,以及现代社会其他许多划时代的事件。

式纳入赫里索洛拉斯的学生之列。他一直没有掌握希腊语,他在赫里索洛拉斯教学时可能更像是一个年轻的跟班,而非一个成熟的学生。也许出于这种原因,波焦比其他佛罗伦萨人更加将赫里索洛拉斯视为自己的英雄。然而后来他偶尔对学习希腊语流露出轻微的蔑视态度,这可能是他年轻时遭人排斥后展现出的一种酸葡萄心理。无论如何,最晚到 1400 年时他已经被萨卢塔蒂的圈子接纳了,被誉为优秀的拉丁语学者,并(和他的老朋友尼科洛·尼科利一起)最终成为那些佚失的拉丁语手抄本最有名的发现者。波焦的长期而富有成效的人文主义事业,一直延续到了美第奇家族用专制政体终结佛罗伦萨共和制度的时候。作为人文主义者中不常见的爱争论的人,他大部分的职业生涯都在罗马度过。1453 年,年迈的波焦返回佛罗伦萨,并(在萨卢塔蒂及布鲁尼之后)应全体市民之邀担任了执政官。

尼科洛·尼科利(1364—1437 年)。与赫里索洛拉斯一样,尼科利几乎没有留下任何作品,因此同样是一个相当神秘的人物。然而,从他那些人文主义者同侪的著作中可以清楚地得知,尼科利在人文主义运动中居于核心地位,是一位极具影响力的人物。偏执的尼科利甚至比波焦更喜欢争辩(这也许是他们二人相处融洽的原因),他那极端古典主义的态度在人文主义者中是最为激进的。他有些装腔作势,过着铺张的生活,甚至有破产的危险,其目的是全身心地投入自己的研究中。他与另一位挚友布鲁尼有两处不同点:一、尼科利是一位贵族;二、尼科利与赫里索洛拉斯一样,对古代艺术怀有浓厚的兴趣。他是一位狂热的藏书家,还率先对古代钱币、铭文等文物做研究。尼科利去世之后,他那些杰出的藏书成为由科西莫·德·美第奇(Cosimo de Medici)在佛罗伦萨的圣马可修道院创立的公共图书馆的核心。

皮埃尔·保罗·弗吉里奥（Pier Paulo Vergerio，1370—1444年）。他出生于卡波迪斯特里亚（Capodistria），于帕多瓦接受教育，并在1390—1406年在帕多瓦大学担任逻辑学教授。弗吉里奥于1398年访问佛罗伦萨时听说了赫里索洛拉斯的事迹，并加入了后者的团体。他与波焦和布鲁尼一样，也为梵蒂冈做了许多人文主义的工作，但弗吉里奥最有名的地方还是作为教师及先驱性的教育理论家。他倡导了一种自由主义、人文主义的教育，切断了与中世纪传统的联系，并试图重建古希腊的"全面教育"①（encyclios paidea）。他的著作《论青年的绅士风度与自由学习》（*On Gentlemanly Manners and Liberal Studies for Youth*），可能完成于赫里索洛拉斯离开佛罗伦萨的几年之后，是第一本也是最具影响力的一本关于文艺复兴教育理论的著作。该书援引了许多希腊的资料以及赫里索洛拉斯的想法和例证。

罗伯托·罗西（约1355—1417年）。虽然他缺乏他朋友那样的天赋，却非常精通希腊语，还完成了一部希腊语手抄本文献的选集。不过他的主要事迹首先是于1390—1391年对威尼斯的访问（他在那里遇见了凯多内斯和赫里索洛拉斯），其次是他后来对许多地位显要的佛罗伦萨家族的孩子进行了拉丁语和希腊语的辅导。他的学生中有年轻时的科西莫·德·美第奇。

这些人都是跟随赫里索洛拉斯在佛罗伦萨学习希腊语的学生之中的出类拔萃者。布鲁尼、波焦和尼科利这个才华横溢的三人组，成了友人群体的核心成员。当然还有很多非常可敬的、具有

---

① 古希腊的"全面教育"强调人的全面发展，包括体育和音乐等科目。

人文主义者素养的人，比如贵族帕拉·斯特罗齐（Palla Strozzi），他是一位非常富裕、出身名门的艺术及书信的赞助人，率先帮助萨卢塔蒂安排了对赫里索洛拉斯的邀请。他赞助了赫里索洛拉斯所使用的希腊语教材，以及其他学生使用的副本。团体中另一位富有的贵族安东尼奥·科波奈里（Antonio Corbinelli）最终建成了欧洲最好的古典文献图书馆之一，藏书中的古希腊部分包括荷马、普鲁塔克、希罗多德、修昔底德、波里比乌斯、柏拉图、亚里士多德、欧几里得、埃斯库罗斯、欧里庇得斯、索福克勒斯、阿里斯托芬、德摩斯梯尼、埃斯基涅斯、忒奥克里图斯和品达等人的作品。

当然我们不能不提到斯卡尔佩里亚的雅各布·安杰利。送赫里索洛拉斯回到佛罗伦萨之后，他继续学习希腊语，并最终完成了许多精湛的译作（包括普鲁塔克《希腊罗马名人传》中的几篇）。赫里索洛拉斯于1400年离开后，安杰利在梵蒂冈获得了中级秘书的职位，得以继续人文主义研究。他既没有超人的天赋，也没有什么壮志雄心，但他仍然努力工作。而且他十分大方，愿意与萨卢塔蒂等人分享他拥有的希腊语珍本书籍。他在1405年反常地与布鲁尼产生了冲突，无礼地试图击败更年轻却更有才华的布鲁尼，以争夺布鲁尼已经申请的在罗马教廷的一个有声望的职位。安杰利在布鲁尼行动之前对这个职位不感兴趣，他有一些朋友煽动他，说如果一个年轻人、一个从前的学生获得了更好的工作的话，他就太丢脸了。教宗让他们分别撰写一篇拉丁文的作品，反倒是年轻的布鲁尼轻而易举地赢得了胜利。

不过，安杰利在赫里索洛拉斯离开后还是做出了历史贡献。赫里索洛拉斯离开时，他将一份未完成的译稿交给了安杰利。这本书便是古代世界至关重要的地理学文本——托勒密的《地理学》。赫里索洛拉斯从君士坦丁堡将这本书带到佛罗伦萨。安杰利在赫里索洛拉斯的工作基础上完成了整部书的翻译，使西方读者能够第一次接触到这部广受欢迎的作品。它的许多副本以及很多基于书中的信息所绘制的地图开始迅速出现。事实上，此书中的"信息"并不准确。托勒密的《地理学》大大低估了欧洲和亚洲之间的距离。所以，几十年后，这个广泛传播的、很有说服力的、错误的古代权威观念也被一个名叫克里斯托弗·哥伦布的热那亚水手接受了，这种观念给他植入了一种坚定的（并且很有市场的）观念，即向西航行到印度差不多是小事一桩。

赫里索洛拉斯继续前行

赫里索洛拉斯本承诺在佛罗伦萨停留五年，却于协议约定的期限还有两年的时候突然离职，这引起了学术界的震动。比起离开佛罗伦萨这一事件本身，更惊人的是他的目的地。

在赫里索洛拉斯可能前往的所有地方中，他选择了最出人意料的一个——米兰。1400年3月，他从佛罗伦萨直接投向了城市的死敌——米兰的统治者吉安·加莱亚佐·维斯孔蒂的怀抱。此时维斯孔蒂正在与佛罗伦萨进行激烈的对战。此外，没有任何证据表明佛罗伦萨人对赫里索洛拉斯有哪怕一丝一毫的责怪。几年后，他们仍然在极力称赞他。

着眼于大局，将有助于我们理解赫里索洛拉斯这看似莫名其妙的行为。赫里索洛拉斯是一位贵族、高级外交官和拜占庭的爱国主义者，同时也是拜占庭皇帝曼努埃尔二世·帕列奥列格①的同龄人、姻亲和密友。赫里索洛拉斯在1390—1391年对威尼斯的访问正是出于他这位朋友的指示，其目标并非向罗伯托·罗西或其他人传授古希腊语，而是有着明确的任务——得到对抗土耳其人的援助。

赫里索洛拉斯和曼努埃尔二世可能将佛罗伦萨的邀请视作这种持续努力的另一次良机。赫里索洛拉斯的动机对他的意大利朋友们来说不是什么新鲜事，所以他们对赫里索洛拉斯的离开没有什么不满。假如赫里索洛拉斯的主要兴趣是向佛罗伦萨的年轻人传授古希腊语，他当然会遵守他的合同。但其外交目标是首要的任务。三年后，很明显佛罗伦萨人（像后来的许多西方人一样）对古希腊人比对当代人更感兴趣，赫里索洛拉斯便也在双方都没有什么心理负担的情况下另谋高就了。因为维斯孔蒂有强大的军事力量，所以米兰对他而言更有吸引力。同样这也解释了，当维斯孔蒂在1402年突然意外死亡而导致城市的军事力量暂时衰退后，赫里索洛拉斯为何不久后便离开了米兰，离开了意大利。

有一系列细节可以支持这种解释，另外考虑到历史的进程，这一解释也可以说是合乎情理的。②它不仅解释了赫里索洛拉斯本人的行动，也解释了他的朋友曼努埃尔二世在同一时期（即1400—1403年）的行动。拜占庭皇帝也到西方的那些权力中心之间旅行，以期获得对抗土耳其人所需的赞助和支持。

---

① 曼努埃尔二世（1391—1425年在位）是约翰五世与约翰六世的女儿海伦娜·坎塔库泽努斯的儿子。他是一位文化水平很高的皇帝，读者应该记得上一章结束时迪米特里奥斯·凯多斯称赞他为柏拉图式的"哲学王"。
② 由伊恩·汤姆森（Ian Thomson）于1966年首先提出，已被其他学者广泛接受。

事实上，曼努埃尔二世于赫里索洛拉斯离开佛罗伦萨后不久的 1400 年 4 月抵达威尼斯。从威尼斯出发，他去了帕多瓦、维琴察（Vicenza）、帕维亚（Pavia）和米兰。在米兰，他和赫里索洛拉斯作为吉安·加莱亚佐·维斯孔蒂的贵宾庆祝了他们的重聚。曼努埃尔二世还将继续前往巴黎，他在那里作为国王查理六世（Charles Ⅵ）的客人生活了一年多的时间。他还去了伦敦，在英国首都大受欢迎。国王亨利四世和他的臣民为他举办了盛大的欢迎仪式，并对皇帝的皇家风度印象颇深。重要的是，曼努埃尔二世没有访问佛罗伦萨。不难看出两个拜占庭人在工作上的某种一致性。考虑到赫里索洛拉斯在余生都将持续进行类似的外交旅程以抵挡土耳其军队的推进，这一点则更为明显。

培养教师

在赫里索洛拉斯离开佛罗伦萨后的那些年里，在进行外交活动的同时，他还与一个新的意大利学生——维罗纳的瓜里诺迅速增进了关系。瓜里诺于 1374 年出生在意大利北部的维罗纳，并在当地接受了童年的学业。他的父亲是一名金属工人，在他 12 岁时就去世了。作为一个有前途的年轻人文主义者，瓜里诺在 14 世纪 90 年代前往附近的帕多瓦，在那里跟随皮埃尔·保罗·弗吉里奥学习，弗吉里奥是一名帕多瓦的教师（比瓜里诺年长四岁），曾在佛罗伦萨参加过赫里索洛拉斯的课程。瓜里诺本人未能前往佛罗伦萨，而是从弗吉里奥那里接受了拜占庭人的课程，后者在 15 世纪初期构思并撰写了先驱性的、与教育相关的书籍《论青年的绅士风度与自由学习》。

赫里索洛拉斯通过言传身教影响了弗吉里奥的思想，而后者又激励瓜里诺达成其未来的成就。在接下来的几十年里，瓜里诺将成为 15 世纪最著名的人文主义教育家，因而最终成为赫里索洛拉斯最具影响力的学生。这一切都将在 1403 年到来，那时年轻的瓜里诺身在威尼斯，其规模较小的邻城帕多瓦是一座大学城（威尼斯将于 1405 年正式吞并帕多瓦）。去年离开米兰的赫里索洛拉斯刚刚陪同皇帝曼努埃尔二世回到君士坦丁堡。与 10 年前的安杰利一样，还没有见过赫里索洛拉斯的瓜里诺现在决定前往拜占庭的首都，去找赫里索洛拉斯，并向他学习希腊语。瓜里诺与富有的威尼斯商人保罗·扎内（Paolo Zane）一起旅行。保罗·扎内为瓜里诺提供了一份工作，并且热情地给予了鼓励和建议，从而使瓜里诺最终得以成行。

瓜里诺受到了赫里索洛拉斯的欢迎，他在君士坦丁堡待了两年多，掌握了希腊语，并得到了大量手抄本。然后，他也许是作为扎内的秘书花了一些时间在爱琴海周围旅行，访问了罗得岛（Rhodes）和希俄斯岛（Chios），也可能去了希腊本土。在他那令人羡慕的君士坦丁堡旅居时期，他的主要导师并非赫里索洛拉斯本人，而是赫里索洛拉斯的侄子约翰——一名深受欢迎的、教导拜占庭青年贵族的教师。曼努埃尔仍然忙于外交事务，在君士坦丁堡和意大利之间往返旅行，不过在 1405 年的大部分时间里，他都待在拜占庭的首都，并密切关注着瓜里诺的研究。

赫里索洛拉斯在君士坦丁堡追随他之前的智者瓦尔拉姆和凯多内斯，改信了天主教。不久之后，他前往意大利执行任务，1406 年底又回到了君士坦丁堡。然而还不到一年，赫里索洛拉斯最后一次离开君士坦丁堡，永久地移居到西方。在接下来的几年里，他在欧洲试图鼓动西方提供援助以对抗土耳其人，与此同时，他像之前的瓦尔拉姆和凯多内斯一样，力图使天主教会和东正教会重新统一。

到此时，天主教的领袖们在教会会议中成功地弥合了阿维尼翁和罗马两地并存的教宗之间长达数十年的分裂。[1] 赫里索洛拉斯作为意大利最著名和最受敬重的人之一，参与了这个进程，他为统一天主教和东正教也做出了努力。事实上，当赫里索洛拉斯在1415年去世时，他正代表东正教在康斯坦茨（Constance）参加这些谈判。他去世的时候，弗吉里奥在其为赫里索洛拉斯所作的墓志铭中告诉我们，每个人都真心认为赫里索洛拉斯是竞选教宗的首要竞争者。

同时，瓜里诺回到意大利，但他继续与赫里索洛拉斯保持联系，直到他的导师去世。他在佛罗伦萨、博洛尼亚、威尼斯和维罗纳进行教学。在他的生命的最后30年里，他为费拉拉（Ferrara）的统治者埃斯特家族（Este）担任教师。瓜里诺与弗吉里奥一同作为赫里索洛拉斯在教学方面的传承者，改变了意大利乃至整个欧洲教育的面貌。仅举一例：他们最成功的门生费尔特雷的维多里诺（Vittorino da Feltre）实践了他们的理念，在曼托瓦（Mantua）的贡扎加王朝（Gonzaga）的人文主义宫廷中建立了"快乐之屋"（La Casa Giocosa），这可能是欧洲的第一所寄宿学校。

这次教育革命的核心是"encyclios paidea"的复兴，即古希腊的"全面教育"的复兴。希腊的"全面教育"模式将广泛的学

---

[1] 对立教宗之间的分裂始于1378年，这一分裂于1414—1418年期间召开的康斯坦茨会议而得以弥合。

术课程与音乐、体育和道德教育结合起来，以培养出全面发展的个人，它启发了罗马的"人性"理想。它的复兴，是大学发明以后教育发展史上最重要的一步，而赫里索洛拉斯在15世纪初应用的价值观仍然在今天深刻地影响我们思考这些问题的方式。

赫里索洛拉斯文集及未来

在赫里索洛拉斯的所有学生中，瓜里诺在情感上和赫里索洛拉斯最为相近，他也是意大利人中对其最热情和最忠实的崇拜者。赫里索洛拉斯主要通过瓜里诺和其子巴蒂斯塔（Battista）的热忱工作，在去世几十年后就被戴上了传奇人物的金色光环。他留下的大量文学作品，即所谓的"赫里索洛拉斯文集"（Chrysoloriana），为人文主义学者相传，以纪念赫里索洛拉斯和他在意大利取得的成就。

在现代，赫里索洛拉斯对研究文艺复兴的历史学家也表现出一种不可抗拒的魅力，他们争相把意大利在文艺复兴期间最有魅力的发展情况归功于他。一份学术著作称，他全方位的教学方式让文艺复兴时期的思想得以产生。另一本书又说，他复杂的审美刺激了绘画中线性透视法和构图法的发明。还有一本书声称，他鼓舞人心的古典主义为西方带来了世俗主义的第一缕曙光。这些推测很富有吸引力，当然也必须得到慎重考量，不过我们也不用太保守。许多人通过他学到了许多事情，这就足够了。

5

15 世纪的拜占庭移民

1402 年,帖木儿在安卡拉大败奥斯曼帝国,苏丹巴叶济德一世兵败身亡,他的儿子们则为控制四分五裂的奥斯曼帝国而陷入内斗,而饱受围困的拜占庭帝国得到了最后的喘息之机。内斗的最终胜利者是穆罕默德一世(Mehmed Ⅰ),他的胜利得益于曼努埃尔二世的帮助。曼努埃尔二世基于拜占庭的优良传统,充分利用奥斯曼帝国的混乱进行外交活动。穆罕默德一世最终于 1413 年处决他的兄弟穆萨(Musa)时,他背后正是有拜占庭和塞尔维亚军队的支持。穆罕默德一世充满感激地发誓,他愿像儿子顺从父亲那样侍奉皇帝。他的确言而有信。终其一生,穆罕默德一世都一直保持着这份感激之情,与曼努埃尔二世保持着真诚的友谊。

曼努埃尔清楚,这种关系仅仅是私人间的、暂时的,他利用这个机会为穆罕默德一世死后将重新开始的攻击尽可能地做好了准备。他将君士坦丁堡本身的防御暂时放在一旁,将着重点放在希腊本土的南部,那里已成为帕列奥列格文艺复兴时期拜占庭文化最重要的前哨站。

这个面积广阔的半岛通过狭窄的科林斯地峡与大陆的其他地方相连,在古代它被称为伯罗奔尼撒半岛,但拜占庭人称其为摩里亚(Morea)半岛。其首府是米斯特拉(Mistra),地处古代的斯巴达城附近，摩里亚专制君主国由皇帝的亲属所统治，统治者通常是皇帝的儿子或弟弟。现在曼努埃尔重建了古老的城墙"六里长墙"（Hexamilion），城墙横穿狭窄的科林斯地峡，通过153座塔楼和两端的城堡得以巩固。曼努埃尔重建的六里长墙使摩里亚避免遭受北方的陆上入侵，而据说这项工程不到一个月就完工了。[①]

普莱索和他的学生

摩里亚是乔治·格米斯托斯·普莱索的故乡，此人是拜占庭人文主义传统中最古怪、最有独到见解的思想家之一。作为一名哲学家、俗世的神学家，以及曼努埃尔二世和继承他皇位的儿子约翰八世（John Ⅷ）的顾问，普莱索出生时的名字只是乔治·格米斯托斯。后来，在1439年访问佛罗伦萨期间，他将姓氏改为普莱索（"格米斯托斯"的同义词，均意为"充足"），因为这听起来像他最崇敬的哲学家柏拉图的名字。

普莱索出生于君士坦丁堡，并在那里接受教育，他在那里进行了多年的教育工作，但最终因宣传异端信仰而惹上了麻烦。1410年左右，当时普莱索大约50岁，曼努埃尔二世感到有必要将普莱索流放到米斯特拉城。普莱索在当地迅速建立了一座哲学学院——实质上是一个共同体，并继续宣传一样的异端信仰。

毫无疑问，正如曼努埃尔所见，普莱索不寻常的、甚至称得上独特的方法，比起君士坦丁堡那相对保守的宗教氛围，更适合

[①] 该地区仍然是值得参观的好地方，特别是米斯特拉的修道院和教堂以及附近的莫奈姆瓦夏（Monemvasia）。与科拉修道院相比，帕列奥列格时期的艺术品在这里保存最为完好。

米斯特拉那种小圈子型的学术氛围。以柏拉图学说为跳板,普莱索最终完全背弃了基督教,呼吁他的同胞恢复宙斯和奥林匹斯诸神的地位,并构想了一个详尽地重建异教信仰的计划,直叫人回想起1000多年前皇帝朱利安①的统治时期。然而与朱利安不同的是,普莱索的异教体系结合了希腊爱国主义这一强大的元素。二者的结合在此时更加容易,因为所有以前不属希腊地区的领土都已落入敌手(而且此时希腊地区的大部分地方也已沦陷)。

重新检视了希腊的教外智慧以及光辉的尚武传统(如古代斯巴达的)后,普莱索提出了社会和军事的改革计划,他希望借此巩固拜占庭的社会,增强对抗土耳其人的拜占庭军队。普莱索特别谴责了修道院制度,将修士描绘为对社会毫无贡献的寄生虫。然而,直到他生命行将结束,他访问西方之后,才将这些观点在他的著作《法律之书》(*Book of Laws*)中公开。

如此公然地抛弃东正教的拜占庭而投向古希腊的普莱索,代表了一种极端崇尚古典风格的趋势,使得人文主义者与拜占庭的主流渐行渐远。绝大多数拜占庭人已经用金钱做出了选择,而他们并没有选择普莱索的道路。对他们而言,当务之急是拯救他们的不朽灵魂,而不是维护这个希腊人的小国家。拜占庭充满了静默者阴郁的、寻求超脱的风尚,文明的主流都在向往另一个世界的更好生活,而在当下这个世界中对土耳其人的束缚听之任之。因为普莱索坚信应自立地反对土耳其人,所以他被称为第一位希腊的民族主义者。他的感情非常强烈。实际上,他反对教会联合

---

① 朱利安(361—363年在位)是君士坦丁大帝的侄子,也是君士坦丁大帝以后的唯一一名担任皇帝的异教徒。他被称为背教者朱利安,因为他试图恢复多神教。但是其努力还未产生效果,他便在对抗波斯的行动中身亡。

并非出于宗教的原因,而是基于爱国的原因,他更愿意在国家内部寻找救国的力量。

惊人的是,普莱索的学生和朋友中不仅有人文主义者,也有此后将在拜占庭帝国所剩无几的岁月中占据重要地位的静默派领导人。虽然后来成为静默派的人最终排斥了他的价值观,但他还是激发了拜占庭人文主义者对柏拉图著作的新兴趣。不是所有人都赞同他这种狂热的遐想,但大家都非常尊重他。像一个世纪前的坎塔库泽努斯一样,普莱索与双方的关系足以说明,在拜占庭缓慢地沉入历史的流沙之时,复杂的文化差异依然在加深拜占庭社会的分裂。

佛罗伦萨公会议

希腊的爱国主义只能对佛罗伦萨人激发出有限的兴趣,他们更多的可能是同情。涉及柏拉图时,情况则有所不同。佛罗伦萨接触到普莱索的热忱之后,便像拜占庭一样,以自己的高度热情作为回应。古希腊人柏拉图在佛罗伦萨成为人文主义的新化身,取代了古罗马的西塞罗,成为佛罗伦萨人文主义者心中最伟大的英雄。

引发这一转变的事件发生在赫里索洛拉斯去世的20多年后,赫里索洛拉斯最具才智的一些佛罗伦萨门生在当时参加了一次重要的聚会,将普莱索和其他拜占庭的饱学之士引入意大利。这便是佛罗伦萨公会议,这次全教会范围的公会议于1438年在费拉拉召开,主要商议东西方教会联合的事宜,会议地点于次年年初转移到附近的佛罗伦萨。

东西方此时正在发生的事件也有利于这种联合的古老想法。到 15 世纪 30 年代，拜占庭显然已经山穷水尽了。在过去的十年里，穆罕默德一世和曼努埃尔二世相继去世，分别由其子穆拉德二世（Murad Ⅱ）和约翰八世·帕列奥列格继位。穆拉德二世渴望恢复攻势，于 1430 年占领了塞萨洛尼基，绝望的约翰八世求助于罗马。

天主教会也有了新的理由。几十年来，教宗和教会会议至上主义运动（conciliarist movement）①之间的对立分裂了西方教会。教会会议至上主义者认为教义应由教会会议而非教宗决定。1431 年，具有反叛性质的巴塞尔会议否定了新当选的教宗欧根尼乌斯四世（Eugenius Ⅳ）。欧根尼乌斯四世被充满敌意的暴民赶出罗马，被迫在佛罗伦萨避难，他和他的宫廷在那里待了近十年。东正教承认教宗的最高权威，只是为了平息教会会议至上主义者的叛乱。

早在瓦尔拉姆的时代，拜占庭的赞成并教者便认为，如果要真正赢得拜占庭公众对教会合并的支持，一次公会议是必不可少的。在理想状态下它应在东方召开——欧根尼乌斯四世提出在君士坦丁堡召开——但土耳其人的存在显然使这无法实现，故而拜占庭人反过来接受了前往西方的要求。事实上，欧根尼乌斯四世同意支付所有费用，包括拜占庭人旅行和住宿的开支。

1437 年 11 月，拜占庭代表团约 700 位教会和世俗的显贵乘坐欧根尼乌斯四世提供的船只前往意大利。代表团由皇帝约翰八

---

① 教会会议至上主义运动是教会会议为了弥合对立教宗之间的分裂（1378—1418 年）而产生的。虽然他们的观点与东正教的观点有很多共通之处，但拜占庭人最终依然决定与教宗进行谈判。

世和老迈的君士坦丁堡牧首约瑟夫二世（Joseph Ⅱ）率领，还有20位都主教①，以及其他的许多主教、修士和学者。大多数教长管辖的区域此时处于拜占庭的控制之外，这削弱了一些他们的光芒。此前还从未有过拜占庭皇帝和牧首共同前往西方访问的事情，更不用说还有这么多杰出的随行人员了。

结束了漫长而不舒适的航程之后（约翰八世和约瑟夫二世大部分时间都处于生病状态），拜占庭人的船队于1438年2月8日早晨停泊在威尼斯的利多（Lido）。皇帝、牧首和威尼斯总督谨慎地处理外交礼节中的潜在危险——相比之下，任何现实中的沙洲②都显得无足轻重——并在威尼斯人可以安排的最高规格的接待中互致问候。接待的排场，其规模相当可观，因为彼时的威尼斯商业帝国正处于巅峰时期，而威尼斯人正是从拜占庭学习到如何举办华丽盛典的。高潮于次日早晨到来。总督巨大的黄金船（Bucentaur）靠近皇帝的座舰，同自己的儿子一道会晤皇帝。

代表团从威尼斯进行短途旅行，抵达费拉拉，欧根尼乌斯四世，教宗的教廷，各种各样的天主教大主教、主教、修道院院长和学者正在那里等待着他们，其中包括莱昂纳多·布鲁尼（此时的佛罗伦萨执政官）、波焦·布拉乔利尼、皮埃尔·保罗·弗吉里奥，以及受费拉拉的统治者埃斯特家族雇用担任教师的维罗纳的瓜里诺。礼节中还有其他令人生畏的复杂之处，例如决定牧首是否会依惯例亲吻教宗的脚（他不会亲吻，但他会向教宗鞠躬，并

---

① 在东正教的教阶中，都主教是被正式指定为"大都市"的城市或母城中的主教。
② 皇帝一行到达的威尼斯的利多正是一片沙洲区域；前文的潜在"危险"也是用"沙洲"（shoal）一词做比喻，在此前后呼应。——编者注

亲吻他的脸颊——这是一个很好的调整，很好地反映了东正教对教宗的态度）。此后会议又延迟了几周，因为皇帝坚持想等着看看是否会有西方统治者出现，事实证明这是徒劳的。最后在 4 月 9 日，全体联合会议在庄严的仪式中开幕。

在随后的会谈中，有两名代表是普莱索以前的学生，即约翰·贝萨里翁和以弗所都主教马克·欧根尼库斯（Mark Eugenicus），他们很快成为拜占庭一方的两位意见相背的发言人。

约翰·贝萨里翁出生在黑海港口特拉布宗（Trebizond），那里和米斯特拉一样，是一个名义上自治的拜占庭文明的前哨站。继赫里索洛拉斯之后，他成了移居国外的拜占庭学者中最有影响力的人，同时也是当时拜占庭及意大利的几乎所有主要人文主义者的老师、朋友或赞助人。在 15 世纪 30 年代被任命为尼西亚的都主教之前，他一直跟随普莱索学习。起初他站在东正教的立场上做出强有力的辩护，但随着会议的进行，他的话越来越少。事实上，随着讨论的进行，贝萨里翁发现自己已逐渐被拉丁神学所说服。在费拉拉到后来的佛罗伦萨，他经历了一个转变的过程，与上个世纪的瓦尔拉姆和迪米特里奥斯·凯多内斯一样，他受到神学争论的刺激，在智识和精神的维度上都实现了跨越。贝萨里翁对拉丁神学的开放态度显然始于他对静默派教义正确性的怀疑，这在会议召开前他与一位拉丁礼希腊大主教的信件中有所体现。会议正式结束时，贝萨里翁已经成为一位枢机主教，除了短暂的回乡探亲，他将在意大利度过他成果丰硕的余生。

在会议中期，以弗所都主教马克·欧根尼库斯接任成为希腊一方的主要发言人以及东正教一方主要的坚决辩护者。孩童时期的马克曾在君士坦丁堡追随普莱索学习多神教经典和基督教文学。

他随后撰写重要的神学文章以捍卫静默派的教义。作为一个静默主义者,他几乎不能算作普莱索的门徒,但是与其他坚决的修士不同,他异乎寻常地富有修养,大体上与普莱索等人保持友好,或至少以礼相待。这一点显得尤为引人注目,尤其考虑到以弗所的马克是拜占庭的教长中唯一拒绝签署会议的最终成果——合并宣言的人。他作为唯一的不合作者,后来被东正教徒奉为伟大的英雄,并于1456年被封圣为东正教圣徒。

尽管对合并持有不同的意见,马克还是拒绝谴责约翰八世,而皇帝同样怀有感激之情。即使在争论最激烈的时候,皇帝也从来没有试图强迫马克,而是让他遵从自己内心的想法。鉴于马克的声誉和能力,即使他的观点与其他教长的明显不同,他依然继续担任希腊一方的主要发言人。

1439年1月,费拉拉遭受瘟疫袭击后,会议在新贵科西莫·德·美第奇的催促下转至佛罗伦萨召开。他从一开始便四处游说,力图将佛罗伦萨作为大会的会址。到7月6日,除以弗所的马克之外的所有希腊教长都签署了一项联合教令,以在每个主要议题上承认拉丁一方的立场。由于在谈判中获益,欧根尼乌斯四世号召西方统治者组织远征,对抗土耳其人。

几年之后,会议努力的结果——瓦尔纳十字军(Crusade of Varna)从匈牙利出发,以解拜占庭首都之围,其军队规模为2.5万人。在巴尔干地区取得了一些成功后,十字军于1444年11月在保加利亚的瓦尔纳被更强大的奥斯曼军队击溃了。

从战略的角度来看,这是拜占庭的最后一个希望,却也是几无胜算的希望。从教会的层面上,会议也完全失败了,因为经仔细磋商而达成的统一,甚至在当时就被难对付的拜占庭人拒绝了,他们认为那些归国的代表背叛了他们,从而公开抨击之。大多数签署协议的教长最终撤回了他们的主张。

最剧烈的转变发生在乔治·斯科拉里奥斯(George Scholarios)身上,他在佛罗伦萨本是一个支持统一的人文主义者,却在马克死后最终继承了他的角色,成为反对统一一方的领袖。他起初是普莱索的朋友,后来却成了静默派的领导者和普莱索的敌人。斯科拉里奥斯经历了与瓦尔拉姆、凯多内斯、赫里索洛拉斯和贝萨里翁等人方向相反的"转换"。作为修士真纳迪奥斯(Gennadios)①,他最终将被选为第一位在奥斯曼苏丹手下工作的君士坦丁堡牧首。

大会的正式会议主要针对诸如教宗至上、圣灵的发出,以及圣餐中是否用发酵饼等问题,进行了无休止的争论。然而,在这些会谈的间隙,会议演变成关于古希腊文明、文学,特别是哲学的讨论会,讨论会是持续、非正规的,在这场讨论中,受到称赞的拜占庭人文主义者是教师,而兴致正旺的意大利人则是学生。最热门的演讲者——虽然在官方谈判中的角色无足轻重——便是约八十高龄的乔治·格米斯托斯·普莱索。他关于柏拉图的讲演令佛罗伦萨人非常激动。

由于普莱索很可能不懂拉丁语,因此在这些沙龙中,可能由布鲁尼担任他的翻译。这些沙龙的具体信息已无从得知,因此显得比较神秘。虽然后来许多意大利人都滔滔不绝而笼统地提及普莱索的演讲,但是我们只知道两位确实参加了那些讨论的人。一个是相对不知名的格里戈里奥·蒂费尔纳泰(Grigorio Tifernate),

---

① 乔治·斯科拉里奥斯任牧首后,称为真纳迪奥斯二世。——编者注

另一个则是科西莫·德·美第奇。

柏拉图的重生

与赫里索洛拉斯相似，普莱索来到佛罗伦萨的时机非常恰当。布鲁尼和波焦那代人逐渐去世，随之消逝的还有对市民人文主义的关注。怀有新兴趣的新一代人创造的新时代正在兴起。

布鲁尼等人对哲学持怀疑态度，将研究亚里士多德和柏拉图视作副业，而主要关注他们所谈论的诸如国家或道德等主题。他们认为亚里士多德作为老派的标准权威已然过时，而经常保持神秘的柏拉图相对来说不太知名，几乎没有成为市民人文主义关注的重点。

新的一代不关心政治，但比较虔诚，他们认为深奥的哲学具有很强的吸引力，并深入挖掘柏拉图的学说，尤其是关于灵魂的论点。佛罗伦萨人文主义者的理想是从"vita activa"转变为"vita contemplativa"，即从行动转向沉思，而积极进取的共和主义演说家西塞罗也即将被形而上学的理论家柏拉图所取代。柏拉图反民主的政治观点（布鲁尼对此感到沮丧）更符合佛罗伦萨独裁统治的新体系，而这也不完全是巧合。毫无疑问，对科西莫而言，这种吸引力源自他自己的愿望，也就是想成为柏拉图所谓的哲学王或此类开明的专制统治者。

作为具有广泛人文主义兴趣的年轻人，科西莫一直跟随罗伯托·罗西学习希腊语，后者在把赫里索洛拉斯带到佛罗伦萨的过程中扮演了重要的角色。此后，在15世纪10年代的康斯坦茨会议期间，科西莫与伟大的波焦游历欧洲北部的修道院，以寻找古典著作的拉丁语手抄本。科西莫的父亲乔瓦尼经营银行，为家族积累了巨额的财富。乔瓦尼于1429年去世，此后便由科西莫巩固其家族的政治力量，并且事实上终结了佛罗伦萨共和国，尽管共和国的名号得到了保留。佛罗伦萨历史上的这个转折点恰好发生在会议前后的那几年。1433年，科西莫被他在寡头政治上的竞争对手判处流放，但次年他便得意而归。他建立的王朝虽然带有民粹主义色彩，却保留了共和主义特色，但很快权力还是集中到了美第奇的手中。

当然，文艺复兴时期佛罗伦萨的政治地位带来了赞助艺术和文化的需求，而令精力充沛、好奇且有进取心的科西莫引以为傲的是，他本人在这方面一直处在最前沿的位置。他了解每一个人。科西莫在会议期间举办豪华的宴会，双方的杰出人物悉数出席，而这些意气相投的聚会为普莱索提供了一个场所，让他可以就最喜欢的主题滔滔不绝地发表演讲。虽然我们只能确定两个与会者的名字，但很可能科西莫那广泛的人文主义者圈子都参与到其中。

随着佛罗伦萨人文主义者运用政治影响力的机会越来越少，佛罗伦萨的人文主义也变得更加学院化——从字面意义和象征意义上都是如此。20多年后，伟大的佛罗伦萨新柏拉图主义者马尔西利奥·费奇诺回想起普莱索的演讲怎样点燃科西莫·德·美第奇的激情。"在希腊人与拉丁人在佛罗伦萨开会的期间，"费奇诺写道，"科西莫经常听取希腊哲学家格米斯托斯·普莱索讨论柏拉图哲学的奥秘。被他热烈的言辞所激励，科西莫产生了建立一所学院的想法。"[①]

---

① Holmes, *Florentine Enlightenment*, 257.

科西莫这所著名的柏拉图学院是什么性质的问题，引起了现代学者的极大兴趣。过去的学者曾认为，科西莫在佛罗伦萨附近卡雷吉（Careggi）的宏伟的美第奇庄园里建立了一个新机构，并聘请了他能找到的最有学问的希腊学者。但近来更多历史学家认为，该学院更大程度上是围绕着马尔西利奥·费奇诺周围的一个非正式的友人圈子。它始于1460年左右，当时科西莫给了费奇诺一座庄园，该庄园位于他自己在卡雷吉的庄园附近，他还委托费奇诺翻译柏拉图的全部作品和许多新柏拉图主义的作品，费奇诺则竭尽全力地完成这一委托。

往布鲁尼那代人世俗主义的相反方向发展，费奇诺的神秘主义哲学将柏拉图主义和新柏拉图主义的思想与基督教的思想融合在了一起。其结果不仅对欧洲的哲学，也对其艺术和文学产生了巨大影响，比如波提切利（Botticelli）的画作《维纳斯的诞生》（根据新柏拉图主义的意象描绘）、柏拉图式爱情这一轰动性的概念。

然而，根据费奇诺自己的叙述，当科西莫刚开始"有建一所学院的想法"时，费奇诺还只是一个六七岁的男孩。这一想法从酝酿到执行有20多年的时间——这个空缺只能通过乔治·格米斯托斯·普莱索那漫长而富有争议的职业生涯中最后的、也是最有争议的一段来解释了。

佛罗伦萨公会议之后不久，普莱索回到米斯特拉，为意大利人写下了一篇演说的概要，题为《柏拉图与亚里士多德的差异》。然而，在撰写这篇有用的说明文字时，普莱索重新引发了拜占庭哲学家中长期存在的争论，即这两位古代哲学家中哪一位更伟大的问题。因为这篇为意大利人所写的概要，他人认为普莱索在这场古老的争辩中实行了一次暗中打击，这场争辩同拜占庭本身几乎同样古老。

事实上，意大利的所有从拜占庭移居而来的学者最终都被牵扯了进来，参与之后的论战，论战瞩目而壮观，甚至有时极为愚蠢。起初，意大利人只是不解而吃惊的旁观者。然而最后他们之中最优秀的人也领会了这场晦涩而微妙的争论，有几个人甚至投身其中。

更值得一提的是最受尊敬的拜占庭移居者贝萨里翁的贡献，他是普莱索以前的学生。1459 年，贝萨里翁针对一位拜占庭亚里士多德主义者的猛烈抨击，用一篇精彩的文章回应，文章被称为《驳诽谤柏拉图者》(*Against the Calumniator of Plato*)，其篇幅堪比一本书籍。此论著毫不偏私，合理而审慎，可信而有见地，其目的不在于批驳亚里士多德，而是提供对柏拉图主义和新柏拉图主义的思想的一个清晰而系统化的阐述，并且从贝萨里翁的视角说明了柏拉图与基督教有很多（当然不是全部）的共同之处。在普莱索的著作面世的十年之后，贝萨里翁进一步刺激佛罗伦萨人对柏拉图进行研究。

虽然贝萨里翁的《驳诽谤柏拉图者》很有影响力，但它并没有消除争议，相关的争论还将持续十年左右，并最终于 15 世纪 70 年代初平息。到那时，它已成功地将意大利人的注意力集中在两位哲学家的希腊文文本上，以作为理解他们思想的重要的第一步。也只有到那时，他们才最终进入了人文主义的主流视野。到那时，事实上在越来越多的拜占庭教师的帮助下，意大利人也已跟上了步伐，其中的大多数选择与柏拉图的观念保持一致。

亚里士多德一直是经院哲学家心中最卓越的哲学家，柏拉图此时成了人文主义者心中最卓越的哲学家。然而，柏拉图并没有将亚里士多德完全赶走（正如人文主义没有完全摒弃经院哲学一样)。亚里士多德也被重新发现了,在这个意义上说,在与柏拉图共享这一舞台的同时,他仍然保留了许多旧时的声望,但是人们对他的理解要比中世纪时更加完整,也更为真实。

这些来源可靠的古希腊文本——以及阅读、翻译和评论它们的能力——当然也是拜占庭人文主义者提供的。意大利人从古籍中学习两位伟大的古代哲学家的思想,并掌握阅读原始古希腊语文本的能力的同时,也为自己开启了西方哲学的新篇章。

新方向

新一代的拜占庭人文主义者继续进行从赫里索洛拉斯开始的教学活动,沿着由意大利人的好奇心所决定的新方向前行。学者移居的浪潮由于1453年君士坦丁堡的沦陷而得到进一步强化,这一事件对人文主义产生了重大影响,一度被广泛认为是文艺复兴时期的开端。拜占庭的移居学者不仅迁入了佛罗伦萨,还迁入了其他的很多地区,使得其他城市——首先是罗马,然后是大学位于帕多瓦的威尼斯——成功地向佛罗伦萨在人文主义世界中的主导地位发起挑战。

赫里索洛拉斯之后的首批人文主义者中有特拉布宗的乔治,他在年轻时于1417年移居意大利,向瓜里诺和费尔特雷的维多里诺学习拉丁语,并出席佛罗伦萨公会议之前改信了天主教。他是一个好辩的人,贝萨里翁在书中说他一直是"诽谤柏拉图的人"。

另一个拜占庭的亚里士多德主义者是乔治的竞争对手塞奥多里·加扎(Theodore Gaza),他是一位优秀的学者,而且更为和善。塞奥多里到意大利的时间在15世纪30年代中期,也就是佛罗伦萨会议的几年之前，他同样在曼托瓦向费尔特雷的维多里诺学习拉丁语，并以教授维多里诺希腊语作为交换。塞奥多里将成为更具影响力的拜占庭教师之一，他与贝萨里翁、特拉布宗的乔治也是为数不多的真正熟稔拉丁语的人。塞奥多里出席了佛罗伦萨公会议，之后在费拉拉教授希腊语。1447年，他拒绝了科西莫让其在佛罗伦萨接替赫里索洛拉斯的职位的邀请，但几年后，他移居罗马，加入一个兴起于罗马教廷的贝萨里翁周围的人文主义者圈子，其参与者既有拜占庭人，又有意大利人。温和的亚里士多德主义者塞奥多里和稳健的柏拉图主义者贝萨里翁之间，在个人和智识方面都产生了温暖的友谊。

约翰·阿尔吉罗波洛斯也学习了拉丁语，他是普莱索和贝萨里翁的移民朋友之一，更为年轻。参加佛罗伦萨公会议的时候只有20多岁。他在15世纪40年代初的这段时间里一直在帕多瓦学习拉丁语和医学，然后返回君士坦丁堡，并在那里改信了天主教。君士坦丁堡陷落时他身在城中，失去了拥有的一切，妻儿也暂时被土耳其人俘虏了。经过数年的不懈努力，阿尔吉罗波洛斯才成功地将她们赎出。此后他再次回到佛罗伦萨，并在那里待了十多年的时间，他接受了塞奥多里·加扎曾拒绝的科西莫·德·美第奇提供的有声望的职位，在佛罗伦萨大学接替赫里索洛拉斯进行古希腊语的研究。

阿尔吉罗波洛斯于赫里索洛拉斯去世的同年出生，事实证明他是一个当之无愧的继任者，在佛罗伦萨人文主义的持续发展中也发挥了类似的作用。与赫里索洛拉斯相似，他在课堂上的展示也颇为优秀，总是能激励他的学生。他在白天讲授亚里士多德，但为了回应意大利人的好奇心，也在晚上提供关于柏拉图的私人课程。普莱索于佛罗伦萨公会议中激起了人们对柏拉图学说的热情后,最终阿尔吉罗波洛斯满足了人们的渴望。

阿尔吉罗波洛斯是否曾正式对年轻的马尔西利奥·费奇诺进行过指导已无从知晓,虽然这一点很有可能是真的。当然,他的教学方式和迷人气质对费奇诺及其圈子都产生了很大的影响,这个团体后来会发展为柏拉图学院。但是,与他的很多移居者伙伴不同的是,阿尔吉罗波洛斯摆脱了关于柏拉图和亚里士多德的争论。他传授两者的知识,并寻求在争端中调和双方。他的学生包括科西莫的孙子洛伦佐·德·美第奇(Lorenzo de Medici,绰号"高尚者")、年轻的贵族多纳托·阿恰约利(Donato Acciaiuoli,他帮助科西莫将阿尔吉罗波洛斯带到佛罗伦萨,其家族统治着佛罗伦萨人的雅典公国),以及伟大的安杰洛·波利齐亚诺(Angelo Poliziano,英语中称为"波利提安"[Politian])。安杰洛是一位有天赋的语言学家,与费奇诺的圈子联系密切,但他们的兴趣更多地集中在语文学和诗歌上,而非新柏拉图主义上。

佛罗伦萨在人文主义世界中无可撼动的领导地位于15世纪中叶消失了。其主要原因有二:新兴的独立且富有影响力的教宗从佛罗伦萨回到了罗马;佛罗伦萨公会议之后拜占庭人文主义者向意大利其他地区的分散加上君士坦丁堡的陷落。意大利北部的大多数有志于此的城市,都于15世纪中叶在受到拜占庭式训练的意大利人文主义者的牵头下建立了人文主义的学校。这样的学校在米兰、费拉拉和曼托瓦等城市都可以见到。

佛罗伦萨依然是一个充满活力的希腊研究中心,因为贝萨里翁的其他拜占庭门生在佛罗伦萨大学继承了阿尔吉罗波洛斯的事业。但是其他两个城市——先是罗马,然后是威尼斯——将在文艺复兴时期人文主义的主导地位移到意大利境外并于15世纪初在欧洲北部找到其新的中心之前，在一段时期内拥有主导的地位。

罗马、贝萨里翁和人文主义教宗

1397年，即赫里索洛拉斯到达佛罗伦萨的同一年，托马索·巴伦图切利出生在卡拉拉附近的托斯卡纳小镇萨尔扎纳（Sarzana），其父是一位穷医生。他年轻时因为贫困，不得不放弃在博洛尼亚大学的学业。此后他前往佛罗伦萨，成为科西莫·德·美第奇的两位贵族竞争对手的孩子的教师。其中一个雇主是帕拉·斯特罗齐（Palla Strozzi），他是萨卢塔蒂和赫里索洛拉斯的学生，还曾协助赫里索洛拉斯来到佛罗伦萨。而另一位雇主则是里纳尔多·德利·阿尔比齐（Rinaldo degli Albizzi），他是其家族的首领，并于1433年策划了流放科西莫一事。这两人都是热情的人文主义者。凭借其子女的家庭教师这一工作，托马索得以进入佛罗伦萨的人文主义世界。

托马索返回博洛尼亚完成了学业，此后他在博洛尼亚的枢机主教阿尔伯加蒂（Albergati）手下供职，忠实地为后者服务了20多年。枢机主教与罗马教廷旅居佛罗伦萨期间，他也与阿尔伯加蒂待在一起。托马索再次来到佛罗伦萨后，重拾了他以前的人文主义者关系，加入了以布鲁尼和波焦为中心的小组，该小组每天早晚聚集在领主宫（Palazzo della Signoria）外，进行讨论和交流。虽然他早前与科西莫的竞争对手有一些联系，此时还是与科西莫建立了持久的友谊。在佛罗伦萨公会议中，托马索起到了领导的作用。因而在阿尔伯加蒂去世后，托马索开始担任博洛尼亚的主教，并于1446年升至枢机主教。几个月后，他被选为教宗，称为尼古拉五世（Nicholas V）。

尼古拉五世是一位矮小而驼背的学者，友善又风趣，在数位怀有强烈人文主义观点的教宗里称得上第一。他之前的教宗只是将人文主义者当作秘书任用，而尼古拉五世则原本就是人文主义者，因此他积极推动人文主义相关的议程。他崇尚温和、避免对立的风格掩盖了他力图使梵蒂冈成为人文主义学习和文化进步中心的信念，他认为这是在欧洲文明的扩张过程中加强教宗作用的最佳方式。他是一位精明的外交家，通过些许让步，安抚了教会会议至上主义者，一劳永逸地结束了他们反对教宗权力的叛乱。科西莫成为他的银行家之后，他也用壮观的艺术品和建筑来装饰罗马。他注重佛罗伦萨人的友谊。有许多佛罗伦萨人都为历任教宗工作过，但他比历任教宗更胜一筹的是，他将古希腊语而非拉丁语作为其计划的中心。这位首位人文主义者教宗在位时期的梵蒂冈，正如赫里索洛拉斯到访之后的佛罗伦萨一样，我们从中都可以看到，意大利人正在使用拜占庭人给他们的工具，创造一个充满活力的新的知识界。

尼古拉五世对书籍和藏书活动有极大的热情，他最为人所铭记的身份便是梵蒂冈图书馆的创始人。为了给新建的图书馆增添至高无上的荣耀，尼古拉五世决定推动希腊著作的拉丁文翻译工作，既包括古典文献，也包括基督教文本。很可能按照他的设想，最终要将所有能得到的希腊文本都翻译为拉丁语。如果他确实有此想法，那么这一宏伟计划最终实现时他早已过世，不过他开了个好头。他选择枢机主教贝萨里翁来监督这一项目，并给了后者一张空白的支票，以吸引拜占庭人和意大利人中最好的希腊语学者。

贝萨里翁除了雇用他的拜占庭同乡特拉布宗的乔治、塞奥多里·加扎，他本人也进行了大量的翻译工作。同时，他还招揽回来一位才华出众的罗马本地学者洛伦佐·瓦拉，后者在返回罗马之前在那不勒斯的人文主义宫廷里工作了十多年。瓦拉自幼在罗马接受教育，并在此生活到20多岁，直到心怀妒恨的佛罗伦萨人控制了罗马教廷并让他失业为止。瓦拉是文艺复兴时期最有天赋的古典学者之一，也是贝萨里翁在罗马的圈子中最重要的人物。此外，一些学者认为瓦拉曾向维罗纳的瓜里诺学习希腊语。

瓦拉在佛罗伦萨人那里的遭遇，使他对教宗持怀疑态度，他的这种怀疑在他最著名的成就中体现得淋漓尽致。还在那不勒斯（其国王与教宗并不友好）的时候，瓦拉利用他的拉丁语专业知识论证了著名的"君士坦丁赠礼"，一份用于支持教宗从中世纪以来对世俗权力主张的关键文件，实际上是伪造的。后来他到罗马之后，尼古拉五世坚定支持瓦拉这样一位批评教宗的人，显示了这位人文主义者教宗的宽阔胸怀，特别是考虑到异端的指控困扰了瓦拉一生，考虑到教会最终在瓦拉去世后查禁了他的许多作品。

尼古拉五世委托瓦拉进行了具有里程碑意义的工作——把希腊历史学家修昔底德的作品第一次完整地译为拉丁文，现代学者认为这是瓦拉最令人印象深刻的作品。后来在1453年，尼古拉五世委托瓦拉翻译另一位希腊古典时代的伟大历史学家希罗多德的作品，不过后人对瓦拉的前一部译作评价更高，一定程度上是因为修昔底德的作品更加艰涩。[1]

---

[1] 瓦拉开始翻译希罗多德作品的年份是1453年，这颇为讽刺。希罗多德记录了古希腊人最美好的时刻：他们在微小的胜算下战胜了波斯帝国——相当于拜占庭人对阵的奥斯曼帝国。

对于这两部译作，特别是对修昔底德的作品，瓦拉对文本做了颇具价值的校勘，对手抄本中有讹误的地方进行了订正。瓦拉的许多修订在今天依然成立，不过现代校勘者不确定贝萨里翁在其中做出了多大的贡献。瓦拉于50余岁在罗马去世，因为他（据推测）善于校订文本，因此被奉为校勘学历史中的一位重要人物，也被奉为语文学学科的创始人之一。

早年与波焦的不和，一直贯穿于瓦拉不长的生命中余下的时间，因为长寿的波焦在瓦拉死后还多活了几年。作为佛罗伦萨学派最后的代表，波焦在瓦拉到达佛罗伦萨时身在罗马，直到1453年才回到佛罗伦萨，并在他的故乡担任主教，直到他以79岁高龄去世。还在罗马时，波焦也曾数次与特拉布宗的乔治争吵，考虑到波焦爱好争论，这不足为奇。但是，波焦与洛伦佐·瓦拉、特拉布宗的乔治的争吵在他回到佛罗伦萨后仍在继续，反映出一种超出人文主义者标准的顽固。正如波焦离开罗马一样，他们的争论暴露了新一代人文主义者的不耐烦，因为他们认为希腊语高于一切。波焦曾经年纪太小而不能向赫里索洛拉斯学习，而现在却因为年纪太大而无法与贝萨里翁合得来。

时代变了，希腊语的知识不再只是时髦的配饰而已了，如果没有它的话，波焦这样极为杰出的拉丁语学者或许还有机会脱颖而出。事实恰恰相反，希腊语此时已成为人文主义课程的核心。这种转变在一定程度上促进了马尔西利奥·费奇诺的柏拉图学院这种组织的兴起，这些组织对复杂的希腊哲学文本进行了细致入微的解释。不过最能说明这一点的还是引发了这一潮流的罗马教宗尼古拉五世，还有贯彻这一命令的重要人文主义者、枢机主教贝萨里翁。从各种意义上来说，该风潮兴起于拉丁教会核心罗马教廷的事实都极具讽刺意味。

"另一个拜占庭"

尽管枢机主教贝萨里翁与罗马有着长期的联系，他还是选择将自己极其珍贵的、约有六百份希腊语手抄本的私人藏书遗赠给威尼斯。这一收藏的规模仅次于贝萨里翁帮助尼古拉五世在罗马建立的梵蒂冈图书馆。贝萨里翁在他去世的四年前，即1468年，赠送了他收藏的大部分书籍，这些书籍构成了圣马可图书馆（Biblioteca Marciana）的核心。

如同差不多150年之前向科拉教堂做出类似遗赠的塞奥多里·梅托西特斯，贝萨里翁很清楚后世人会十分看重这些书籍的价值。对于赫里索洛拉斯而言，相对于似乎还有希望的拯救拜占庭一事来说，传授古希腊语只能放在第二位了。而对于贝萨里翁，在佛罗伦萨公会议之后，挽救教外智慧已经是他实际上希望得到的最好结果了。多年以来，他不断充实自己的藏书，有时甚至算得上是不顾一切。通过这种方式，他收集了许多古典作品，从而使其幸免于土耳其人的征服带来的灾难性破坏。他在余生的工作之中，一直有意识地保持着这种慷慨的态度，坚定地进行着通过将古希腊著作迁移到西方从而拯救它的运动。他希望此举最好能促进希腊东方世界和拉丁西方世界的融合，从而重新创造古代那种国际化的世界。

即便这种诱人的愿景看来过于乐观，贝萨里翁仍然有充分理由选择威尼斯为他的慷慨捐赠的受益者。尽管有第四次十字军东征在前，但威尼斯与拜占庭还是一直保持着特殊的关系。不过几个世纪以来，局势对威尼斯愈发有利，至宁的共和国从拜占庭的行省逐渐发展成拜占庭的债主和主子。而在所有的意大利城市里，威尼斯在土耳其人的扩张中损失最为惨重。威尼斯在拜占庭从前的领土上建立了贯穿爱琴海的庞大商业帝国，它与拜占庭世界在经济和文化上始终保持着普遍、紧密，时常又充满敌意的联系。

因此，虽然威尼斯人和希腊人之间感情淡薄，但在君士坦丁堡沦陷后的四分之一个世纪中，威尼斯还是比其他西方城市吸引了更多的拜占庭避难者。15世纪最后二十几年的时间里，当地有一个人数超过四千的希腊移民群体。贝萨里翁在致威尼斯总督的书信中解释为何自己要将珍贵的藏书赠予威尼斯之时，将威尼斯称作"Alterum Byzantium"，即"另一个拜占庭"。

起初，精明务实的威尼斯对拜占庭的古希腊遗产并未有太多的兴趣，毕竟它缺乏罗马或佛罗伦萨那样具有古典主义色彩的过去，而更专注于贸易等现实问题。直到1463年，帕多瓦大学才设立了希腊语的教席，首位教师是贝萨里翁的拜占庭门徒之一——迪米特里·卡尔孔狄利斯（Demetrius Chalcondyles）。在离开威尼斯前往佛罗伦萨继任约翰·阿尔吉罗波洛斯的职位之前，他在这里执教了十年。卡尔孔狄利斯前往佛罗伦萨的时候，人文主义已经在威尼斯和帕多瓦建立起了足够高的地位，从而证明了贝萨里翁选择的正确性。

卡尔孔狄利斯在威尼斯和佛罗伦萨教学时有一位名叫尼古拉斯·莱昂尼库斯·托马斯（Nicolaus Leonicus Tomaeus）的学生，他是出生于威尼斯的希腊人，并最终回到威尼斯自学希腊语。他那些幸运的学生率先享受前所未有的巨大便利：希腊语的印刷文本。1450年左右，约翰内斯·古腾堡在德意志发明了印刷机。到

1465年，这项技术已传入意大利。15世纪80年代，一位名叫阿尔杜斯·马努蒂乌斯（Aldus Manutius）的罗马人文主义者兼印刷商抵达了威尼斯。阿尔杜斯曾与赫里索洛拉斯最亲密的学生维罗纳的瓜里诺一道学习希腊语和拉丁语。1495年，阿尔杜斯在威尼斯的阿尔定出版社（Aldine Press）开始印刷他那著名的首版希腊语书籍。庞大的阿尔定出版社主要制作价格低廉、品质精良的希腊语和拉丁语古典著作，不久后，威尼斯成为一座享有盛誉的印刷之都，不仅享誉意大利，而且享誉全欧洲。

阿尔杜斯将希腊语放在首要地位。为了编辑希腊语文本，他选择了迪米特里·卡尔孔狄利斯的另一名拜占庭学生马库斯·穆苏鲁斯（Marcus Musurus）。来自克里特的穆苏鲁斯被称作"文艺复兴时期最伟大的希腊学家"，他先是从克里特岛到达罗马，再去了帕多瓦，并在那里接替卡尔孔狄利斯教授希腊语。此时，他在"新阿卡德米"（New Academy），即阿尔杜斯组建的以拜占庭学者为主的非正式编辑委员会中担任主要角色，负责选择要出版的希腊文作品，对手抄本进行比较，还要精心编辑这些文本。

虽然第一本希腊文书籍并非印刷于威尼斯（比如，其他人已经出版了赫里索洛拉斯的《问题》的流行版本），但是阿尔定出版社的版本是首次向西方世界的广大读者以原文的形式引进的希腊著作。阿尔杜斯出版的希腊语书籍的作者包括亚里士多德、柏拉图、荷马、希罗多德、修昔底德、阿里斯托芬、索福克勒斯、埃斯库罗斯、帕萨尼亚斯（Pausanias），以及风行一时的普鲁塔克。此外，阿尔杜斯还出版了许多具有开创性的希腊诗歌等作品的选集、希腊化时代作者和拜占庭作者所著的注疏和参考书籍，以及希腊教父的一些宗教文本。在阿尔杜斯于1515年去世之前，阿尔定出版社发行了30多种希腊语版本的书籍，总共约有130种不同版本的书籍。

那时，拜占庭和意大利的人文主义者一起努力，实现了他们许多人共有的目标：使古希腊文学永存。如果说印刷技术的进步使希腊文本能够接触到新的受众，那么同样重要的是理解这些文本所必需的教育框架。拜占庭的人文主义者不仅保存了过去，也向西方学生展示了接触它、掌握它的方法。从瓦尔拉姆对彼特拉克的失败教导到君士坦丁堡的陷落，过去了近一个世纪的时间。意大利人对学习的渴望来得正是时候，此时拜占庭人也恰好乐于教导，这二者的结合可谓一种幸运。

欧洲北部也产生了兴趣，当地学者开始前往意大利，以向那些同时向意大利人授课的拜占庭教师学习。北方的人文主义者中最伟大的荷兰学者德西德里乌斯·伊拉斯谟（Desiderius Erasmus）便曾在威尼斯向马库斯·穆苏鲁斯学习希腊语。伊拉斯谟的英国朋友托马斯·利纳克尔（Thomas Linacre），一位在伦敦创办皇家医师协会的医生兼古典学者，曾在意大利向德米特里·卡尔孔狄利斯和波利提安学习希腊语达十余年，并从帕多瓦大学获得了医学学位。利纳克尔是伊拉斯谟和托马斯·莫尔爵士的医生，也是另一位同样在意大利学习过的英国人文主义者约翰·科利特（John Colet）的密友。德意志人文主义者约翰内斯·罗伊希林（Johannes Reuchlin）于15世纪80年代来到意大利，他与约翰·阿尔吉罗波洛斯一同在罗马学习希腊语。

另一个关键人物是约翰·拉斯卡里斯（John Lascaris），这位拜占庭人是洛伦佐·德·美第奇的图书管理员，他在奥斯曼帝国的领土上四处游历，以寻找古希腊文本。他还前往法国，并于

1503 年被任命为法国驻威尼斯大使。在威尼斯，他帮助阿尔杜斯编纂了一部很重要的关于希腊演说家的集子。约翰·拉斯卡里斯被誉为将文艺复兴带到法国的人，他与法国早期的人文主义者纪尧姆·布德（Guillaume Budé）和勒菲弗·戴塔普勒（Lefèvre d'Etaples）建立了交谊，他们同样曾于 15 世纪 80 年代在罗马与阿尔吉罗波洛斯一起学习。即便在 1453 年之后，拜占庭的浪潮依然在拍打西欧的新海岸。

第二部分

拜占庭与伊斯兰世界

6

新拜占庭

7世纪末,哈里发阿卜杜勒·马立克决定建立一座宏伟的纪念建筑,以纪念此前半个世纪里阿拉伯人的征服活动,纪念推动这些征服的新兴的伊斯兰一神教信仰。阿卜杜勒·马立克是先知穆罕默德之后第九位哈里发,也是倭马亚王朝的第五位哈里发。[①] 当时他刚刚继承哈里发之位,而在那个纷乱的时期,许多阿拉伯指挥官发动叛乱,组织军队反对倭马亚王朝。他决心恢复倭马亚王朝的势力,但不是在阿拉伯半岛,而是在北方的叙利亚城市大马士革。

阿卜杜勒·马立克面色黝黑、身形矮壮,他因传奇般的吝啬而被臣民称为"石头上的露水"。然而,当他着手将脑海中的工程变为现实时,这一特质似乎被搁置在了一边。这座宏伟的八边形建筑由大理石筑成,并覆以直径约60英尺的闪耀的金色圆顶。

为这座纪念建筑选址时,阿卜杜勒·马立克没有选择伊斯兰教最神圣的城市麦加或麦地那,而是选择了耶路撒冷古城。耶路撒冷长期以来都是犹太教徒和基督徒的圣地,同时也曾是拜占庭帝国的宗教中心,也是较早被阿拉伯人征服的地方之一。阿卜杜

---

① 哈里发(khalifa,在阿拉伯语中意为"继承者")是先知穆罕默德的继承人,是穆斯林的宗教领袖和政治领袖。

勒·马立克的纪念建筑以"圆顶清真寺"之名而闻名于世，它是伊斯兰教现存最古老的公共建筑，也是许多到访者眼中最辉煌的建筑。圆顶清真寺坐落在圣殿山的顶端，这座山在犹太人的历史中占据着中心地位。圆顶清真寺主宰着老城的天际线，它那鼓出的、闪闪发亮的穹顶，在相对乏味的犹太教和基督教的遗迹之中占据主导地位。它的下方便是两个这样的遗址：西墙或曰哭墙，代表第二圣殿的仅存的遗骸；向西稍远的地方是圣墓教堂，最初由君士坦丁大帝建造，虽然在那之后多次被毁，又多次重建。旁边是由阿卜杜勒·马立克的儿子和继承人瓦利德一世（al-Walid I）建造的规模较小的阿克萨清真寺（al-Aqsa Mosque）。

像大约一个半世纪前由哥特国王狄奥多里克大王在拉文纳修建的圣阿波利纳雷教堂一样，圆顶清真寺高声而明显地宣告一个挑战旧势力的新势力到来了。就那些华丽的室内装饰图案来说，圆顶清真寺与圣阿波利纳雷教堂也很相似，它保留了旧势力的审美风格，对这两座建筑而言，其风格指的都是拜占庭风格。

圆顶清真寺极好地展现了拜占庭对新兴的伊斯兰文明的影响。伊斯兰教的第一座公共纪念建筑基于拜占庭基督教建筑传统，其结构复制于附近的复活教堂，它没有引起后世穆斯林建设者的模仿。它对向着另一个方向发展的伊斯兰建筑没能产生持久的影响。与之相仿，伊斯兰文明发展早期还带有拜占庭的烙印，但似乎自此以后它便一直在努力消除这些印记。

"不可说'三位'"

圣阿波利纳雷教堂急切地采用哥特式的方法以同化，圆顶清真寺则不一样,它采用了拜占庭艺术,并用它们羞辱帝国的颜面。哥特式装饰只让人感到漂亮而已,而阿拉伯式装饰则传达出一种充满活力的优越感。精心制作的拜占庭式镶嵌画环绕着建筑的中心,即内部的柱廊。装饰的样式中包含了所有人都可以马上识别出的拜占庭(在较小程度上也是波斯)权力的标志:王冠、手镯、耳环、项链、胸甲。这个时期的波斯人已经被胜利的阿拉伯人完全征服了,但拜占庭人仍然在抵抗,尽管他们以前领土的大部分现在都在阿拉伯人的手中。圣地已经陷落,而且当圆顶清真寺在建之时,阿卜杜勒·马立克正力图从拜占庭的控制下夺取北非。以这种方式展示那些王权的象征,圆顶清真寺展现了一种对伊斯兰教的老敌手的蔑视。它们中的一个已被阿拉伯人消灭了,而另一个,他们相信,也即将被他们征服。

圆顶清真寺中还有一些《古兰经》的铭文,以宗教的说法宣扬了同样的观点。这些都明显地指向基督徒和(更少被针对的)犹太教徒,即那些信仰一神教的穆斯林的祖先,他们在《古兰经》中都被称作"有经人"(ahl al-kitab)。

尽管有这种有限的认同,按照铭文的主要宗教观点,基督徒在崇拜耶稣的过程中进一步引入三位一体的观点时,就已经破坏了神的原始的一神论要旨:

> 说:他是真主,是独一的主;真主是万物所仰赖的;他没有生产,也没有被生产;没有任何物可以做他的匹敌……故你们当确信真主和他的众使者,你们不可说三位(一体)。你们当停止谬说,这对于你们是有益的。真主是独一的主宰,赞

颂真主，超绝万物，他绝无子嗣，天地万物只是他的。[1]

后来许多伊斯兰建筑都使用了同样的铭文，尽管圆顶清真寺的铭文在数量上的确不一般。

圆顶清真寺其实不是一座清真寺，它更应被称作"马斯哈德"（mashhad），也就是朝圣者的圣祠，它的位置或许能暗示它的作用。根据犹太人的传统说法，它穹顶之下的岩石，正是神命令亚伯拉罕将以撒献祭给神的地方。此后倭马亚王朝传道时也以此联系为基础，将耶路撒冷与穆罕默德著名的"夜行登霄"以及他奇迹般升入天堂的事情联系起来，而这些事件的发生地也在圣殿山。和阿卜杜勒·马立克建造的圆顶清真寺一样，这一切都是为了强调耶路撒冷对穆斯林的重要性。但是对阿卜杜勒·马立克来说，与亚伯拉罕之间的联系尤为重要；与穆罕默德之间的联系是在后来的历史中伪造出来的。生活在阿卜杜勒·马立克统治时期的阿拉伯人宣称自己与亚伯拉罕之后的犹太人（通过夏甲和以实玛利流传）拥有共同血统，把自己的新信仰视作亚伯拉罕传统的顶峰。

阿卜杜勒·马立克昭告世人，伊斯兰教将从此处传播下去。

直到那时，世人都有充分的理由怀疑伊斯兰教能否继续留存下去。阿拉伯帝国几乎从建立之初便因纷争、派系冲突和暗杀行动而分裂。阿卜杜勒·马立克希望提升耶路撒冷的宗教声誉，其主要原因之一便是当时麦加和麦地那不受他的控制。相比之下，耶路撒冷更靠近倭马亚王朝的首都大马士革。

在倭马亚王朝（661—750年）的统治下，穆斯林的权力中心已经从阿拉伯半岛转移到了叙利亚，叙利亚也是倭马亚王朝从拜

---

[1] Grabar, "Umayyad Dome," 53.

占庭手中夺取的领土。在这一转移过程中，他们并非没有遇到挑战。同样是在倭马亚王朝，特别是在阿卜杜勒·马立克的统治时期，伊斯兰教迈出了成为一种文明和一种信仰的第一步。

伊斯兰文明源于两种文明，也就是阿卜杜勒·马立克装饰圆顶清真寺时所体现的两个古老文明：拜占庭和波斯。而且，拜占庭和波斯在伊斯兰成为一种文明之前同样对它产生了影响。我们首先来谈一谈，在新信仰崛起的过程中，伊斯兰教的创始人、先知穆罕默德和几乎同时代的拜占庭皇帝希拉克略，这迥然不同的两人如何在生平上以奇怪的方式交织在一起。

希拉克略、穆罕默德和第一次圣战

几个世纪以来，拜占庭和波斯一直纷争不断。两国的分界线在一个狭窄的区域之中反复摇摆，将新月沃地一分为二。尽管双方都曾短暂地占得上风，却也都无法长久地维持优势。然而到了7世纪初，这场旷日持久的战争的局势开始有所变化。当时，希拉克略和穆罕默德两人都在40岁左右，两人都即将开始决定他们后半生的事业。

在拜占庭这边，基督教已经以前所未有的方式渗入社会，而拜占庭文明之中的宗教成分已达到饱和。而推动这一进程的，则是查士丁尼大帝那野心勃勃的冒进过程中出现的各种创伤：瘟疫、暴动、战争、地震、重税和环伺的强敌。斯拉夫人从北部闯入希腊，在巴尔干半岛与可畏的阿瓦尔人（Avars）[①] 结盟，意大利大部

---

① 阿瓦尔人是6世纪至7世纪初统治巴尔干地区的游牧民族。

分土地已经落入伦巴第人之手,波斯人又在东方重新开始进攻拜占庭军队。人民需要心灵的寄托。

他们找到的寄托是圣像,此时这些圣像在公共与私人的崇拜中都愈发重要。而君士坦丁堡的居民对圣母玛利亚的画像格外尊崇,他们视她为这个城市特有的庇护者。566年,即查士丁尼去世的第二年,诗人科里普斯(Corippus)首先将君士坦丁堡描述为一座由神守护的城市。这种观念始终伴随着拜占庭帝国,而圣母玛利亚的代祷的力量正是确保神佑的关键。拜占庭军队开始在出征时也携带巨大的圣像画。希拉克略于610年即位时,时人经常将他们处于危急存亡之际的国家与古以色列王国相提并论。

波斯人也有一种一神论的国教,即在过去几个世纪中日渐获得中心地位的琐罗亚斯德教。从3世纪初开始强盛的萨珊王朝,宣称自己将恢复阿契美尼德王朝[①]时期的荣耀,并为此将琐罗亚斯德教定为国教。与拜占庭的情形相似,在萨珊王朝的统治下,教会和国家的联系越来越密切,表现为日益增长的集权、排外,以及迫害那些反对政教合一的异端。

互相碰撞了几个世纪之后,两个信念愈发坚定的一神教国家之间的火花最终引发了圣战。614年,波斯对耶路撒冷的洗劫让战争中新宗教的因素显得愈发鲜明。自君士坦丁时代以来,圣城作为基督徒朝圣者的目的地,其地位已愈发重要。而那里的犹太人在国家支持的反犹主义情绪高涨的背景下,自查士丁尼时代以来一直遭受驱逐或迫害。现在,除了屠杀了数不清的耶路撒冷守军,波斯人还摧毁了教堂,并欣喜若狂地占据或摧毁珍贵的基督

---

① 由公元前6世纪的居鲁士二世创立,阿契美尼亚王朝统治着波斯第一帝国,直到公元前4世纪被亚历山大大帝征服。

教遗迹。雪上加霜的是，波斯人还将城市对犹太定居者开放，并让他们管理城市。到620年左右，拜占庭已经因波斯的猛攻而失去了近一半的领土，而且是相对富裕的那一半。所有人都认为，拜占庭已是残破不堪、行将就木。

只有率军深入波斯的希拉克略除外，他相信自己的都城不会屈服，因而冒险一搏。他是对的，但也仅此而已。626年，波斯人与阿瓦尔人、斯拉夫人结盟，从陆上和海上对君士坦丁堡进行围困，这是袭击者攻下这座城市的唯一希望。在千钧一发之际，拜占庭海军挽回了局势，他们击败了海上的阿瓦尔人和斯拉夫人，并阻止了波斯人穿越博斯普鲁斯海峡的意图，从而化解了围困。

在拜占庭人看来，真正的工作是由圣母玛利亚和奉希拉克略之命留守的忠诚的牧首塞尔吉乌斯（Sergius）完成的。在最艰难的时刻，人们可以看到塞尔吉乌斯举着著名的圣母玛利亚圣像沿城墙游行。很明显，胜利正是因为她的代祷。在布拉赫内的教堂附近的金角湾水域上，手持宝剑显灵、鼓励人民杀敌的难道不正是她吗？阿瓦尔的可汗不是也曾瞥见她在城垛上现身吗？

这是拜占庭的光荣时刻，也是战争的转折点。希拉克略继续在东方取得了数场战争的胜利。不久之后，波斯王被推翻，取而代之的是拜占庭的傀儡。630年，希拉克略举办了一场宏伟的仪式，他在仪式中将真十字架的残片重新放置于耶路撒冷的圣墓教堂。

以希拉克略为工具，通过圣母玛利亚的代祷，上帝奇迹般地拯救了拜占庭帝国和天选之民。每个人都松了一口气。但是，如同恐怖电影中怪物不断复活的情节一样，影片还远未结束。

622年，就在拜占庭士气跌至谷底之时，在遥远的南方，另一批天选之民也面临着灭顶之灾。这便是"徙志"（hijra），也就是穆罕默德及其追随者在被充满敌意的麦加居民赶出麦加之后前往并旅居于附近的麦地那。

那时伊斯兰教已建立了大约十年。北方两大一神教帝国新兴宗教间的碰撞引发的震动，已经引起了充斥着混乱和仇恨的阿拉伯人的共鸣。穆罕默德出色地将这些混乱的推动力集合在了一起。他的基本信条是建立一个处在他个人领导下的政教合一的政权，这种政教合一正是拜占庭人和波斯人渴望却一直未能达到的目标。看到这种政教合一失败的前车之鉴，尤其是基督徒的失败，穆罕默德认为详述神的统一性可能是实现该目标的正确之道，这在过去及将来穆斯林社群"乌玛"（ummah）的单一性中都得以反映。

在接下来的几年，穆罕默德的联盟在麦地那稳步发展。630年，即希拉克略将真十字架碎片归还耶路撒冷的同年，穆罕默德率领一支一万人的军队出征麦加。这个城市和平地投降了，许多麦加人从此皈依了伊斯兰教，"顺从"于唯一一位神的意志。因为有大量新战士，穆罕默德的军队日益壮大。现在他作为阿拉伯地区最强大的领导人，提出了寻求他保护的人必须皈依伊斯兰教的条件。穆斯林（意为"顺从者"）不能攻击穆斯林，所以皈依伊斯兰教意味着安全。一旦达到一定的限度，这也意味着穆斯林必须扩张到更远的地方。"信道的人们啊！你们要讨伐邻近的不信道者，"《古兰经》指示穆斯林，"使他们感觉到你们的坚定。你们知道，真主与正义之人同在。"[①]

632年，穆罕默德在一场小病后去世。当时他大约60岁出头。

---

① Koran, 325.

他和他领导的穆斯林几乎控制了整个阿拉伯半岛,他已经开始在拜占庭的叙利亚行省进行试探性的袭击,并将其作为下一个阶段的征服目标。在掌握了圣战这一新事物后,学生此时要用所学的内容对付自己的老师了。穆罕默德的继任者将继续执行这一任务。

去往大马士革之路

第一个目标是拜占庭,更确切地说,是拜占庭帝国统治下的叙利亚和巴勒斯坦。当地人在事后回想起当时发生的种种凶兆:"巴勒斯坦发生了地震,一个诡异的剑形符号出现在南方的天空中,预示着阿拉伯征服的到来,这异象从南向北延伸,持续了30天。"[①]

战胜了波斯的拜占庭人也由于疲惫不堪而疏于防卫。阿拉伯人在雅穆克河(Yarmuk River)附近的战场上和拜占庭在叙利亚的主力军队交战,并将其歼灭。雅穆克之战的胜利是一个决定性的转折点,此战摧毁了拜占庭在巴勒斯坦和叙利亚的统治,同时也使美索不达米亚门户大开,让这些地区的城市完全暴露在兵锋之下。试图抵抗的城市都遭到了征服和洗劫。为了避免这种劫难,其他大多数城市望风而降。那些拜占庭的大都市,包括大马士革、安条克和耶路撒冷,仅在拜占庭人欢欣鼓舞地将其从波斯人手中夺回的短短几年之后,就悉数落入阿拉伯军队之手。此后大马士革将永远掌控在穆斯林手中。而安条克和耶路撒冷则在晚些时候被基督教军队暂时地重新夺回,前者在10世纪晚期被复兴的拜

---

① Kaegi, *Byzantium*, 65.

占庭人收复，后者则在12世纪初落入西欧的十字军之手。到640年，拜占庭对叙利亚、巴勒斯坦和美索不达米亚的控制都已遭到破坏。7世纪40年代中期，拜占庭的埃及也已沦陷，随之被攻破的还有辉煌的亚历山大里亚，该城是古希腊学问的重要中心。在所有这些地方，许多人都是受拜占庭人迫害、被视为异端的一性论派基督徒。他们普遍欢迎阿拉伯人，将其看作解放者。

阿拉伯人开始转向西边，出征马格里布（意为"西方"）——他们对北非的沿海地区的称呼。此时希拉克略已经去世，而他在暮年不幸地见证了自己对波斯取得的奇迹般的胜利又就此化为乌有。据称，他被严酷的命运逼疯了，于641年死于水肿，成了一个破碎又可怜的人物形象。

危机之中的拜占庭人在叙利亚和小亚细亚地区的边界，即安条克以北，继续抵御阿拉伯人，打退了无数次进入半岛那多山的内部地区的进攻，而沙漠的战士阿拉伯人不习惯高地作战，始终未能获得任何真正的立足点。若伊斯兰教想要最终进占小亚细亚，还得靠迁徙而来的土耳其人，他们的故乡在中亚的山区，不过，这一大步在数个世纪以后才会到来。现在，尽管拜占庭再次（这一次也是永久性地）被夺走了最富庶的省份，并仍然面临着真正的危险，它还是生存了下来。

阿拉伯人在巴勒斯坦和叙利亚取得首次胜利后不久，他们也同时开始入侵波斯领土，首先从今天的伊拉克南部地区开始。大约在同一时间，雅穆克之战的胜利使得拜占庭北部和西部对其敞开，他们也在伊拉克的卡迪西亚（Qadisiyah）对波斯人发起了同样具有决定性的打击，打开了通往东方的波斯的大门。

波斯的首都泰西封（Ctesiphon）正好处于波斯和阿拉伯的边

界地带。该城位于未来的巴格达附近，也同样离阿拉伯袭击者很近，因而很快被攻陷了。泰西封沦陷后，局势已经不稳的萨珊王朝也随之崩溃，它无法在首都之外行省的中心进行有效的防御，因为那里与首都之间的联系在战后还没有牢固地重建起来。波斯战局的形势与拜占庭的恰恰相反：拜占庭的各个行省暴露在外，而其遥远的、城防良好的首都则相对安全。

约650年，阿拉伯人征服了新月沃地的绝大多数地方，还有埃及，还有波斯的大部分地区，只有一些扫尾行动仍在继续。这片在20世纪初被英国人称为"中东"的广大地带，将构成阿拉伯伊斯兰帝国的核心。信伊斯兰教的阿拉伯定居者立即开始从阿拉伯地区涌入这里，其中许多人首先生活在新成立的有守军驻防的城市中（如伊拉克南部的巴士拉或库法），后来才与当地居民混居在一起。

但是，穆罕默德那美好的统一之梦现在已经分崩离析。奥斯曼（Uthman），也就是穆罕默德的老朋友中第四个也是最后一个担任哈里发的人，同时也是倭马亚家族的成员，他被叛乱的士兵暗杀了。先知的侄子阿里（Ali）被其追随者推上哈里发之位。然而反对阿里的人则聚集在先知最喜欢的妻子阿伊莎（Ayesha）周围，这其中就有叙利亚的总督穆阿维叶（Muawiyah），他是被谋杀的倭马亚家族的奥斯曼的堂弟。

穆阿维叶已经为伊斯兰教征服了叙利亚，他现在拒绝承认阿里为哈里发。当阿里被一个充满愤恨的前支持者暗杀后，穆阿维叶当上了哈里发。然而，这些事件成了进一步纷争的根源，因为它们引发了什叶派运动，导致伊斯兰教发生了严重的分裂。与主流的逊尼派不同，什叶派会一直保留阿里被暗杀一事的记忆。

穆阿维叶将穆斯林的首都从麦地那迁往大马士革，这对他来说是个合理的选择，因为大马士革正是他统治叙利亚的地方。倭马亚王朝成立之后，以前属于拜占庭的大马士革的地位变得与阿拉伯帝国第一个首都的地位相当。而且从表面上看，穆斯林之间还保持着团结，至少暂时如此。

倭马亚王朝的"新拜占庭帝国"

"第一个在伊斯兰教中使用王座的人正是穆阿维叶。"14世纪伟大的穆斯林历史学家伊本·赫勒敦（Ibn Khaldun）如是说。他指出了一个关键时刻：哈里发国家从开始那种贝都因人的淳朴转向威严，西方人因一些资料（如《天方夜谭》）而更熟悉后者。[①]伊本·赫勒敦阐释说，早期的穆斯林"鄙视那些与事实毫无关系的浮华。然后哈里发演化为王权，穆斯林们则学会了尊重这个世界的显赫和奢华"。[②]

迁往大马士革一事，既建立了王家的权威，也将其权力中心牢牢地置于拜占庭的环境之中：阿拉伯人在讲究铺张和排场方面的第一位老师正是拜占庭人。阿拉伯人基本上无法做得更好了，除非他们选择学习波斯人——也就是他们的第二任老师。

到了第二阶段，即受波斯影响的巴格达的阿拔斯王朝[③]的哈里发国家，亦即我们与《天方夜谭》联系到一起的国家，距离穆

---

① Ibn Khaldun, *Muqaddimah*, 216.
② Ibid., 215.
③ 阿拔斯王朝是阿拉伯人的第二个王朝，成立于750年，被入侵的蒙古人在1258年终结。

阿维叶在大马士革第一次登上哈里发的宝座已经差不多过去了一个世纪了。早在巴格达成立之前,华丽的拜占庭宫廷礼仪就率先吸引了阿拉伯人,他们在自己的礼仪中对其进行了模仿。这不表示穆阿维叶没有因为学习王家的气派而受到批评,他自我辩护称:"大马士革到处都是希腊人,如果谁的行为举止和外表衣着都不像个皇帝,就没人会相信他的权力。"[1]

但拜占庭对新兴的伊斯兰文明的影响力正如已经达到高潮位的潮水,已经远远超出了哈里发对帝王般生活的预期,它覆盖了伊斯兰文明几乎所有的生活领域。

从官方角度来说,从 7 世纪 30 年代刚开始对拜占庭和波斯发动征服,阿拉伯的征服者便一直在维持已经存在于这些土地上的民政制度。面对要处理这么广阔的领土的挑战,作为新手的阿拉伯人没有一种经受过时间考验的制度可供使用。他们明智地保持事物的原样大致不动,而以他们的新统治来保持车轮的转动。"穆斯林是一群不识字的阿拉伯人,他们不懂得如何书写及记账,"伊本·赫勒敦对这个早期阶段描述道,"为了记账,他们雇用犹太人、基督徒等精通于此的非阿拉伯人作为委托人。"[2]

税收结构、货币、市政管理——从埃及到安条克的公共生活的节奏似乎一直保持着相同或者相似的节奏,仅有阿拉伯穆斯林指挥官在顶端取代了古老的皇室官员这一点除外。大量来自希腊语的阿拉伯语借词,反映了新的统治者大规模延续了旧制度,因为阿拉伯人只是将阿拉伯语中没有的词汇简单地从希腊语直译过来。被拜占庭称作"demosia"的人头税变成了"al-haraj ad-

---

[1] Vryonis, "Byzantium and Islam," 211.
[2] Ibn Khaldun, *Muqaddimah*, 191.

dimusi";应缴税的农田或"pakton"变成了"baqt";收税的官员"grapheis"以及"meizon"分别演变成"garafisis"和"mazun";而拜占庭的货币"denarius"成了"dinar"。在以前属于波斯的地区可能有着类似的现象,不过倭马亚王朝的权力中心位于拜占庭旧地,因此在早期对拜占庭的因素更看重。

另一种影响体现在民间文化和艺术表达的层面上,阿拉伯人的态度由忽视转变为学习。伊本·赫勒敦说,当过着游牧生活的阿拉伯部落在征服之后转去防卫前哨地区,他们从贝都因的生活方式转而定居下来。虽然起初他们是之前的拜占庭人和波斯人的主人,但最终阿拉伯人还是向这些文明化了的臣民学习,掌握了定居生活所需的技能。

与行政事务一样,这一过程在阿拉伯语中的希腊语借词中同样有迹可循,其范围涵盖家庭生活(家居用品、家具、烹饪、服装、清洁、珠宝)、农业(动物、庄稼、其他植物、仓储用具)、商业(测量、船舶、其他航海事务)、文学(书写工具和书写方式)、艺术和工艺,以及宗教信仰。

学者们还追踪到了拜占庭人和波斯人对阿拉伯音乐及绘画的影响,伊本·赫勒敦说阿拉伯人从他们的新臣民身上学到了这些东西。[1]拜占庭人的法律同样被早期的伊斯兰教的"qadis"或说法官所接受,为后来的沙里亚法(sharia)或说伊斯兰教法的法律体系的构建做出了贡献。拜占庭元素的延续和阿拉伯对拜占庭的模仿是如此普遍,以至于现代历史学家称大马士革的倭马亚哈里发

---

[1] 伊本·赫勒敦说,阿拉伯人到征服之后才学会歌唱。伊斯兰教之前的阿拉伯人只发展出了口述诗歌,他们是通过吟诵《古兰经》而将其传至伊斯兰教时期的。

国家为"新拜占庭帝国"。

君士坦丁堡：阿拉伯人未实现的征服之梦

当穆阿维叶还是叙利亚的总督时，他在陆上到达小亚细亚之后，便开始建立阿拉伯人的海军舰队，对拜占庭的海上优势形成了巨大的挑战。随着舰队的就位，而且拜占庭海军在7世纪70年代后已不再占据主导地位，阿拉伯人得以对小亚细亚的沿海地区发动袭击，沿途派设驻军，并一路逼近拜占庭的首都。与此同时，穆阿维叶也在北非和西西里岛附近的海域袭击拜占庭军队。674年，阿拉伯舰队进入博斯普鲁斯海峡，封锁了君士坦丁堡，并挺进至君士坦丁堡城墙下。封锁和袭击持续了四年，拜占庭海军困守金角湾之内，以免遭更强大的阿拉伯舰队的打击。

最后，拜占庭人决定冒险一战，他们派出一批船只，配备有一种称作"希腊火"的类似凝固汽油的秘密武器，烧焦了一些阿拉伯的舰船。希腊火带来的恐惧感可能比实际造成的伤害更大。阿拉伯人现在士气低落，准备撤退。在途中，舰队遭受了一场暴风雨的袭击，大多数船只和士兵都失踪了。与此同时，拜占庭人在几次陆战中也击败了阿拉伯人。因此阿拉伯人被迫接受谈判而停战，并同意向拜占庭人进贡。这可谓一次令人痛心的屈辱。穆阿维叶于次年的680年去世。

去世之前，穆阿维叶公开指定他的儿子叶齐德（Yazid）为继承人，从而打破了惯例，采取了世袭制。叶齐德从一开始就面临很大的麻烦。拜占庭人在叙利亚的基督徒游击队的支持下进行反击，北非的柏柏尔人也很快就向叶齐德在那里委任的总督发起反抗。麦地那的古老穆斯林家族公开宣布反对叶齐德,并支持阿里的儿子侯赛因(Husayn)在库法起兵反抗。叶齐德的军队轻松地击败了侯赛因和他那一小帮支持者,将他们围困于卡尔巴拉的沙漠中,因为他们拒绝投降,便将他们全部处死。[1]

叶齐德在683年意外身亡。混乱随之爆发,但是最终倭马亚家族的另一支——穆阿维叶的堂弟马尔万(Marwan)成为哈里发。其子阿卜杜勒·马立克于685年继承其父之位。更多的杀戮还在继续,但是在692年,即圆顶清真寺竣工的次年,阿卜杜勒·马立克已经战胜了他的对手,制服了什叶派等叛军,重新对拜占庭人发动攻击。他作为哈里发的正统性已获得了普遍的承认,还恢复了倭马亚王朝的全部荣耀。如果说圆顶清真寺展示了伊斯兰教将屹立于此,那么这座建筑同样寓意着倭马亚王朝和努力重建王朝权力的阿卜杜勒·马立克本人的地位永远稳固。

阿卜杜勒·马立克开启了哈里发国家的鼎盛时代,在这段约为两个半世纪的时期中,阿拉伯帝国发展到了顶峰。尽管阿卜杜勒·马立克建立的圆顶清真寺依然矗立,但是倭马亚王朝在这个权力与文化繁荣发展的阶段仅仅掌权了半个世纪。伊斯兰文明的真正辉煌将在其继承者阿拔斯王朝身上体现。阿拔斯王朝的中心不是在亲拜占庭的大马士革,而是在阿拉伯人新建的首都——地处东方波斯故地的巴格达。鼎盛时期的哈里发国家将从"新拜占庭帝国"发展成"新萨珊帝国",因为波斯文化的影响逐渐将伊斯兰文明的轮廓塑造得更大更广,而早期拜占庭的架构则逐渐消失了。

然而,起初的脚手架仍然是在拜占庭的背景下搭建起来的。

---

[1] 除了阿里遭到暗杀一事,侯赛因的殉难更使得什叶派心怀怨恨和内疚(什叶派至今仍因未能及时营救侯赛因而在仪式中鞭笞自己)。

圆顶清真寺不是的单独的一项让伊斯兰教和阿拉伯人感到荣耀的工程，而是更大的、更连贯的计划的一部分，该计划由阿卜杜勒·马立克提出，旨在宣布伊斯兰教和阿拉伯人的到来，甚至在依然继续借鉴拜占庭的情况下，要将伊斯兰文明与其拜占庭的起源相区分。

阿卜杜勒·马立克的计划还包括：阿拉伯语为官方语言，以替代希腊语；在铸币上首次脱离了拜占庭的模板，并采取了伊斯兰式的样式和感觉。在此之前，倭马亚王朝铸造的钱币都直接仿照拜占庭钱币，它的一面是基督或皇帝的肖像，唯一向伊斯兰教让步的就是移除了另一面上基督教十字架的横杠（保留了竖杠）。现在，阿卜杜勒·马立克将这些标记用《古兰经》中的铭文代替，但是基本面额保持不变。

早期的钱币不得不拜占庭化的理由之一，是为了让钱币无论是在纳贡还是在商业贸易中都更容易为拜占庭人所接受。显而易见，阿拉伯人的征服不会被逆转，拜占庭人将越来越多地被迫适应阿拉伯人，甚至反过来复制阿拉伯人的钱币样式，而阿拉伯人则会意识到自己成了可以仗势欺人的那一方。拜占庭正进入黑暗时代，其最富裕的省份被抢走，而且因为存在阿拉伯人及其他新的敌人而不得不采取守势。它的相对贫穷与阿拉伯帝国的繁荣形成了鲜明的对比，后者现在控制着数倍于前者的人力、资源和土地。

对于拜占庭，这种现实带来的不稳定冲击反映在阿卜杜勒·马立克统治期间开始的一系列政变和反政变之中，它们让拜占庭帝国动荡不安。而在这种不稳定发展到极致时，拜占庭皇位的竞争者之间展开了一场毁灭性的内战，倭马亚王朝再度想要实现伟大的穆阿维叶未能达成的目标。

毕竟，先知本人曾预言，穆斯林的军队总有一天会占领"Rum"（罗马）——这是阿拉伯人对君士坦丁堡及其帝国的称呼。虽然早年的攻击很吓人，却不过是辅以海上封锁的一系列突袭行动，其间还同时对拜占庭人和其他战场的敌人进行打击。这一次就不一样了。这一次，阿拉伯人将全部军事力量投入一致而持续的努力中，以夺取拜占庭的首都并将帝国彻底终结。

倭马亚王朝对君士坦丁堡的第二次围困由阿卜杜勒·马立克的儿子兼继任者瓦利德（al-Walid）筹划，于717年由瓦利德的兄弟苏莱曼（Sulayman）发动。在同年苏莱曼去世后，其堂兄欧麦尔二世（Umar Ⅱ）继位，并继续包围君士坦丁堡。据称，入侵部队有12万人和1800艘船。

但是从一开始，阿拉伯人的进展便很不顺利。在筹备完成之时，拜占庭的内战也已结束，胜出的新皇帝利奥三世是一个富有天赋及经验、果敢坚决的指挥官，曾多次击败阿拉伯人。此外，717—718年的冬季异常寒冷，使阿拉伯人措手不及。由于疾病和保暖不佳，阿拉伯军队实力大损。阿拉伯人受到的阻碍还基于以下事实：718年春天增援的舰队之中，有不少水手都是来自埃及和北非的基督徒，他们被阿拉伯人统治了近一个世纪后，已经不再像他们的先祖被征服时的那样服从于阿拉伯人，许多人转而投向拜占庭一方。最后，拜占庭人还得到了他们以前的敌人保加尔人（Bulgars）的援助，保加尔人在陆上横扫了进攻君士坦丁堡的阿拉伯军队，击杀了数千人。718年8月，在围困开始的一年多之后，欧麦尔二世要求阿拉伯军队撤退。而在返航过程中，阿拉伯舰队又在一场风暴中遭遇船难。

倭马亚王朝在叙利亚的权力基础及其对拜占庭的接近，对诸如穆阿维叶和阿卜杜勒·马立克这些倭马亚王朝早期的哈里发来说极为有利。穆阿维叶能够成为哈里发，主要原因便是因为他是与拜占庭战斗的前线地区的总督，他自己征服了这里，又作为总督统治这里。然而，这种早期的成功，使倭马亚王朝受到了一个逻辑的束缚，不可避免地指向一个结论——他们必须击败拜占庭人，并取代他们成为君士坦丁堡的领主，因为它明显是唯一一个适合帝国定都的地方。

第二次围困的失败清楚地表明，这种情形不会发生。因此，倭马亚王朝的前进势头停了下来。他们只能在这座绝对不会成为他们的伟大首都的城市的长长阴影之下，慢慢地感受寒冷。

拜占庭那顽强的生命力还造成了另外一系列影响。在西方，阿拉伯人的推进也带来了严重的威胁。入侵的穆斯林军队占领了北非和西班牙之后，只进军到法国中部，便于732年的普瓦捷会战[①]中遭到了阻击。但是假如拜占庭在十余年前便已毁灭，阿拉伯人也许就能同时在东面进攻，从而夹击欧洲。结果可能会产生一个穆斯林的欧洲。君士坦丁堡的雄伟城墙保护的不仅仅是一座城市，也不仅仅是一个帝国。虽说有些夸张，但拜占庭的确可被称为欧洲在东方的堡垒。

到8世纪40年代，倭马亚王朝与拜占庭的近距离已经从优势转变为劣势，从胜利的先兆变为一种唠叨，无时无刻不在提醒他

---

① 被查理·马特（又称"铁锤查理"）率领的法兰克人击败。查理不是国王，而是濒临灭亡的墨洛温王朝的官员，他利用这场胜利取得的声望建立了一个新的王朝，即加洛林王朝。他的孙子查理大帝将扩大其领土，奠定了与拜占庭竞争的"罗马"帝国的基础。

们那未实现的愿望。攻占君士坦丁堡的失败让伊斯兰世界的重心东移，转移到波斯领土上。然而矛盾的是，这样做了之后，阿拉伯人才能接受来自拜占庭的全新影响：古希腊的遗产。

7
智慧宫

在哈里发国家的盛期，伊斯兰文明成了世界上最重要、最具扩张性的文明之一。在征服的土地上定居的阿拉伯人，曾经孤立于要塞之中，以异族的身份推行异族的统治，疏远当地人并试图在他们之外发展伊斯兰教。此时情况则已有所不同了。从阿富汗、伊朗、伊拉克，再到叙利亚、埃及、北非和西班牙，在这片广阔而繁盛的领土之中，阿拉伯人开始和当地人融合。与此同时，当地的基督徒、琐罗亚斯德教徒、犹太教徒和多神教徒也开始大量皈依伊斯兰教。

当伊斯兰世界的重心东移时，倭马亚王朝遭到了阿拔斯家族的挑战，后者是一个在今伊拉克的波斯故地上发展起来的强大氏族。750年2月，阿拔斯与倭马亚的部队在伊拉克北部底格里斯河的支流扎布河（Zab）畔交战，阿拔斯一方取得了决定性的胜利。倭马亚哈里发马尔万二世（Marwan Ⅱ）逃离战场，不久就去世了。阿拔斯家族的领袖萨法赫（al-Saffah）掌握了大权，他在一年前已被追随者拥立为哈里发。

萨法赫建立了阿拔斯王朝，其在位时间却仅有四年。他去世之后，他的弟弟曼苏尔（al-Mansur）继位，曼苏尔在即位之初便要立即面对叛乱与挑战者。

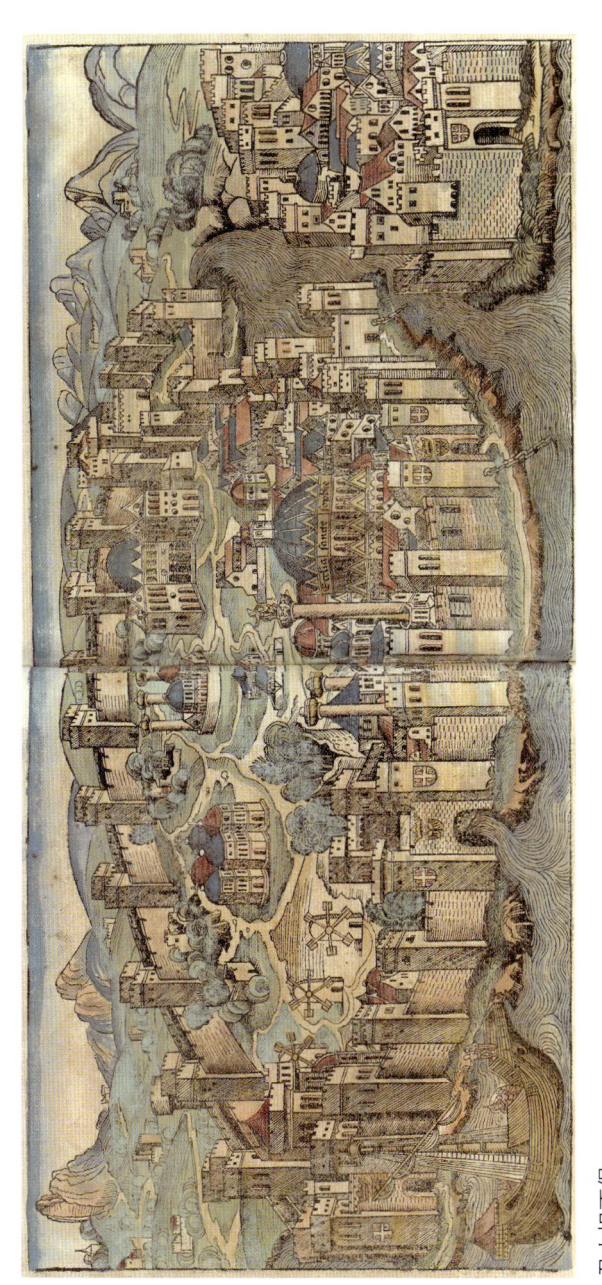

君士坦丁堡

此图出自《纽伦堡编年史》,描绘了 1490 年左右的君士坦丁堡。君士坦丁堡在拜占庭统治时期一直都是世界上最大的城市之一。图片右侧还有加拉大和金角湾入口处的锁链。

圣索菲亚大教堂
由查士丁尼一世修建,是君士坦丁堡城内最负盛名的建筑之一,也是一系列重大历史事件的见证者。

科拉教堂
即圣救主教堂,奥斯曼时代改为清真寺后称为卡里耶清真寺。建筑内保存了精致而完好的马赛克镶嵌画。

圣维塔莱教堂内部

此教堂位于拉文纳,拉文纳是查士丁尼时代拜占庭在意大利的统治中心。为了庆祝战争的胜利,查士丁尼一世修建了此教堂。

圣维塔莱教堂内的马赛克镶嵌画

画上的人物是查士丁尼一世及其随从,这幅画也是最著名的拜占庭镶嵌画之一。在对面的墙上还有一幅画着皇后狄奥多拉的镶嵌画。

圣阿波利纳雷教堂内部
此教堂距离圣维塔莱教堂不远,由哥特人的国王狄奥多里克修建。图中展示了教堂南墙的马赛克镶嵌画。

波爱修斯
生活于罗马帝国晚期,曾在哥特国王狄奥多里克手下在位时担任高官,最后遭到处死。一生著述丰富,在狱中著有《哲学的慰藉》。

卡西奥多罗斯

他本来居住于意大利,因为遭到军队俘虏而被送往君士坦丁堡,返回意大利后创建维瓦里乌姆修道院,将缮写室从拜占庭引入西方。

格里高利·帕拉马斯

东正教静默运动的推动者,与瓦尔拉姆展开静默派之争。其学说后来被教会定位官方信条,他也被封为东正教圣人。

曼努埃尔·赫里索洛拉斯

他是从拜占庭前往西方教学的希腊语教师之一,他改革了希腊语教学方法,促进了西方对希腊著作的吸收和翻译工作。他的许多学生在文艺复兴中发挥了重要作用。

约翰·贝萨里翁

原是东正教的神职人员,于参加佛罗伦萨公会议期间改宗天主教,后来成为天主教的枢机主教。负责教宗尼古拉五世发起的希腊语著作翻译工作。

佛罗伦萨

佛罗伦萨共和国在文艺复兴时期是意大利最强盛的共和国之一，曾有多位人文主义者担任它的执政官。与当年一样，佛罗伦萨大教堂依然在天际线中占有重要的位置。

科卢乔·萨卢塔蒂

人文主义者，曾任佛罗伦萨执政官，在任内领导佛罗伦萨对抗米兰，并邀请赫里索洛拉斯在佛罗伦萨开展教学活动。

马尔西利奥·费奇诺

佛罗伦萨的新柏拉图主义者,柏拉图学院的核心人物。

托马索·巴伦图切利

人文主义者,被选为教宗后称为尼古拉五世。他是梵蒂冈图书馆的创建人,并邀请贝萨里翁来进行监督。

梵蒂冈图书馆

由教宗尼古拉五世创办,主要收藏人文学科的书籍,其中以神学作品为主。至今依然是世界上最重要的图书馆之一。

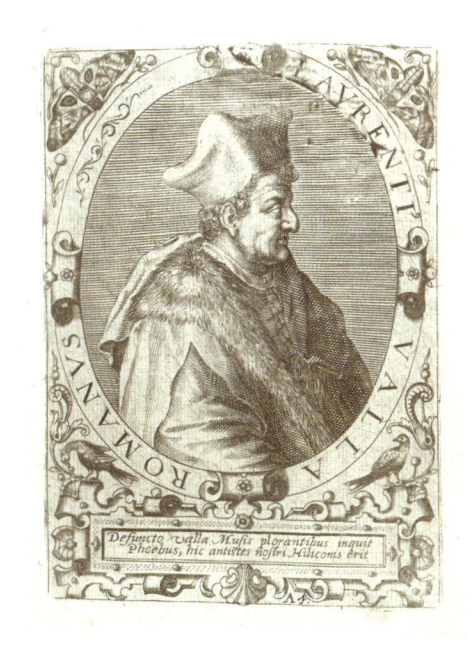

洛伦佐·瓦拉

古典学者,为那不勒斯国王工作时用文献学方法证明"君士坦丁赠礼"为伪造的文件,后受尼古拉五世之托,首次将修昔底德的作品完整地译为拉丁文。

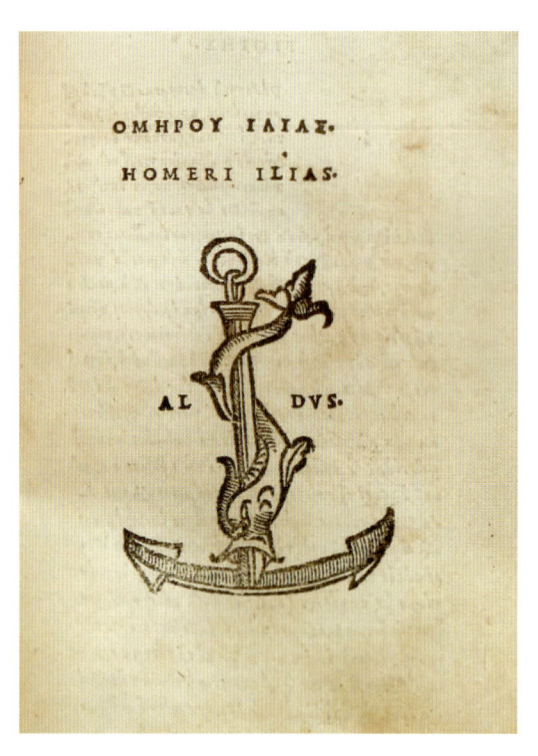

《伊利亚特》扉页

此书由阿尔杜斯·马努蒂乌斯的阿尔定出版社出版。威尼斯是出版业的中心，而阿尔杜斯是威尼斯出版业中的佼佼者。

圆顶清真寺

由倭马亚王朝的哈里发阿卜杜勒·马立克修建，坐落于耶路撒冷的圣殿山。它极好地展现了拜占庭对伊斯兰文明的影响。

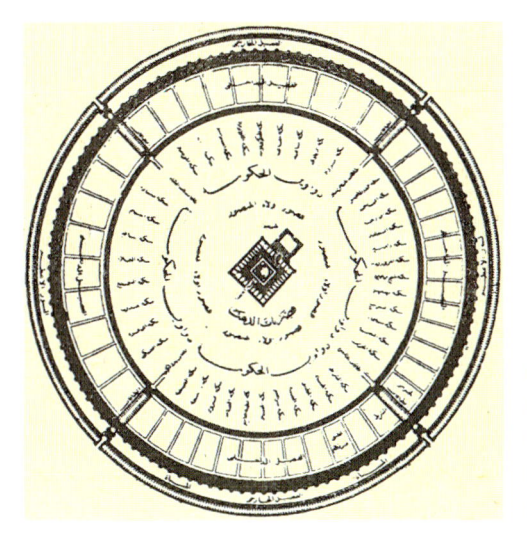

巴格达圆城示意图

巴格达圆城由阿拔斯王朝的哈里发曼苏尔修建，13世纪时遭到蒙古军队的毁坏。此图为后人根据记载描绘的巴格达圆城示意图。

阿维森纳作品的手抄本

阿维森纳是生活于中亚的哲学家、医学家，著述丰富，著有《治愈之书》《医典》等书籍。

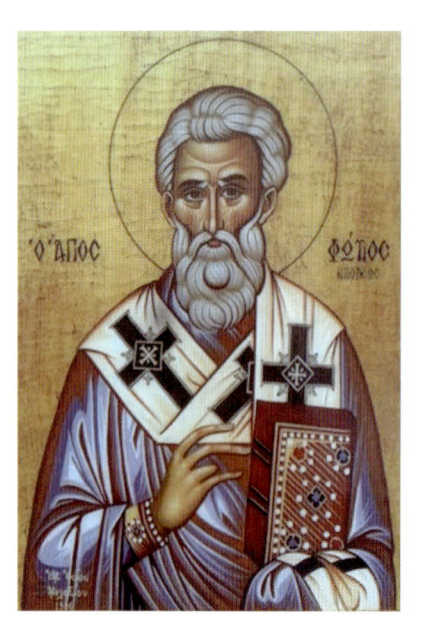

弗提乌斯

曾任君士坦丁堡牧首,在任时与罗马之间引发了"弗提乌斯分裂"。正是他派遣西里尔与梅索迪奥斯去向斯拉夫人传教。

西里尔与梅索迪奥斯

两人受米哈伊尔三世及弗提乌斯的派遣,前往摩拉维亚向斯拉夫人传教。为了传教,西里尔发明了格拉戈利字母。两人此后被封为东正教的圣人。

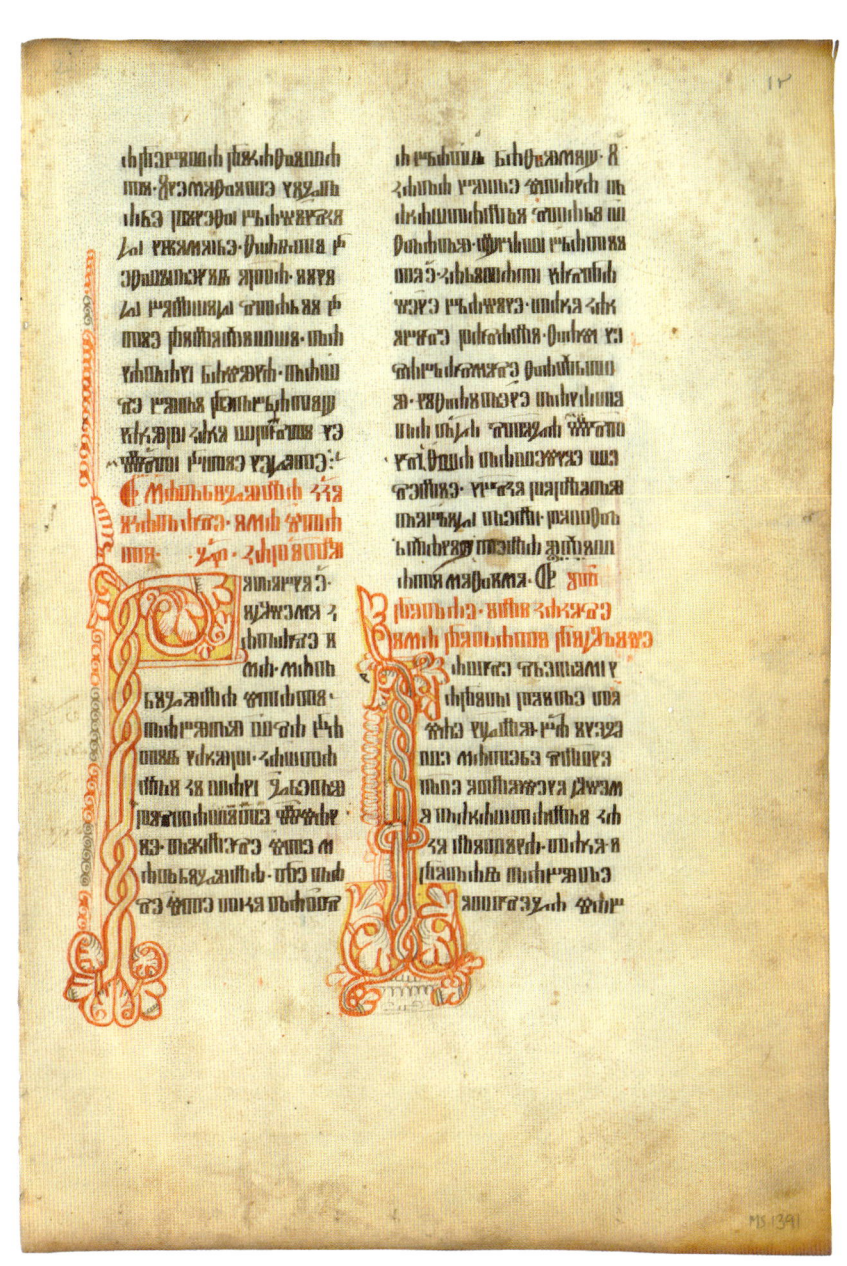

古教会斯拉夫语的手抄本
使用格拉戈利字母的古教会斯拉夫语手抄本。古教会斯拉夫语有时又称"古保加利亚语"。

斯特凡·奈曼加

塞尔维亚大公,在位期间夺取了大片土地,又使塞尔维亚被完全纳入拜占庭共同体。他后来前往阿索斯山成为东正教修士。

日卡修道院

修道院靠近塞尔维亚中部的克拉列沃,是塞尔维亚最重要的修道院之一,建筑中的几处湿壁画可以追溯到13世纪。

阿索斯山

即"圣山",位于希腊哈尔基季基半岛的一处海岬上,如今拥有二十几处修道院,在这里聚集了各国信仰东正教的修士。

希兰达尔修道院

位于阿索斯山,本由希腊修士修建,后来被斯特凡·奈曼加和萨瓦重建,现在是阿索斯山最重要的修道院之一。

拉多涅日的圣塞尔吉乌斯
又称圣谢尔久斯,他在蒙古入侵后复兴罗斯的修道院体系,创建了圣三一修道院,同时推动静默运动在罗斯传播。

圣塞尔吉乌斯的圣三一修道院
位于莫斯科附近的谢尔吉耶夫镇,是俄罗斯最重要的修道院之一。马西姆在这里去世,并被安葬于此。

曼苏尔是位经验丰富的将领，他继位时有40余岁，依旧精力旺盛，轻而易举地在叛乱出现之初便将其镇压。但他也无法阻止新的叛乱发生。他需要在赋予他权力的阿拔斯家族腹地，在动荡不安的那些旧城市之外，建造一座新首都，并在此处掌控权力。新首都的位置在底格里斯河畔，与幼发拉底河距离较近，距离波斯古都泰西封不远。曼苏尔将他的新首都称为"和平之城"（Madinat as-Salam），而人们往往称呼它的波斯名字——巴格达。

"世上最繁华的城市"

曼苏尔选择这一地点的两个原因与君士坦丁定都拜占庭城的原因完全相同：这里位于利润丰厚的贸易路线的交会处，而且他认为这里有两条大河的庇护，易守难攻。但和君士坦丁不同的是，曼苏尔的想法只有一半是对的。

在贸易意义上，这里的位置确实是绝佳的。从阿拉伯、东非和印度驶入波斯湾的船只，可以溯底格里斯河而上抵达此地；而阿塞拜疆和亚美尼亚的货物，则可以在库尔德斯坦（Kurdistan）装船，顺流而下。附近的幼发拉底河则带来了西边的叙利亚、埃及、北非和拜占庭的货物与行人。而从中国出发的丝绸之路，穿过波斯腹地的伊斯法罕（Isfahan）和呼罗珊（Khorasan）之后，又从东面与巴格达相接。曼苏尔要建造"世上最繁华的城市"，[1]并预言他的新首都将在阿拉伯人新的辽阔统治区域之中像闪亮的冠冕一样长期存在。

---

[1] Wiet, *Baghdad*, 11.

但是河上可以架桥。曼苏尔在这个问题上做出了严重误判，以至于他独一无二的原始规划如今已经荡然无存：圆城（Round City）围成一个正圆，直径超过 1 英里，四周围着厚厚的高墙，这些高墙早已消失；中间有一座带有穹顶的复杂宫殿，它被曼苏尔的继承者们所放弃，13 世纪时被洗劫巴格达的蒙古人变为废墟。著名的绿色穹顶之上，放置着持矛的骑兵雕像，据说雕像面对着哈里发的新威胁出现的方向，而这个传说说明了一个问题：尽管阿拔斯哈里发拥有海量的财富并资助了兴盛的文化运动，但他的地位与权力却时时刻刻面临着挑战。圆城本应成为巴格达的中心和哈里发的居所，仅供哈里发本人和他的官员、卫士与奴仆居住。即便是在如今的巴格达，我们也没有把握能找到这样的地方。

圆城之外便是城市的余下部分，它沿着底格里斯河两岸展开，通过一系列浮桥相接。起初曼苏尔打算将市集搬到圆城之中，来访的拜占庭使节则劝他不要这么做，因为哈里发的敌人可以派间谍扮作商人混入墙内刺探情报。没人比拜占庭的使节更懂间谍的门道，哈里发也把市集搬走了。最大的市集位于城市南部底格里斯河西岸的卡尔赫区（Karkh），那里有一系列如同迷宫却又井然有序的摊位，各种产品被分别限定在各自的区域中售卖。（曼苏尔声称屠夫头脑愚笨却手持利刃，便下令将他们的摊位限定在离宫殿最远的区域。）在卡尔赫区与圆城之间，还有另一个繁忙的市集区域，也就是卡尔赫区的对手沙尔基亚区（Sharqiya），据说这里有一百家书店。

阿拉伯人对巴格达的记载之中，充斥着拜占庭的使节被吓倒的记载，他们列举了拜占庭使节进城之后见到的各种奇观，并列出使节的各种可知的惊奇之状,这已成为夸赞巴格达之壮丽的标准套路。一名10世纪初的拜占庭使节在哈里发完成全城修缮的期间耽误了几个月,他随后被领着穿过无数集结起来的军队,再走过一段漫长的地下通道才进入宫中,他又经过了数以千计的宦官、廷臣和非洲奴隶的面前。在府库之中,他见到了哈里发用于展览的金银珠宝。克雷莫纳的柳特普兰德来到君士坦丁堡时,对皇帝的黄金树与机械鸟惊奇不已,但在此事的几十年前,来到巴格达的拜占庭使节便已经在哈里发的宝座之前经历了同样的事情,聆听了机械鸟的啼鸣。或许就是这个无名的使节将这一设计带回了国。但类似的机械,即所谓的"automata",早在古典时代就已经出现了,当代的史学家并不能确定它们之间是否有过借鉴行为。

巴格达建城之时,拜占庭帝国的士气正处于黑暗时代的最低点。古典学术已几乎消失了,连宗教文学也因帝国接连不断的战争而几乎枯竭。虽然拜占庭人依然虔诚,此时却为了精简,甚至打算放弃心爱的圣像。成功地抵挡住了阿拉伯人在717—718年对君士坦丁堡的围攻的皇帝利奥三世,便是第一位推行破坏圣像政策的皇帝,他强令不情愿的臣民拆毁教堂等公共场所的圣像,并反对在私人崇拜的场合使用圣像。

他的儿子君士坦丁五世(Constantine V)对破坏圣像的理念更为热衷,甚至开始破坏宗教画作。结果保存到今天的拜占庭圣像画几乎全部来自此后恢复圣像的时代,而君士坦丁五世本人则得到了"便溺皇帝"(Copronymus)的蔑称,这应该是源自他受洗时的一桩意外事件。尽管他在军事上可谓是拜占庭帝国最杰出的军人皇帝之一,但"便溺皇帝"君士坦丁五世依然难免受到后世尊崇圣像的东正教徒的毁谤。

反对宗教画的基督徒经常用禁止使用偶像的经文充当反对的依据。除此之外,破坏圣像派的真正理由是穆斯林的胜利不是圣像带来的,因为众所周知,穆斯林禁止在宗教艺术中使用人的形象。仿佛上帝在惩罚误入歧途、崇拜偶像的拜占庭帝国,毕竟在阿拉伯人崛起之前圣像在公共场所中颇为常见。拜占庭军队现在开始举着粗糙简朴的十字架行军,以取代名誉扫地的圣像。简朴的十字架是这个严酷的时代的象征。

破坏圣像运动让帝国痛苦不堪,但问题是它似乎起到了作用。在整个破坏圣像时期,支持破坏圣像的皇帝(比如君士坦丁五世)能够以奇怪的一致性赢得战争,而那些暂时恢复圣像崇拜的统治者则立马开始败下阵来。[1] 在此期间,对支持圣像最慷慨激昂、最有说服力的辩护却来自帝国之外倭马亚王朝控制下的叙利亚,出自大马士革的约翰(John the Damascus),他是一个希腊税官的儿子,写下了为尊崇圣像正名的论述,他在神学上的主要观点是将尊崇圣像所代表的神灵与崇拜圣像本身分开来看。此后,大马士革的约翰也成了东正教伟大的英雄圣人之一。然而此时圣像遭受怀疑,被当作无能、软弱和阴柔的象征。这一时期最支持圣像的两位统治者都是女性,而她们都没能对阿拉伯人取得军事胜利。

尽管在权力与财富上失去了平衡,但拜占庭帝国依然在坚守,他们是阿拉伯人的顽强敌手,也是其主要的竞争对手。几乎每一年的春夏,阿拉伯人都要从叙利亚或者亚美尼亚出兵,越过边界去拜占庭帝国控制的小亚细亚劫掠一番。然而在巴格达和君士坦丁堡之间,高等级的使节却穿梭不断。在一段时间里,突如其来

---

[1] 破坏圣像派于 726—787 年在拜占庭帝国掌权,并于 815—843 年再度掌权。

的合作让双方共同统治着塞浦路斯岛。

接连不断的袭扰战,在边境催生了坚韧不屈的军事贵族,拜占庭帝国和阿拉伯帝国的文化在此交会,而两边对阵的军官之间的共同点,甚至比他们与在巴格达或者君士坦丁堡的君主之间的共同点还要多。有个例子是戴奥真尼斯(Diogenes),他是一位以英勇而闻名的指挥官,786 年在奇里乞亚关(Cilician Gates)[①]以北和曼苏尔的孙子哈里发哈伦·拉希德(Harun ar-Rashid)的掠夺部队作战时阵亡。有人认为,正是这位戴奥真尼斯激发了吟游诗人的灵感,让他们歌颂他的壮举,由此产生的诗篇被誉为拜占庭帝国的国家史诗——分两卷的长诗《迪吉尼斯·阿克里塔斯》(*Digenes Akritas*)。

在上卷中,精力旺盛的阿拉伯埃米尔绑架了一位拜占庭将军美貌的女儿,而后坠入爱河,与她成婚,并为她皈依了基督教。他们的儿子巴西尔兼具阿拉伯与拜占庭的血统,被称为"迪吉尼斯·阿克里塔斯",直译即"混血的边境卫士"。下卷则描述了他的功绩:

> 俊美贵胄迪吉尼斯
> 出去试试盛气,
> 他在人中算是个好儿郎;
> 那天他跃上战马,
> 拿好棍棒和长枪,

---

① 奇里乞亚关是穿越托罗斯山(Taurus)的狭窄山口,是阿拉伯帝国控制的奇里乞亚与拜占庭帝国控制的小亚细亚之间唯一容易通行的道路。

集结部下出发。①

此后迪吉尼斯在幼发拉底河以北的边境地区遇见了皇帝本人。皇帝赞扬了这个年轻人的英勇，许诺要给他一份赏赐。这位虔诚的英雄，和所有类似的故事里的英雄一样回复称，皇帝的青睐便已足够，而且他也清楚皇帝维持军队的开销很大：

> 我恳求荣耀的陛下：
> 要爱顺从的人，怜悯贫穷的人，
> 从作恶者手中救出被压迫的人，
> 饶恕无意中犯大错的人，
> 别听信谗言，公正地处事，
> 守卫正统信仰，肃清异端。②

几乎与此同时，在阿拉伯帝国的另一端，阿拉伯人与法兰克人的边境战争也催生了另一篇类似的史诗《罗兰之歌》，它讲述查理大帝麾下的一位忠诚的骑士罗兰，为从阿拉伯人手中拯救军队而战死。

这种粗粝而虔诚的骑士精神，与哈伦·拉希德统治的巴格达城中的腐化堕落与声色犬马形成了鲜明的对比——至少《天方夜谭》之类的作品之中是如此描述的，它也被认为描写得相当准确。800年左右，声望远播的哈伦即将去世之时，巴格达已经成了拥有近百万居民的繁华都市。一切迹象表明，曼苏尔的最高期望应

---

① Geanakoplos, *Byzantium*, 419.
② Ibid., 26.

当已经实现了。

而在单调枯燥且失去了圣像的君士坦丁堡,整个世纪之中唯一的重大建筑工程便是在740年的大地震之后整修城中的建筑与教堂。至于古典学术,我们只能找到一两个近乎湮没于历史之中的名字,像干瘪的骷髅,难以复原其血肉。耶路撒冷已经消逝了,雅典则仿佛彻底死去了。

哈里发的理性之梦

按照传统说法,阿拉伯人对古希腊学术的兴趣始于9世纪初,当时正是哈伦·拉希德之子哈里发马蒙的在位时期。据说马蒙梦到了一个面色红润、相貌英俊的蓝眼睛男人,他自称亚里士多德。故事提到,马蒙向这位著名的哲学家提了一个问题:

"何为善?"

"遵循理性皆善。"亚里士多德答。

"还有吗?"哈里发追问道。

"遵循教法皆善。"

"除此之外呢?"

"别无其他。"亚里士多德说道。[1]

10世纪的巴格达书商和作家伊本·纳迪姆(Ibn an-Nadim),在他的作品《索引》(*Fihrist*)——这本书选编了所有当时已面世的阿拉伯语文学作品——之中描述了这场梦境。纳迪姆还提及这场梦让马蒙决定给刚刚被他击败的拜占庭皇帝写信求助。哈里发

---

[1] Rosenthal, *Classical Heritage*, 48-49.

询问他是否能"派人去拜占庭领土上的图书馆里寻找古代的科学著作"。起初皇帝拒绝了这一提议,但此后他让步了。哈里发立即派出一批博学的学者前往拜占庭,他们"从找到的各种书籍中精选了一批,带给马蒙复命。他下令让他们翻译,他们就着手翻译了"[①]。

按照纳迪姆的说法,这些学者们隶属于所谓的"智慧宫",当代历史学家此前认为这是一座有组织的研究机构,由马蒙设立,主要的任务就是将希腊语作品翻译为阿拉伯语。近年来的研究对这一说法提出了一些质疑——"智慧宫"或许是纳迪姆等等后来的作者虚构的,以解释开始时代远早于马蒙执政时期的翻译运动。传统说法将这场翻译运动的首功给了马蒙,但研究显示曼苏尔已经开始了第一次系统性的翻译运动,将古希腊的学识介绍给阿拉伯人。而这些译者,又是早在萨珊波斯便已十分繁荣的希腊文翻译运动的一部分,而那是阿拉伯人到来很久以前的事了。[②]

与其说纳迪姆和其他类似的记载告诉了我们在阿拔斯王朝早期占据中心地位的翻译运动是如何起源的,倒不如说它们反映了后几代的人如何看待翻译运动。其中有一点很突出:他们认为拜占庭帝国是存放古代理性思想的秘密宝库。无论他们描绘的"智慧宫"有没有准确反映历史事实,他们已经在更广的意义上将拜占庭帝国本身理想化了,视为"智慧宫",以供他们自己的时代里从伊斯兰的土地上兴起的那个乐于求知的文明去拜访。

[①] Rosenthal, *Classical Heritage*, 49.
[②] 对这一证据的重新阐释见迪米特里·古塔斯教授于1998年出版的著作《希腊思想与阿拉伯文化》(*Greek Thought, Arabic Culture*)。

叙利亚学校与侯奈因·伊本·易斯哈格

翻译运动的译者不是拜占庭人,但他们确实来自一个可以回溯到拜占庭的文化。他们是叙利亚人,信仰基督教,因为拜占庭帝国愈发狭隘、排他的虔信而遭到驱逐或压迫。这些译者学习希腊语的学校也源自拜占庭帝国,他们中的绝大多数人都是在埃及的亚历山大里亚学习的,而早在阿拉伯人的征服之前,那里就是罗马-拜占庭世界的世俗学术中心了。很大一部分翻译工作完成于巴格达,但译者都是在这一学校体系中接受训练的。

其中最伟大的翻译家就是侯奈因·伊本·易斯哈格,他以"约翰尼提乌斯"(Johannitius)之名为西方所知,在 808 年左右出生在巴格达附近。他的名字出现在《索引》以及其他记述"智慧宫"的后世作品之中,这些史料描述侯奈因勇敢地离开"智慧宫"前往拜占庭境内,只为获取珍贵的希腊语手抄本,而现代的大多数描述也遵循这些史料。

即使后世史料声称他曾经"前往希腊人的土地",[①] 但事实上他本人从未提及自己去过拜占庭帝国领土中的任何一个地方,毕竟"希腊人的土地"可以是说拜占庭帝国,也可以指亚历山大里亚之类希腊人聚居的城市。他确实记载称自己曾经广泛游历过阿拉伯人从拜占庭帝国手中夺取的领土,比如寻找盖伦的《论实证》(*On Demonstration*)[②]的善本时:"我为寻找手抄本而前往美索不达米亚北部,走遍了整个叙利亚、巴勒斯坦和埃及,直到亚

[①] O'Leary, *Greek Science*, 165.
[②] 2 世纪的希腊人盖伦是古典时代最伟大的医学权威。在《论实证》中,他强调了逻辑对"实证"医学事实的重要性。

历山大里亚。我只在大马士革找到了缺页严重、顺序混乱的半本书。"[1] 他也从未提到过所谓的"智慧宫",而如果他确实在那里进行过研究,就应该会提到才对。

侯奈因的家族属于聂斯托利派(Nestorian),他们独特的宗教观念源自 5 世纪拜占庭帝国的主教聂斯托利(Nestorius)。聂斯托利卷入了当时教会正在激烈辩论的、有关基督的性的争议,而他和阿里乌派一样强调基督的人性,最终被正统派定为异端。聂斯托利派的理念与一性论派的理念正好相反,后者强调基督的神性。聂斯托利派和一性论派都在帝国的东部颇为流行,尤其是在叙利亚与埃及。掌权的正统派迫害叙利亚、埃及等地的聂斯托利派与一性论派。

大多数聂斯托利派的叙利亚人最后离开帝国前往波斯。这些宗教难民得到了萨珊王朝的欢迎,其统治者很高兴,因为他们可以利用这个非主流的基督教对立派别来打击拜占庭帝国。此后聂斯托利派的传教士将他们那个版本的基督教传播到中亚乃至中国,中国的聂斯托利派社群甚至延续到了 11 世纪。与聂斯托利派相反,大多数叙利亚的一性论派留在了拜占庭帝国境内,然而他们的家乡最终还是被阿拉伯人征服了。

也就是说,聂斯托利派原本是拜占庭帝国境内的叙利亚人,而后迁入波斯人控制的伊拉克,再被阿拉伯人征服。在阿拉伯人开始征服之前,叙利亚人都是拜占庭帝国的主要族群之一;在此之后,即使大多数叙利亚人都生活在被阿拉伯人征服的土地上,他们依然很重要。到侯奈因所处的时代,大多数人的第一语言已

---

[1] Gutas, *Greek Thought*, 179.

变成波斯语了，但包括侯奈因在内的许多生活优渥的人都能使用叙利亚语，或许还有希腊语，这两者在礼拜仪式中有所使用；也能使用统治阶层使用的阿拉伯语，毕竟他们与其有密切的联系。

在侯奈因的时代，受过教育的叙利亚人——他们数量可观——自认为先祖是古巴比伦人，或者作为替代，是古亚述人，这两个帝国都在波斯崛起之前掌控过新月沃地。但叙利亚人和阿拉伯人关系密切，他们的母语叙利亚语属于闪族语言（Semitic language，阿拉伯语和希伯来语也是如此），从耶稣使用的阿拉姆语（Aramaic）演化而来。叙利亚语和阿拉伯语的相似之处成了翻译运动的关键，也就是说，希腊语的作品在翻译为叙利亚语之后，就不难被阿拉伯人理解了，而直接把希腊语原文翻译成阿拉伯语则要花费更多的时间与精力，因此在最终翻译成阿拉伯语的希腊作品之中，大多数都是从叙利亚语转译的。

从5—6世纪开始，宗教冲突以及此后向东的传教，刺激了叙利亚人对使用自己语言的宗教文本的需求。早年的翻译工作主要集中于《圣经》与教父们的作品。早在阿拉伯人的征服之前，随着翻译工作的深入，他们也开始涉及俗世的学术，而希腊文学的形式也深深地塑造了他们新兴的文学作品。

侯奈因或许可谓译者中的翘楚，但他绝非孤身一人。再往前推，他杰出的前辈有：8世纪的聂斯托利派牧首提摩太一世（Timothy I），这位博学的藏书家为阿拔斯哈里发翻译了亚里士多德的《论题篇》（Topics）等作品，为聂斯托利派的教士注入了新的活力，并将传教活动推向了高潮；7世纪的聂斯托利派主教埃德萨的雅各布（Jacob of Edessa），他（和其他人一样）在亚历山大里亚学习希腊语；雅各布的老师尼斯比斯的塞维尔乌斯

（Severus of Nisibis），他是7世纪叙利亚学者的领袖，也是一位博学的聂斯托利派主教、翻译家、天文学家和逻辑学家，能流利使用希腊语和波斯语，却依然为他的叙利亚文化而自豪，甚至到了沙文主义的程度。

叙利亚人长期以来认为自身处于宇宙的中央。古典时代晚期，典型的圣人都是叙利亚人，比如5世纪的柱头修士西蒙（Symeon the Stylite），他在叙利亚的安条克城外隐居沉思——最初居住在干涸的蓄水池中，而后把自己锁在小石屋中，最后到了离地50英尺高的石柱（stylos）顶端。这位著名的基督教苦修士吸引了来自西方的不列颠、高卢与西班牙，以及东方的亚美尼亚和波斯的朝圣者。他们想要触摸他，这便是他不断把柱子加高的部分原因，原来的柱子要矮得多。他在柱子上生活开始只是想躲开这个罪恶的世界，后来的目的又加上了躲避崇拜自己的人这一条。西蒙引发了苦修的潮流，许多修士纷纷登上柱头隐修，恰如雨后的春笋。

希腊化叙利亚人的世界就是如此，他们天资聪颖、掌握多种语言、信仰虔诚，而且承担的责任多于他们在宇宙的责任中所分担的部分。对阿拔斯王朝而言，叙利亚人构成了现有的易于接触希腊学术研究方面的人才和知识库，他们也组成了翻译运动中译者群体的核心。

被阿拉伯人征服时，希腊化的叙利亚人依然保留了大量的修道院和学校，这些学校也成了希腊世俗学术向阿拉伯人传播的最重要体系。比起经济破产、军事颓败的拜占庭帝国，在阿拉伯人控制的新月沃地上，叙利亚人教授希腊学术的诸多学校却繁荣而成熟。他们继承了亚历山大里亚，成为世界上领先的希腊化中心。从西边的安条克、埃德萨和肯奈斯林（Qinnasrin），伊拉克的尼斯比斯和摩苏尔,再到东方伊朗腹地的琼迪-沙普尔(Jundi-Shapur)的著名学校,各地都有各自的专长与传统。尽管他们在源头上源自拜占庭的社会环境,但在阿拉伯征服的时代,这些学校已经比君士坦丁堡的学校更复杂了。

其中绝大多数人信仰聂斯托利派,而且得到了萨珊波斯的强力支持。在 5 世纪继承了埃德萨领袖地位的尼斯比斯是其中最大的学术中心,也被认为是聂斯托利派的文化中心。神学在所有这些学校中地位最高,但聂斯托利派同样研究科学与医学,萨珊波斯以及后来的阿拔斯王朝支持他们的原因也正在于此。

在这两个政权中,聂斯托利派都在医学方面取得了近乎垄断的地位。侯奈因的父亲易斯哈格就是一位药剂师,据说侯奈因本人年轻时就在巴格达和琼迪-沙普尔求学过,而这些地方的著名医院则为学生提供了实践的机会。侯奈因的儿子易斯哈格·伊本·侯奈因[①]也追随父亲的脚步,成为著名的翻译家,而许多主要的翻译家都来自代代相传的翻译世家。聂斯托利派的医学世家中,最显赫的是布赫提苏家族(Bukhtishu),此外还有马萨瓦伊家族(Masawayh)、塔伊富里家族(al-Tayfuri)和塞拉皮翁家族(Serapion),这些相互之间关系紧密的家族还与琼迪-沙普尔的医学院有密切的联系。

因为所有重要的医学著作都是希腊语的,医学当然和翻译存在着联系,其实其他领域也是如此。在医学之外,聂斯托利派学校的学生也要学习哲学、音乐、数学、地理学、动物学、植物学、

---

① "伊本"即"某某之子","侯奈因·伊本·易斯哈格"也就是"易斯哈格之子侯奈因"或阿拉伯语的"伊萨克之子约翰",而"易斯哈格·伊本·侯奈因"则是"侯奈因之子易斯哈格"。祖孙同名的情况颇为常见。

气象学、天文学，以及基础的语法学与修辞学。

侯奈因在巴格达的老师正是马蒙的私人医生尤汉纳·伊本·马萨瓦伊（Yuhanna ibn Masawayh），他是一位严厉而尖刻的聂斯托利派信徒，来自显赫的医学世家。史料记载中的尤汉纳犹如饥饿的秃鹫一般在病床边瞪目瞧看，我们只能推测他的幽默感过于恐怖而讽刺了。他不仅抗议哈里发禁止为医学研究而进行解剖的命令，还指定要把自己的儿子——他的学术能力明显达不到尤汉纳的期许——作为活体解剖的样本：

> 若不是统治者多管闲事，在和他不相干的问题上横加阻拦，我早就把我这个儿子活活解剖了，就像盖伦解剖人和猴子一样。解剖他之后，我就会知道他如此愚蠢的原因，除掉世间和他一样愚蠢的人，并将我得到的知识写在书中流传下去，这些知识有他身体的构成方式，他的动脉、静脉以及神经的走向。统治者却禁止我这么干。[①]

他对年轻的侯奈因也没有多少耐心，因为侯奈因无休无止的提问让他心烦。事实上，尤汉纳不久之后便愤怒地将侯奈因赶出了医学院。

史料提及侯奈因在接下来的几年里游历四方，学习希腊语。我们无法确知这一时期他曾在何处逗留（所谓前往"希腊人的土地"就是在这一时期），但他返回巴格达时，已经精通了希腊语，这最终让他成为名人。据说他甚至可以背诵荷马的作品。

---

① Gutas, *Greek Thought*, 119.

他很快和曾经的老师尤汉纳和解，尤汉纳委托侯奈因翻译盖伦的《论静脉与动脉解剖》(*On the Anatomy of Veins and Arteries*)、《论神经解剖》(*On the Anatomy of Nerves*)以及另外 7 篇盖伦的作品，以显示自己的诚意和对解剖学的好奇心。安全起见（并避免活体解剖），侯奈因自称特意在译文中"竭力清楚地表述原文的意思，因为此人喜欢平白的表达，并向来要求翻译得平白晓畅"[①]。

侯奈因在巴士拉学习了阿拉伯语，又在琼迪-沙普尔完成了医学教育之后，就返回巴格达，最终得到了尤汉纳以前的职务，成为宫廷医师，服侍马蒙之后的穆塔瓦基勒（al-Mutawakkil）。其间他从未中断翻译工作。翻译的市场需求很大，而侯奈因这样的专业译者可以获取可观的收入。翻译的需求来自阿拔斯哈里发和他的廷臣们、帝国的文武官员，以及医生、科学家、哲学家和其他学者。和译者类似，许多资助者也来自代代相传的富裕家族。其中有一个家族，著名的巴努穆萨家族（Banu Musa，即"穆萨之子"），据说它每个月提供 500 第纳尔给"全职译者"，也就是一名学者可以得到相当于今天 24000 美元的月薪。[②] 这样的薪酬之下，翻译工作可以吸引到最出色的学者，而据说巴努穆萨家族很是喜欢侯奈因，还把他介绍给马蒙，帮助他步步高升。

侯奈因完成了数以百计的译作，涉及的学科包括医学、哲学、天文学、数学、魔法以及解梦，还有一份享誉于外的《旧约》译本。他自己还有约 100 篇作品，许多是对翻译工作的总结。当代语文学家发现侯奈因的技巧之先进几乎令人难以置信，本质上与当代的文献学方法一致，而在西方，则要等到八百年后才由洛伦

[①] Meyerhof, "New Light," 717.

[②] Gutas, *Greek Thought*, 138.

佐·瓦拉及其后继者们重复提出。文献的研究者使用了侯奈因翻译的许多作品，以恢复那些没有希腊语原文抄本留存的文献。

侯奈因的译作之中，质量最高的是盖伦的作品，侯奈因也在自己的作品《总集》（*Risala*）中称自己总共翻译了129篇盖伦的作品，而学界认为总量不止这些。近四分之三的译作是从希腊语翻译为叙利亚语的，而此后，他的学生，比如易斯哈格或者胡贝什（Hubaish），将叙利亚语译文再转译为阿拉伯语就简单了许多。《总集》提到叙利亚语版本由基督徒资助，而阿拉伯语版本则是穆斯林资助的，这足以说明聂斯托利派在医学方面有何等的统治地位。不过，仅有少数叙利亚语译本存世，其他的已佚失了。

《总集》对当代学者而言堪称无价之宝，因为侯奈因在对盖伦每一篇作品写的注释之中留下了各种见解和信息，比如前人译文的质量、手抄本的可得性、资助者的要求等等。许多条目更是以丰富又直接的方式显示了侯奈因的翻译技巧。他对盖伦的《论解剖》（*On Dissection*）进行了多年的推敲，他本人的记述如下：

> 我年轻时翻译它［为叙利亚语］……使用的希腊语手抄本残缺严重。后来，在我大约四十岁时，我的学生胡贝什请我根据收集来的几份［希腊语］手抄本修订译文。我就据此校勘，整理出一份准确的稿件，并用它校对叙利亚语译文。我的所有翻译工作都是这样进行的。多年之后，应阿布·贾法尔·穆罕默德·伊本·穆萨（Abu Jafar Muhammad ibn Musa）的要求，我将其翻译为阿拉伯语。[①]

---

① Meyerhof, "New Light," 711.

翻译者面临的最大问题一般不是希腊语本身艰涩难懂，而是难以获得优质准确的希腊语手抄本。或许正因如此，才出现了侯奈因去拜占庭帝国境内搜寻手抄本的传说。

侯奈因和他的团队翻译了翻译运动之中最重要的一批作品。在盖伦等人的医学著作之外，他们也翻译了绝大多数重要的哲学著作，比如柏拉图的作品（《智者篇》[Sophist]、《蒂迈欧篇》[Timaeus]、《巴曼尼得斯篇》[Parmenides]、《克力同篇》[Crito]、《法律篇》[Laws]、《克拉底鲁篇》[Cratylus]、《理想国》[Republic]、《斐多篇》[Phaedo]和《欧绪德谟篇》[Euthydemus]）和亚里士多德的作品（《范畴篇》[Categories]、《解释篇》[Hermeneutica]、《前分析篇》[Analytica Priora]、《后分析篇》[Analytica Posteriora]、《辩谬篇》[Sophistics]、《论题篇》[Topics]、《修辞学》[Rhetoric]、《物理学》[Physics]、《论天》[On the Heavens]、《论生灭》[On Generation and Corruption]、《天象论》[Meteorologica]、《动物志》[Book of Animals]、《论灵魂》[On the Soul]、《论植物》[On the Plants]、《形而上学》[Metaphysics]和《尼各马可伦理学》[Nicomachean Ethics]）。

侯奈因身为翻译者而取得的巨大成功，或许多少与他事业上的重大挫败有关。此事发生在穆塔瓦基勒在位时，传统上认为起因是嫉妒侯奈因的聂斯托利派同僚有意陷害他。侯奈因显然支持破坏圣像运动，而这一运动在主导了拜占庭教会一个多世纪之后已经快结束了。他在这一问题上与支持尊崇圣像的聂斯托利派官方态度相左。据说一些与侯奈因同为聂斯托利派的人劝说他向圣像吐口水，如他们所料，聂斯托利派的牧首得知此事之后大发雷霆。在哈里发的支持之下，愤怒的牧首鞭笞了侯奈因，并将他囚禁了六个月,还没收了他的财产,最可惜的是,他的藏书也在其中。

侯奈因重获自由之后,翻译工作多少因为失去藏书而有所受阻。他在《总集》中多次提到此事。在856年一节的开头,他对资助者阿里·伊本·叶海亚(Ali ibn Yahya)解释自己为何无法按照他的要求汇总翻译盖伦的作品:

> 我再度拒绝了您的要求(即列出盖伦著作的译文的清单),将这一任务再度推迟,因为我失去了我成年之后便日积月累、四处寻找而获得的所有书籍,全部书籍都在瞬间失去了,连那本……盖伦列举他著作的书也没能留下。①

侯奈因靠着治愈了穆塔瓦基勒的一名廷臣的疾病而再度受宠,他记载称,感激的哈里发给他拨了三间房屋,"家具齐全,藏书丰富",②至于这些书是不是他被抄走的藏书不得而知,而他最终有没有重获那些藏书也不得而知。不过,他似乎在这以后避开了政治风浪。无论有没有藏书,他都尽可能地把翻译工作做到更好。获释后,他重新出任宫廷医师,直到他于873年去世。在他的一生中,前后共有十位哈里发在位,他以罕见的敬业心和卓越的服务,服侍了其中九位。

---

① Meyerhof, "New Light," 689.
② Ibid., 689-690.

8

阿拉伯的启蒙

在翻译一篇盖伦的作品时,侯奈因·伊本·易斯哈格略掉了一处,而这处省略完美地说明了翻译者及其赞助人对古希腊文化遗产的态度。他在翻译的《论药名》(*On Medical Names*)中,略掉了盖伦引述的一段简短的雅典喜剧台词,这部剧的作者阿里斯托芬对古典时代雅典的政治与社会生活的讽刺,让我们认识中的古希腊愈发完善(和生动)。

侯奈因在注释中写下了他省略这段引文的两个原因:

> 我不熟悉阿里斯托芬使用的语言,也不习惯它。因此我很难理解这段引述,选择省略它。我省略这一段还有一个原因。我读完这段后,发现这段和盖伦的其他部分没有什么关系,因此我觉得应该把精力用在更有意义的地方,而不是耗在这上面。[1]

姑且不考虑侯奈因解释的自相矛盾之处(如果他能翻译这一引文,那么还有什么困难要将其忽视呢?如果他不能翻译这一引

---

[1] Rosenthal, *Classical Heritage*, 19.

文，他又怎么知道这段话没有什么作用呢？），他不译的理由确实有一定意义。

　　第一个理由显示，无论侯奈因翻译医学与科学方面的希腊语文本有多熟练，他掌握的也只是这门庞大语言中的一小部分而已。任何学习希腊语的人都不会对此感到意外。在相同体裁的不同作者的记述之间转换已经有相当的挑战性，更不要说在不同体裁之间转换了。一个能够通顺阅读希罗多德作品的人首次阅读修昔底德的作品时也难免感到困惑，更无法去直接阅读埃斯库罗斯或欧里庇得斯的作品。在侯奈因提到的生疏造成的挑战之外，一些作家的作品也确实更为艰涩。例如，修昔底德的作品就是比希罗多德的作品难懂。阿里斯托芬的作品也比希罗多德的更难读，却仍不及埃斯库罗斯或欧里庇得斯的作品。

　　和纯粹的文学作品相比，科学写作在语言与风格上都更为直白，因而侯奈因想要读懂文学引述就更困难了。即使是柏拉图那些优雅细致的名篇，如果读者只阅读他的主要思想而不关注其细微差别，也不会受困于语言的障碍。科学文本则更是如此。因为其主要目的是传达真实存在的信息，阅读的主要挑战便是技术方面的专用词汇，而只要掌握了这些词汇，读者就基本可以流畅地阅读了。（这就是为什么侯奈因要引用这本引用时省略了阿里斯托芬语句的小册子——它与医学术语有关。）这样一来就有助于解释，为何19世纪的天资平常的英国学生都不难理解的那句话，却难倒了伟大的侯奈因。

　　侯奈因的第二个理由强调了科学论述的实用性，也说明了译者及其赞助者看重这一目的，而在实际上排除了其他所有目的。但他为什么要留下一段与讨论的重点"没有关系"的引语呢？

也就是说，他们的翻译工作不是要忠实地表达原文的意思，尽管忠实于原文才是我们认为的翻译工作。侯奈因等人认为，最重要的是把作品中的关键信息表达出来，除此之外的一切都无关紧要，插入的那段戏剧台词当然也无关紧要，更何况即使他们能看懂这段话，其中的性暗示和渎神的讽刺对叙利亚的基督徒而言也是冒犯而不适当的。

这样的方法刨除了我们所理解的希腊文学中的一大部分，至少将诗歌和史学著作（此处仅举两个显而易见的例子）刨除在外了，而这些作品正是意大利人文主义者起初最感兴趣的部分。巴格达的希腊语翻译工作，尽可能避免像佛罗伦萨的尼科洛·尼科利那样将精力分散到古典作品的每个方面。

翻译运动持续了两个多世纪，其终结的时间节点就是1000年，绝大多数"有用的"文本都已在此时翻译完毕了。

翻译运动让伊斯兰世界接触到了令人印象深刻的希腊哲学，而希腊哲学是叙利亚翻译者向阿拉伯人提供的"有用的"知识体系的一部分。当然，犹太教徒和基督徒也必须面对这一自由探究的遗产。但在发展希腊哲学所包含的理性传统时，却是阿拉伯的哲学家更为成功，别人停滞不前，他们却在大步前进。

西方学者往往断定翻译运动的结束是因为阿拉伯人对其失去了兴趣，但情况远非如此，毕竟阿拉伯人的科学与哲学依然在此后不断取得突破。很明显，翻译运动终止的原因正是阿拉伯的科学与哲学取得了新突破，他们走在前头了，无法再从希腊人的作品中学到什么。所有相关的作品早已被翻译完成，而那些引发阿拉伯启蒙运动的希腊语材料已不再处于前沿了。

"法尔萨法"

翻译运动在阿拉伯语里被称为"法尔萨法"（falsafa），即希腊语"哲学"（philosophia）的音译；研究哲学的人则被称为"费拉素福"（faylasuf），即希腊语"哲学家"（philosophos）的音译。费拉素福们忠于理性，认定理性是宇宙运转的法则。费拉素福是理性的支持者，也想理解理性世界，因此他们疏远了阿拔斯王朝的另外两个很有影响力的团体——其一是宗教学者"乌拉玛"（ulama），其二则是在宫廷之中供人取乐的蹩脚诗人"阿迪比斯"（adibs）[1]。

与现代哲学不同，法尔萨法关注的问题非常偏向现实。费拉素福特别重视两种"应用科学"，即医学和占星学，后者是数学与天文学的结合。

他们认为，在理性的宇宙之中，日月星辰的运行显然与地上人类的活动相关，而占星学的目的就是量化并预测这些影响。费拉素福也积极研究炼金术，这是另一个现代人很少将其与理性联系起来的希腊智慧文学的领域，但是想想今日我们视为西方理性典范的牛顿，他这种人物也深深地被炼金术和占星学吸引了。费拉素福所追寻的，一部分是这些巫术般的技术，其他的则是我们所理解的理性研究，而他们最终难免招致宗教学者的反对。

阿拉伯世界的第一位费拉素福就是可敬的金迪（al-Kindi），他经常被称作"阿拉伯人的哲学家"。他与侯奈因身处同一时代，

---

[1] "adibs"指那些过"adab"生活的人，一种精致而自觉的"美学的"生活方式——也就是巴格达的艺术圈子——它有时在英语语境中被等同于"人文主义"，然而"adab"和定义西方人文主义的古典文化复兴毫无关系。

是库法的贵族,其父是该城长官。他在巴士拉和巴格达接受教育,还先后得到了三位哈里发的资助。金迪以亚里士多德为榜样,他海量的著述也展现了亚里士多德式的广博。他的著述涉及逻辑学、形而上学、几何学、算学、音乐、天文学、占星学、神学、气象学和炼金术,还讨论了灵魂等问题。他的见识如同百科全书,他将各领域中已知的成果汇总,而且不仅吸纳古希腊的资料,也学习印度和迦勒底的知识。他在神学著述中拥护一神论,并拥护《古兰经》启示的正确性,用亚里士多德的三段论方法来证明其真实性,却坚持认为宗教启示高于理性。

但另一位阿拉伯哲学的重要人物,激进的自由思想者、波斯的柏拉图主义者阿布·贝克尔·拉齐(Abu Bakr al-Razi,西方人称他为"拉齐斯"[Rhazes])却持有截然不同的想法。拉齐斯出生于波斯的赖伊(Rayy,"al-Razi"的意思就是"来自赖伊"),在当地学习医学,而后前往梅尔夫(Merv)求学,再前往巴格达。他成了声名卓著的医学家,同时又是一位哲学家。他希望在医学上成为另一个希波克拉底,在哲学上成为另一个苏格拉底。他粗糙的柏拉图主义与乔治·格米斯托斯·普莱索格外相似:拉齐坚定地支持理性,完全反对将启示等同于真理的论调。

在拉齐之后,理性思想被才能出众的穆罕默德·法拉比(Muhammad al-Farabi,拉丁语称他为"阿尔法拉比乌斯"[Alpharabius])所继承。据说法拉比是土耳其人,其父是哈里发的侍卫。法拉比年轻时随巴格达的费拉素福的领袖们学习,而后前往叙利亚的阿勒颇,追随身兼战士与诗人的王公赛义夫·达夫拉(Sayf al-Dawla),赛义夫既是希腊哲学研究的资助者,也是拜占庭帝国将军们的心腹大患。法拉比同样坚持理性高于一切,但也容许神学启示，认为这至少提供了一种可接受的、象征意义上的真理，而通过理性研究追寻真理更有意义，却也更为艰难。他试图证明真主存在，勾勒出了著名的存在论证明，与此后西方的圣安塞尔姆（St. Anselm）不谋而合。①如果说法拉比和拉齐一样将理性放在首位的话，那么法拉比却不认为大众都能够进行理性的探索，并因此认为神学启示更适合普通人。

大多数当代学者都认为法拉比的最终目标在社会和政治上。金迪选择性地整理了大量亚里士多德的科学知识，拉齐的独立思想（事实上等于无神论）则以柏拉图的作品为基础，而法拉比则以整个新柏拉图主义的综合体来探索理想的伊斯兰社会应当是何种制度，他称之为"道德之城"。法拉比本质上继承了柏拉图著名的"哲学王"理念，并将其与先知的一神论相等同。先知（或哈里发、伊玛目）在接受了真主的启示之后拥有最高等的理性，也因此成了最理想的统治者——法拉比恰当地把新柏拉图主义的理想国与伊斯兰教的神学融为一体。

影响力最大的费拉素福是阿布·阿里·伊本·西纳（Abu Ali ibn Sina，西方称他为"阿维森纳"[Avicenna]），他以法拉比对新柏拉图主义的研究为基础，但依然对继续构想理想的伊斯兰社会没那么感兴趣。他更关心如何把法拉比的新柏拉图主义与伊斯兰社会中现实存在的具体情况联系起来，特别是与沙里亚法相结合。阿维森纳生活在10世纪晚期至11世纪。他写下了近300篇作品，但他脱颖而出并非因为勤奋。以当代人的标准来看，所有

---

① 安塞尔姆是11世纪时经院哲学的创立者，他认为完美的上帝必然存在，因为如果上帝不存在，他就不可能是完美的。显然，此时逻辑学还有很大的发展空间。

的费拉素福都颇为高产。阿维森纳以清晰而优美的文笔在狭小的法尔萨法世界之中鹤立鸡群，而他的作品也因读者众多而得以留存至今。这也意味着他而不是法拉比的名字得以和新柏拉图主义等同，即使阿维森纳本人也承认自己继承了这位伟大前辈的工作。

与仅有大致生平存世的法拉比相反，阿维森纳留下了一篇自传，这让我们能对他进行相当全面的了解。他是波斯人，出生在中亚的布哈拉（Bukhara，今属乌兹别克斯坦）附近，称自己小时候被称为神童。他的家庭在他年幼时移居布哈拉，他因此得以向名师们学习宗教、阿拉伯诗歌、医学、科学和数学。他在十岁时便能背诵《古兰经》，据他自己说，在16岁时，年长而知名的医生便在向他寻求建议了。

阿维森纳成年时，波斯的萨曼王朝（Samanid）已进入暮年。萨曼王朝定都布哈拉，是阿拔斯王朝于9世纪持续衰退时兴起的众多地方势力之一，其统治者慷慨地出资支持学术与艺术。而阿维森纳告诉我们，他利用了统治者那一流的图书馆，阅读了所能找到的一切书籍。尽管天资聪颖，但他无法理解形而上学，他说自己将亚里士多德《形而上学》的译文读了整整40遍，依然没有任何进步。直到他找到了法拉比对该书的评注，才明白其中真意。法拉比成了阿维森纳的榜样，在有些人看来，阿维森纳最大的成就就是对法拉比的理念进行了提炼与传播。

阿维森纳成功治愈了萨曼王朝统治者努赫·伊本·曼苏尔（Nuh ibn Mansur）的疾病，并因此得到了他的赞助。然而阿维森纳还没满20岁，萨曼王朝便在伽色尼王朝（Ghaznavids）的打击下瓦解，一群突厥奴隶士兵背叛了他们的雇主，夺取了大权。游荡了一段时间之后，阿维森纳来到波斯西部的哈马丹

（Hamadan），投奔白益王朝（Buyid）的王公。他留在那里，在一系列宫廷阴谋之中经历了宦海浮沉，同时完成了大量作品。他两次出任维齐尔（vizier，即首相），又几度失宠，还有一次被囚禁。他靠着沉迷酒色来缓解危险生活的压力，在58岁时因尝试使用新方法治疗胃肠疾病失败而去世。

阿维森纳的巨著是《治愈之书》（*Kitab al-Shifa*），是一本汇集了古希腊学术研究与阿拉伯学术补充的长达十五卷的总集，西方称其拉丁语名字"Sufficientia"；而阿维森纳还体贴地完成了一份节本，即《拯救之书》（*Kitab al-Najat*）。他在《治愈之书》的引言中称这一作品本质是阐释，目的是将哲学与科学传统中最重要的部分传承下去。

加扎利与阿维洛斯

关于下一代的学术领袖阿布·哈米德·加扎利（Abu Hamid al-Ghazali），西方的评论者往往责备他沉迷于神秘主义，让伊斯兰世界的理性主义名誉扫地，终结了伊斯兰世界对哲学与古希腊遗产的研究。这些评论者还将12世纪的费拉素福阿布·瓦利德·伊本·鲁什德（Abu al-Walid ibn Rushd，西方称为"阿维洛斯"[Averroës]）描绘为加扎利的对手、理性主义的最后捍卫者。尽管阿维洛斯在伊斯兰世界的尝试失败了，但他的努力对西方文明产生了重要影响。阿维洛斯的思想以及藏在其中的亚里士多德思想，此后被包括托马斯·阿奎那在内的经院哲学家吸收。

加扎利出生在呼罗珊的小镇图斯（Tus）附近，在那里接受了伊斯兰教法与神学（kalam）的严格教育。他三十出头时，便在巴格达的一座重要的宗教学校（madrasah）中担任院长这一要职。他在自传《来自邪恶的拯救者》（*The Deliverer from Evil*）之中写道，在教授近300名学生的同时，他也花了三年时间钻研法尔萨法，却最终陷入了严重的信仰危机，甚至无法继续教学。他的消沉最终使他失去了宗教学校中的职务，他加入苏非派（Sufis）。苏非派是穆斯林中的神秘主义者，他们通过沉思与真主交流，可谓拜占庭的静默派在伊斯兰世界中的对应派别。加扎利从消沉中走出来，和苏非派一同走上神秘主义的道路。他认定神学与哲学都不足以解决问题，而直接感受才是接近真主的唯一可行手段。

和近300年之后的格里高利·帕拉马斯类似，加扎利断定理性研究对了解真主毫无帮助。还怀疑无法凭借神学了解神，这一点也与帕拉马斯（以及其他拜占庭神学家）类似，毕竟，无论是伊斯兰教还是基督教的神学，都难免受古希腊的理性思维的影响或有些人眼中的玷污。加扎利相信神秘的能力和其他天赋一样，不是人人都有的，而那些没有这种能力的人几乎不能乃至完全无法感知神。他允许后者在一定限度内运用神学，以作为品质稍劣的替代物，不过同时必须保持谨慎。

加扎利对法尔萨法的大举抨击，特别是对法拉比和阿维森纳所代表的法尔萨法的抨击，被称为"哲人之矛盾"（The Incoherence of the Philosophers）。他的批评，尽管从题目上来看有极大的毁灭性，却并没有试图根绝法尔萨法。相反，加扎利认为在可以确知的方面，比如逻辑学和数学，理性拥有有限的用途。尽管最终，他坚持认为最好还是接受真主创造的世界，而不是试图加以了解。

费拉素福的形而上学论调最让加扎利不满，因为在他看来，他们的理性思索已经越界，进入了应属于神学的领域。他对信奉流溢说的哲学家们提出了三条主要指控，声称这些错误让他们沦为异端：第一，他们认定世界永恒（这就没有造物主存在的余地）；第二，他们宣称神的知识是一般性的而不是细节上的（与神的全知相抵触）；第三，他们否认死者复活（而宗教权威相信在最后的审判之时所有人都会复活）。这些错误让法尔萨法极度危险，对意志薄弱的群众尤然。如果说这还不是对法尔萨法的"最后一击"，那么加扎利流传甚广的著作很快成了经典，让费拉素福们威信扫地，增强了苏非派在伊斯兰世界中的影响力。

加扎利去世之后，在距离图斯几近3000英里的伊斯兰世界的西端，被西方人称为阿维洛斯的宗教学者兼费拉素福，出生于安达卢西亚（al-Andalus，摩尔人在西班牙的政权）那壮观的首都科尔多瓦（Córdoba）。他来自科尔多瓦宗教领袖中的一个显赫的家庭，祖父是地位显赫的卡迪（qadi，宗教法官）。按照家族传统，阿维洛斯从童年便开始广泛地学习伊斯兰神学和法学体系，兼学医学与阿拉伯文学。他40多岁时，已经在附近的塞维利亚成为卡迪，几年之后升任科尔多瓦的大卡迪。

阿维洛斯生活与工作的文化环境与伊斯兰世界东部的截然不同。起初，当巴格达和富裕的东方见证翻译运动和法尔萨法的兴起时，由倭马亚王朝余脉统治的安达卢西亚依然是学术上的落后地区。然而到10世纪，科尔多瓦已经成了西欧最富有活力的城市之一，城中满是宫殿与清真寺（科尔多瓦大清真寺于976年竣工），因城中奢华的纺织品、皮制品与珠宝而闻名。但倭马亚王朝在12世纪瓦解，到了阿维洛斯的时代，统治安达卢西亚的是禁欲主义的阿尔摩哈德王朝（Almohads），他们重新推行严格的伊斯兰教政令，比如妇女必须戴面纱、禁止人们饮酒。

法尔萨法在阿尔摩哈德王朝时终于传入了安达卢西亚。阿维洛斯的教师与资助者伊本·图菲利（Ibn Tufayl）是安达卢西亚的法尔萨法风潮的第二位主要人物，也是阿尔摩哈德王朝哈里发的宫廷医生。他竭尽所能地调和加扎利的论调与阿维森纳的学说，接受加扎利将神秘的启示放在理性之上的做法，却不同意加扎利对阿维森纳学说的攻击，而为其进行辩护。伊本·图菲利将阿维洛斯介绍到宫廷之中，而后者在其去世后接任宫廷医生。此时的阿维洛斯已经开始研究亚里士多德，也开始作为天文学的爱好者观测天穹（他因发现了一颗新星而赢得赞誉）。他首次对亚里士多德著作评注时便选择了天文学著作《论天》。

或许是在阿维洛斯完成这一工作的 1159 年，伊本·图菲利将他介绍给了未来的阿尔摩哈德哈里发，也就是时任塞维利亚长官的阿布·优素福（Abu Yusuf）。有一则引人入胜的故事描述说，年轻而博学的阿维洛斯在未来的统治者面前舌头打结，而这位对天文学有所了解的阿尔摩哈德王子打破沉默，开始与伊本·图菲利展开活跃的讨论，阿维洛斯才得以放松下来，加入讨论。

此后，据说伊本·图菲利说服了阿维洛斯，让他继续进行评注亚里士多德作品这项最终消耗了他一生的工作，指出亚里士多德的作品急需他人"清晰地解释其中意义，以便世人知晓"。[①] 对亚里士多德著作进行的大量评注基本上都是保守主义的，目的是摒弃以阿维森纳为代表的费拉素福的旧有评注，恢复亚里士多德真实思想的"纯洁性"。这一理念让阿维洛斯避开了加扎利的指控，他在自己的《矛盾之矛盾》（*The Incoherence of the Incoherence*）中

---

① Urvoy, *Ibn Rushd*, 32.

戏谑地评述了加扎利此前的作品。加扎利坚持要求信仰先于理性，阿维洛斯则认为理性与信仰是殊途同归的，同样通向真主创造的真理，因此两者绝不会抵牾，亦不会不相容。

阿维洛斯保持了此前费拉素福们的作品中隐含的精英主义，甚至加以发展。法尔萨法不仅难以被理解，而且对大众而言也太危险，但神学与神秘主义也同样如此。他认为，大多数人不应该去寻找深奥的真理，而最好只保持几条他认为可以保证救赎的信条。制定这些信条是费拉素福的责任，因为只有他们有足够的学识，能在严格阅读《古兰经》的基础上确定信条。

换句话说，想要被救赎，就要通过信条，这一基本方法与伊斯兰世界的其他思想格格不入，却让阿维洛斯得到了西方的思想家的同情。几十年之内，阿维洛斯和他的评注很容易被附近的西班牙人得到，并推动了经院哲学的兴起。托马斯·阿奎那径直在阿维洛斯对亚里士多德的评注之上构建了自己的思想，对他而言，阿维洛斯只是"评注者"而已。这标志着西方第一次重新发现了希腊人的遗产，而且这早于文艺复兴时代的大范围接触。

理性的消逝

起初疆域辽阔、自信满满的哈里发国家，最终还是走了下坡路。甚至在马蒙在位时，阿拔斯王朝那难以摆脱的政治不稳也愈发明显。马蒙本人就是在残酷的内战中击败了兄弟们才得以上台，而巴格达圆城的大部分地区都在这场可怕的内战中被摧毁了。

巴格达在马蒙去世后开始逐渐衰落。在 9 世纪大部分时间里，阿拔斯哈里发都在北方的萨马拉（Samarra）统治（或试图统治）。

甚至在哈里发返回巴格达后,他们也不进入圆城,而是在底格里斯河东岸建造宫殿。外部势力,比如10世纪的白益王朝和11世纪的土耳其人,可以轻而易举地控制该城并随意摆布与傀儡无异的阿拔斯哈里发。阿维森纳之类的费拉素福们也开始为他人服务,这也显示了政治力量逐渐向各地的王公手中转移的事实。曼苏尔的误算让他的城市与王朝均落入深渊。

同样落入深渊的还有法尔萨法,尽管其时间稍长。和基督徒的情况一样,起初就有穆斯林反对古希腊的理性主义遗产。翻译运动还未结束,伊斯兰教的狂信者就开始发动攻击,并在此后进一步攻击在翻译运动中出现的阿拉伯哲学家与科学家。早在9世纪,宗教学者便谴责"理性科学"(ulum aqliyya)是他们的"宗教科学"(ulum naqliyya)的致命威胁。

为了在不断衰落的巴格达继续掌控权力与地位,马蒙企图以武力弹压这些批评者,却给伊斯兰世界的理性主义带来了灾难性的后果。理性主义版本的伊斯兰教教派被称为穆尔太齐赖派(Mutazilism),它融汇了希腊哲学的要素,在某些方面类似于基督教早期的相似进程。马蒙想把这一教派的教义强加给整个伊斯兰世界。他进行了被称为"米赫纳"(Mihna)的理性主义的宗教裁判,围捕宗教学者,迫使他们接受穆尔太齐赖派的教义,如果不接受,就施以酷刑。他得到了一些费拉素福(比如金迪)的支持,但最终他失败了。而在他去世之后,他的继任者最终被迫放弃了米赫纳。

马蒙的理性主义的宗教裁判让狂热的伊斯兰教徒更容易找出理由攻击理性。在随后的斗争中,他们反复提起激起众怒的米赫纳。长期以来,他们最有力的集合点便是他们的最伟大的英雄、教法学家艾哈迈德·伊本·罕百里（Ahmad ibn Hanbal）的殉道。罕百里作为主要反对穆尔太齐赖派的人，因为不肯放弃信仰，而被马蒙及其继承者穆塔西姆（al-Mutasim）囚禁和折磨。

伊本·罕百里死于855年，那时米赫纳已经于数年前被废除。但他在去世之前创立了伊斯兰教法里最严格的一派——罕百里学派，如今仅有沙特阿拉伯实行这一学派的律法，而他的思想也成了沙特那严格的伊斯兰派别瓦哈比派（Wahhabi）的主要思想来源。这种排外、仇外的信仰系统，最终成为基地组织与乌萨马·本·拉登的思想基础。因此，米赫纳的水波也随之扩散开来。①

这种偏向理性的环境，在历史上较为罕见。巴格达衰落之后，突厥人从阿拉伯人手中抢走了伊斯兰世界的领导权。13世纪，蒙古人又打碎了这个世界，摧毁了巴格达，只留下堆积如山的首级。欧洲的基督徒终于集结起来开始进攻，从十字军东征，到西班牙的再征服运动。西方开始了繁荣与扩张的时代，而它通过与伊斯兰世界接触，慢慢认识到伊斯兰世界的科技财富。

收缩、逆境与文化自信的丧失，催生了宗教狂热、偏执排外和家长制的专制主义。在阿维洛斯之后，在构成伊斯兰世界的各个小政权之中，法尔萨法的敌人占据了上风，成功将其污名化为非伊斯兰的外来文化。尽管法尔萨法还未消失，但其地位已经日趋边缘化，无法居于舞台的中央。理性被边缘化之后，阿拉伯世

---

① 瓦哈比思想直接源自伊本·罕百里和他在14世纪的追随者塔齐·伊本·塔伊米亚（Taqi ibn Taymiyya）这两人的作品。后者生活在阿拔斯王朝衰落、伊斯兰世界涌现出大批地方割据势力的时代。伊本·塔伊米亚认为时局是他们在宗教上的放纵所致，声称只有严格追随伊斯兰教的教义，统治者才有合法性。他的论调在如今由腐败、自大的独裁者与君主统治的阿拉伯世界之中依然颇有影响力。

界的科学研究也停滞不前。直到如今，阿拉伯世界也没有完成一部大规模记述其科学贡献的历史著作，尽管它曾是阿拉伯启蒙运动的荣耀。

阿拉伯人曾经占领并控制了耶路撒冷，但后来艰难的环境迫使他们隐喻性地放弃了雅典。拜占庭人在黑暗时代也做了同样的选择，又在静默派的时代再度如此。在这两个时代之间，阿拔斯王朝在衰退，拜占庭帝国却在扩张，同时，拜占庭人发展到能同时接纳耶路撒冷和雅典的程度。

第三部分

拜占庭与斯拉夫世界

9
北方的威胁

860年6月18日，一个初夏的下午，大多数君士坦丁堡居民正经历其人生之中最恐慌的时刻。首都在上午还平静如常。皇帝米哈伊尔三世不在城中，他率军进入小亚细亚与阿拉伯人作战，进攻阿拔斯王朝，后者在马蒙于近30年前去世之后，已大为削弱。拜占庭舰队也进入地中海去征讨阿拉伯人了。帝国从7世纪和8世纪的灾难中开始了缓慢又漫长的恢复过程，并主动出击，对抗敌人。首都已有20多年没有遭受直接攻击了，而帝国的实力也越来越强。城中洋溢着自信的气氛。

拜占庭人的自满在那个下午突然地中断了，两百多艘舰船毫无预兆地出现在海平面上，准备攻击首都。博学的君士坦丁堡牧首弗提乌斯在圣索菲亚大教堂的巨大穹顶之下向惊恐的市民们布道时，描述了这出乎意料而神秘的进攻："非也，它和其他蛮族的进攻截然不同，但其进攻之意外、行动之迅速、举止之粗暴、性格之野蛮，均表明它如同上帝打下的一道惊雷。"

弗提乌斯的布道词是保留下来的唯一记载此事的当时的记录，他接着述说了拜占庭人起初的惊恐反应：

> 在那段难以忍受的痛苦时刻里，以下场景，你还记得

吗：蛮族的舰船带着残忍、暴戾与杀戮的气息向你驶来；海面波澜不惊，他们安然航行，渐渐凶暴的海流对我们激起了战争的浪花；舰船经过城市时，船上的人高举长剑，仿佛威胁要将城中的人斩杀；凡间的希望已经消散殆尽，城市只能仰赖神灵拯救。①

为恐慌情绪推波助澜的，还有这次攻击出现的方向——敌船从北方未受注意地驶入博斯普鲁斯海峡，这出乎人们的意料。几个世纪以来，拜占庭帝国重点警戒的都是东方与南方，监视威胁最大的敌人——阿拉伯人。剩余的精力则用于西方与西北方，监视在此前数百年间控制了希腊和巴尔干半岛、与帝国在陆上相接的斯拉夫各部。其中保加尔人在9世纪的早些时候已经从陆上对首都发动了几次围攻，但他们的每次进攻都被巨大的城墙轻松挡住了。君士坦丁堡此前还从来没有遭到来自北方的舰队的进攻。

"为何这骇人的闪电从遥远的北方落到我们身上？"② 弗提乌斯问道。而后他认定上帝是要惩罚城中人的罪孽，才会派出这样的强敌。

尽管记载提到这些北方人曾几次派来信使，帝国依然不知道他们来自何处。弗提乌斯称这个民族"鲜为人知，于史无载，与奴隶为伍……居住在离我们的国家很远的地方，性野蛮，事游牧，心高气傲，无人注意，无人可挡，也无人领导"，然而他们依然"在眨眼间突然……像野猪一般吞噬了地上的居民"。③ 掠夺者们无

---

① Geanakoplos, *Byzantium*, 351.
② Obolensky, *Byzantine Commonwealth*, 240.
③ Geanakoplos, *Byzantium*, 350.

疑担心皇帝率部返回，因此在掠夺了数周之后，便结束了这次时机正好的袭击。当皇帝回城时，入侵者早已无影无踪，撤回他们出发的北方荒原了。

在那个六月，惊魂甫定的首都居民肯定不会想到，这些"傲慢的狂徒"将在之后的某一天成为帝国最精锐也最忠实的盟友，帮他们对抗此时还预想不到的敌人。也不会有人想到，几个世纪之后，这个"于史无载"的民族将会从灭亡的拜占庭帝国手中接过东正教文明的领导权，成为希腊人长期被土耳其人囚禁时的新希望。

此时他们暂时离开了，但还会回来。

斯拉夫人到来

他们就是罗斯人，他们于860年攻击君士坦丁堡一事是拜占庭帝国首次暴露于这个崛起的北方强权的威胁之下，而在随后十年间，拜占庭帝国应对这一新威胁时卓有成效。而拜占庭帝国此时已经和他们的近邻——在巴尔干半岛定居已久、人口众多的南斯拉夫人各部打了几个世纪的交道了。

故事始于5世纪，当时落后而人口众多的斯拉夫部落开始大规模迁徙，并最终改变了东欧的文化景观。斯拉夫人的故乡在黑海北侧，也就是今乌克兰西部，大约位于布格河（Bug）、普里皮亚季河（Pripet）和第聂伯河之间。他们以这里为中心向各个方向迁徙。一些人向西迁徙，其中一些人成了波兰人、捷克人和斯洛伐克人的祖先；一些人向东北方向迁徙，发展为罗斯人；还有一些人向南迁徙，最终在希腊和巴尔干定居下来。他们是小规模的农夫和牧民，不使用书面文字，是信仰自然力量的多神教徒。他们以小部落为单位，以步行缓慢迁移。几个世纪之后，他们散布在西起易北河、东到伏尔加河的广大地域上。

大量考古记录填补了文字史料的空白。斯拉夫人最早在6世纪初出现在历史记载之中，当时向南迁徙的斯拉夫人突破了拜占庭帝国位于多瑙河的边境。在接下来的半个世纪中，他们持续侵袭拜占庭帝国的巴尔干半岛，恐吓罗马化的居民，运走粮食和战利品。6世纪中期，这类侵袭持续的时间越来越长，而斯拉夫人很快从入侵者变为定居者。查士丁尼正忙于在欧洲和北非完成他野心勃勃的光复计划，又忙于与波斯作战，对自己的后院疏于照顾。虽然为时已晚，他无疑还是意识到了这个问题，在巴尔干半岛建造了数百座堡垒，但他并没有投入足够的人力物力来保证防御工事长期保持坚固。在他去世后的十年间，这条脆弱的防线也瓦解了。

6世纪末，斯拉夫人涌入巴尔干半岛，一路行进到伯罗奔尼撒半岛南部，也就是希腊本土的最深处。叙利亚历史学家以弗所的约翰（John of Ephesus）在585年记载称，"一个唤作斯拉文尼安（Slavonians）的可鄙民族"占据了整个巴尔干半岛，包括希腊、马其顿和色雷斯，直至君士坦丁堡城下，"即使到今天……他们依然在此地驻扎和居留……而且积累了金银、马群和兵器，而且比罗马人更为善战，即使他们原本只是不敢离开森林的粗野蛮夷"。[1]

涌入巴尔干半岛时，斯拉夫人重拾他们在早年屡屡使用的招数，也就是向规模更小但更进步的非斯拉夫部族学习并与之结盟。

---

[1] Obolensky, "Sts. Cyril and Methodius," 2.

在这个联盟中，非斯拉夫的群体充当军事贵族，而斯拉夫人则是不熟练的劳动力——结果往往是数量更多的斯拉夫人吸收了他们的主人。他们通过这个诀窍，逐渐形成一个斯拉夫人主导的国家。

斯拉夫人的第一个老师是阿瓦尔人，这个突厥系的民族让斯拉夫人学会了战斗技巧，其战斗技能令以弗所的约翰印象深刻。斯拉夫人在阿瓦尔人于626年围攻君士坦丁堡时从中协助，与波斯人进行协同攻击。当时斯拉夫人的小船承担着将波斯军队送过博斯普鲁斯海峡的重要任务，却被处于绝对优势的拜占庭舰队击溃了，这一败绩也让围城战流产了。曾经凶悍的阿瓦尔人在挫败之后退回匈牙利平原，而他们的附庸斯拉夫人则留在了巴尔干半岛。师父还未被吸收，师徒关系就结束了。

保加利亚的崛起

斯拉夫人很快找到了新的学习对象。另一批突厥系的战士保加尔人进入巴尔干半岛北部，基本上取代阿瓦尔人，成为那里的斯拉夫人的宗主。保加尔人在7世纪晚期渡过多瑙河后，占据了多瑙河三角洲以南的黑海沿岸，也就是多布罗加（Dobrudja）地区。不认真的拜占庭帝国没能成功驱逐他们。681年，拜占庭被迫签署协议，将保加尔人控制下的之前属于帝国的土地割让给他们。

拜占庭帝国和保加利亚相邻，因此两者的命运也息息相关。就像意大利人之于西欧，叙利亚人之于伊斯兰世界一样，保加利亚成了拜占庭遗产的传播渠道，拜占庭文化的影响力借此流向了整个斯拉夫世界。

然而在此时，双方的关系仍以残酷的战争为主，一方是绝望的拜占庭帝国，一方是精力充沛的新邻居。整个黑暗时代，双方你来我往。骇人的保加尔可汗克鲁姆（Krum）夺取了更多拜占庭帝国的土地，赢得了数次胜利，并在811年的一次山地伏击战中全歼一支拜占庭部队后达到顶峰：皇帝尼基弗鲁斯一世（Nicephorus I）本人被杀。拜占庭帝国的统治者在战场上被杀是近500年里未曾有过的事。据称，克鲁姆将皇帝的头盖骨涂上银，用作酒杯。然而几年之后，这位保加尔可汗在整备部队准备进攻君士坦丁堡时骤然去世。

巴尔干北部的斯拉夫人还保持着斯拉夫人的认同，到9世纪末，他们已经吸收了自己的贵族宗主。当代的保加利亚语属于斯拉夫语，其中源自突厥语的词汇少得可怜。但进入希腊的斯拉夫人的命运却截然不同，甚至可以说是完全相反的。

克鲁姆尚在庆祝之时，拜占庭帝国便开始恢复了。那时拜占庭帝国的实力和领土无法与法兰克王国或阿拔斯王朝相比，还面临被保加尔人赶出巴尔干的危险。但到了11世纪中期，法兰克与阿拔斯的帝国已经分裂成一系列小政权，拜占庭帝国却已经征服并吞并了保加利亚。在这个非同寻常的军事扩张时期，拜占庭帝国的领土几乎翻了一番。

复兴期间，拜占庭帝国重新掌控了希腊本土。事实证明此举对希腊文明的存续至关重要，尤其是在其他领土沦陷之后。10世纪时，在泛滥于希腊本土的所有乡村、城市和岛屿之后，希腊的斯拉夫人皈依了东正教，并被彻底希腊化。到如今，斯拉夫人到来的唯一证据就只剩约五百个散布在希腊乡间的斯拉夫语地名了。

弗提乌斯

拜占庭人在 9 世纪重拾信心之后，拜占庭文化也随之振奋，开始了第一次拜占庭文艺复兴，东正教会开始积极扩张，拜占庭的学者则重新开始研究古时的文本。而弗提乌斯，860 年罗斯人进攻时的君士坦丁堡牧首，则是这两个方面的领袖。在宗教方面，身为帝国教会的最高权威，弗提乌斯开始致力于拜占庭帝国最伟大的文化胜利——使斯拉夫人皈依东正教。而在成为牧首之前，他也是这个世纪里在古希腊文学方面最出色的世俗学者，因此他也在文艺复兴中扮演了同样至关重要的角色。

这一时期，又有人开始抄写异教的古典作品，从阿拉伯传入的纸张推动了这一过程。翻译运动当时已经在巴格达全面展开，近来的研究显示，阿拉伯人的兴趣在很大程度上影响了拜占庭人的兴趣，促成了突然的文艺复兴。[1] 另一个推动因素是草书体或小写字体的发展，因为它便写易读（尤其是因为词汇之间第一次出现了留空），所以很快替代了之前的抄写者使用的大写字体或安色尔体（uncial script）。存留至今的古希腊文学作品几乎都是在这一时期的大规模抄写活动中复制的，而许多作品在此之后就失传了。弗提乌斯在抄写活动中功绩显著。

我们对弗提乌斯的早年生活所知甚少。在 810 年左右出生的他，是著名的牧首塔拉西奥斯（Tarasius）的侄辈，正是塔拉西奥斯协助皇太后伊琳妮在 787 年恢复了圣像崇拜，结束了第一次破

---

[1] 出自迪米特里·古塔斯（Dimitri Gutas）的《希腊思想与阿拉伯文化》(*Greek Thought, Arabic Culture*, 1998)。古塔斯教授认为，拜占庭第一次文艺复兴之中最早得到抄写的手抄本与阿拉伯人研究的手抄本之间有直接关联。

坏圣像运动。但由于这一时期的史料过于稀少，关于弗提乌斯求学并成为希腊语与文学大师的历程，我们只能靠推测了。

弗提乌斯的老师可能是广为人知的数学家利奥（Leo the Mathematician）或说智者利奥（Leo the Wise）。和其他活跃在9世纪初的事迹模糊的人物（我们只知其名，比如语法学家约翰［John the Grammarian］或者助祭伊格纳提乌斯［Ignatius the Deacon］，但有关他们的可信信息却很少）一样，利奥经常被认为是帝国国力恢复的时代中复兴古希腊学术的先驱者。以上人物都在教会中拥有高级职位。利奥对数学颇有研究，他建造了一系列烽火台，从叙利亚边境一路修到君士坦丁堡，以便在阿拉伯人进攻时发出信号。传说连哈里发马蒙也打算从皇帝那里聘请利奥，尽管当代学者指出，阿拉伯人在科学上远远领先于拜占庭帝国，当时他们不太可能需要利奥的协助，因此这个故事很可能是假的。可能正是因为这样，皇帝塞奥弗鲁斯在玛格纳乌拉宫（Magnaura Palace）开办研究世俗学术的学院时才委任利奥为院长。利奥会魔法的传说也广为流传。

弗提乌斯身上自然也有和法术相关的传言，有一则类似于浮士德的故事，说他与犹太魔法师签订了契约，因此获得了这些知识。和许多拜占庭人文主义者一样，弗提乌斯也不是谦虚的人，在这种传言散播的时候，他的敌人们或许会觉得受到了严重的挑衅。但魔力却如同电场一般渗透到万物之中。恶魔等恶灵在日常生活之中无处不在，感冒到庄稼歉收这样的不幸被归咎于它们。即使按照拜占庭帝国的标准，这个时代也堪称是迷信的，所有的知识都充满了神秘，也都有被怀疑的可能。把古典时代的晦涩学问与超自然融合在一起的不只是无知者，博学者也同样如此。

尽管弗提乌斯涉猎甚广，但他最关注的还是历史、诗歌、修辞学和小说。他的作品（至少是世俗作品）基本上都是汇编的作品。他最著名的作品是《群书提要》(*Bibliotheca*)，它包含了近300本世俗作品的纲要，所收录著作的时代自古典时代起，直至他自己的时代，这本书在现代出版的版本有约1600页。由于这些所收录的作品中只有约一半得以留存至今，因此当代学者可以利用《群书提要》判断哪些作品在当时还存在，哪些在当时已经佚失了，此书在这一点上的价值不可估量。

弗提乌斯成为官员后，升迁得很快。据说他参加过一次派往阿拉伯人的使团，时间或许在9世纪50年代中期的某个时间。如果弗提乌斯会因此到达巴格达的话，他或许还能见到同时代的侯奈因·伊本·易斯哈格。想一想，两人在巴格达的晚上平静地交谈，交换关于希腊著作的看法，弗提乌斯展示他百科全书式的宽泛兴趣，侯奈因则讲述他狭窄的实用观点——这画面多么迷人哪！

让斯拉夫人皈依的竞赛

弗提乌斯在世俗学问和神学方面的博学均声名在外，却在教会中没有正式职务，也不是修士。他鄙夷愚人，公开讥讽牧首伊格纳提乌斯懵懂无知，因此遭牧首忌恨。而米哈伊尔三世出于政治目的与私人恩怨，罢黜伊格纳提乌斯，并指定弗提乌斯继任，这举动既不寻常，也引发了争议。在皇帝的命令下，弗提乌斯在不到一周的时间里便从教会的最低一级高升到牧首之位。

伊格纳提乌斯也有支持者，他们最终得到了教宗尼古拉一世的支持。尼古拉拒绝承认弗提乌斯，宣布罢黜伊格纳提乌斯的命令是无效的。作为回应，弗提乌斯则针锋相对，宣布废黜教宗。此事引发的"弗提乌斯分裂"（Photian Schism）虽然时间不长，但19世纪的西方学者还是就此大做文章，将弗提乌斯描述为破坏牧首制、分裂教会的罪魁祸首。

弗提乌斯反击教宗的时候，同时期的其他事件足以说明，弗提乌斯分裂的原因绝不单单是伊格纳提乌斯的遭遇而已。保加利亚由盛年的鲍里斯（Boris）统治，正准备皈依基督教。鲍里斯已经皈依了，他明确表示要让他的国家与自己一同皈依。一个半世纪之前，破坏圣像派的皇帝利奥三世因教宗谴责破坏圣像运动，便剥夺了教廷对罗马帝国的伊利里亚行省的管辖权。那时的伊利里亚战略意义有限，教廷也没有过多反对。但到9世纪晚期，保加利亚这个拜占庭帝国边境的强大政权的大部分领土都位于伊利里亚行省之中，双方均意识到了这一地区的重要性。

教宗尼古拉提出，只要让伊利里亚重归教宗管辖就承认弗提乌斯，而教宗和牧首之间的争斗也就此升级为争夺战略意义重大的保加利亚教会的控制权。鲍里斯本人最希望的是保持保加利亚的独立，因此老练的他蓄意挑动双方对抗。

问题也不仅限于保加利亚。罗斯人在860年对君士坦丁堡的进攻表明，拜占庭帝国需要一个位于巴尔干半岛的斯拉夫缓冲地带。拜占庭人也意识到，让东正教迈入斯拉夫人的家门是何其有利。弗提乌斯意识到这一点的时候，罗马教廷也开始在这一方向努力。

让斯拉夫人皈依的竞赛最早不是发生在保加利亚，而是在另外一片斯拉夫人的土地摩拉维亚（Moravia）进行，统治那里的大公请求拜占庭派传教士去他的国家。摩拉维亚将成为罗马和拜占庭教会首次交锋的战场,尽管摩拉维亚已经基本湮没在历史的尘埃之中,但弗提乌斯派出的那两位传教士却没有被人遗忘。

10

西里尔与梅索迪奥斯的传教

弗提乌斯选择派去摩拉维亚的人是两兄弟。他们在帝国第二大城市塞萨洛尼基长大,尽管该城依然以希腊人为主,却已经被斯拉夫定居者包围了。斯拉夫语在塞萨洛尼基和拜占庭人的希腊语一样常用。据说皇帝在劝他们接受这一任务时说:"你们都是塞萨洛尼基人,塞萨洛尼基人都会说一口纯正的斯拉夫语。"尽管各地的方言此后发展成斯拉夫语族的各种语言,在当时却尚未定型。各地的斯拉夫人之间依然能够互相理解,因此两兄弟得以在摩拉维亚与当地人自由交流。

弟弟出生于825年左右,原名君士坦丁,但史书大多以他的教名西里尔称呼他。他年轻时来到君士坦丁堡,并成为弗提乌斯的学生与追随者。同时代人称他为"哲人君士坦丁"。可以说他是拜占庭第一次文艺复兴的受益者,并很快成为传播文化的先驱。

哥哥的原名也许是米哈伊尔,教名是梅索迪奥斯,他比弟弟年长约十岁。他全力协助西里尔,并在西里尔英年早逝之后忠实地继续执行西里尔的计划。梅索迪奥斯起初在马其顿的斯拉夫人聚居区担任帝国高官,后来放弃官职成为修士,加入小亚细亚的奥林波斯山的重要修道院。

两兄弟一位是人文学者,另一位则是修士,此外他们还都是以机敏和干练而闻名的外交家与传教士。为西里尔作传的人记载称他曾经出使至阿拉伯人处。米哈伊尔三世和弗提乌斯也曾经派两兄弟向哈扎尔人（Khazars）传教，这个和突厥人有关的游牧部族在高加索山脉以北定居。作为拜占庭帝国多年来最忠实的盟友之一，哈扎尔人已经接受了犹太教，从而在拜占庭人和阿拉伯人之间保持着独立地位。对拜占庭帝国而言，他们在战略上的重要性在于堵住了阿拉伯人突破高加索的道路，以免让阿拉伯人向北绕过黑海包抄帝国。虽然两兄弟没能让哈扎尔人皈依基督教，但他们的任务可以说在外交上成功了。因此在物色前往摩拉维亚的人选时，既有出色的传教成果又对斯拉夫语言和文化颇为了解的西里尔和梅索迪奥斯可谓再合适不过了。

西里尔和梅索迪奥斯接受了任务，但他们没有马上去摩拉维亚。西里尔在冬季准备了一套字母，以便用斯拉夫语传播福音。新字母被称为"格拉戈利文字"（Glagolitic），有四十个字母，其中有许多由早期的希腊或希伯来字母修改而来，但也有一些可能是他原创的。两兄弟于863年春离开拜占庭时，他们已经用西里尔的新字母表翻译了一系列福音书的段落，以在斯拉夫语的礼拜仪式中使用。这种新的书面语言最终被称为古教会斯拉夫语（Old Church Slavonic）。

和最初的格拉戈利字母一样，古教会斯拉夫语也被认为其大部分都是西里尔创造的。但若说他"翻译"了福音书和其他希腊语的基督教资料，就有点误导人的嫌疑了。不是说坐上几个小时，就能把一段希腊语原文翻译成斯拉夫语。西里尔面临的问题和几十年前巴格达的阿拉伯语翻译者面临的问题差不多：这种语言现有的词不足以让他表达出需要翻译的文本的真正意思。不过，做翻译的叙利亚人有一项优势：阿拉伯语已经有书面文字，有一定的文学传统了，尽管没那么"标准"。斯拉夫人的语言此前没有文字，它不仅缺少一些词汇，还缺少复杂的句式——毕竟这只在书写表达思想时才用得着。

要理解西里尔的成就的话，就必须了解，单纯的口头语言肯定比口头和书面兼备的语言在句式上要简单得多，而就算有书面语，使用者也不会把口语中的表达照搬到书面表达中，口语跟书面语肯定是有差别的。如果某个语言经常以书面形式使用，口语也会日渐复杂，这一语言的表达能力也日益丰满圆润。对仅有口语的语言来说，这种复杂性的"仓库"并不存在，因此句式等问题就会限制语言的发展。

西里尔凭借熟练的感觉，往斯拉夫人的语言中加入了希腊语借词、仿译词（caiques）和措辞。

摩拉维亚的地域范围原本和今天的捷克共和国差不多，外来的斯拉夫人取代了摩拉瓦河（Morava）流域的凯尔特人等部族之后建立了该国。然而在9世纪60年代，摩拉维亚善战的王公罗斯季斯拉夫（Rastislav）向南扩张到多瑙河沿岸，摩拉维亚就此成了保加利亚在北方的邻国。摩拉维亚西方的邻国是加洛林王朝时期的法兰克王国，由查理曼的继承者们统治，摩拉维亚的王公被迫向法兰克人宣誓效忠。法兰克人在摩拉维亚拥有支配力量，罗斯季斯拉夫正是为了削弱他们的影响力，才和鲍里斯一样想要皈依基督教，他也派使团前往君士坦丁堡，请求拜占庭派去传教士，他希望他们能取代已活跃在这里的法兰克传教士。

罗斯季斯拉夫热情地欢迎了两兄弟。两兄弟随即忙碌起来，招募斯拉夫教士，并将更多祷文翻译为古教会斯拉夫语。但从长远来看，摩拉维亚的事态不算乐观。摩拉维亚贵族之中有着一股强大的亲法兰克势力，他们反对罗斯季斯拉夫。而法兰克的教士已经辛苦工作了100年，想让摩拉维亚人皈依，他们返回弗赖辛（Freising）、萨尔茨堡（Salzburg）和帕绍（Passau）的时候，自然对拜占庭教士的到来而愤恨。他们也因为两兄弟在仪式中使用斯拉夫语而不满，毕竟这些法兰克传教士沿用西方的通行做法，坚持使用拉丁语。

天主教与东正教的信条之间最终还会出现另一个分歧，尽管此时它还未固化，却已初露端倪。从爱尔兰到西班牙与德意志，西方的基督徒通用拉丁语。而东方的基督徒，包括亚美尼亚人、埃及人（科普特人）和叙利亚人，都坚持使用自己的语言做礼拜。与"和子说"问题一样，法兰克人的教会将最终决定天主教的规矩，将事实存在的差异写进教义之中。然而此时，尽管发生了弗提乌斯分裂，罗马和君士坦丁堡依然认为彼此属于同一个教会，此外，教宗尼古拉也自然有理由怀疑法兰克的主教有可能图谋在中欧建立强大而独立的新教会。然而在867年，当法兰克当局向罗马报告西里尔和梅索迪奥斯在摩拉维亚的传教举动时，尼古拉一世还是将两位拜占庭传教士召往罗马。

收到召唤时，他们正在威尼斯为几位同行的教士祝圣。他们遇到了其他对用斯拉夫语做礼拜心怀不满的拉丁教会神父，并进行了一番辩论。批评者们宣称，进行礼拜仪式时只宜用三种语言：希腊语、拉丁语以及希伯来语。西里尔则清楚而激动地回应，为各民族用自己语言进行礼拜的权利而辩护。

他援引《哥林多前书》第14节中圣保罗的话作为自己的理论基础："但在教会中，宁可用悟性说五句教导人的话，强如说万句方言。"① 此后，这段话也被东正教用作最强大的《圣经》权威，保证各民族的教会使用各自的语言祷告，而坚定反对此举的天主教会直到 20 世纪 60 年代还坚持使用拉丁语。

尼古拉召西里尔和梅索迪奥斯去罗马，却在他们抵达之前去世了。不过新教宗阿德里安二世（Adrian Ⅱ）正式批准他们使用斯拉夫语进行礼拜，断然拒绝了也到了罗马的法兰克代表。

两兄弟待在罗马，西里尔于 869 年初病倒了。他清楚自己时日无多，因此以西里尔之名发下修士的誓言。他还请求似乎有意返回奥林波斯山修道院的梅索迪奥斯在摩拉维亚继续他们的工作。西里尔于 2 月 14 日去世，被安葬在罗马的圣克雷芒教堂（Church of San Clemente）中。

梅索迪奥斯忠实地完成了弟弟的遗愿。虽然他也许之前考虑过那里法兰克人势力的问题，却还是返回了摩拉维亚。事实上，梅索迪奥斯在至少一年之后才得以返回，而罗斯季斯拉夫的甥侄斯瓦托普卢克（Svatopluk）在相当多的亲法兰克贵族的支持下，推翻了罗斯季斯拉夫，并将他囚禁。斯瓦托普卢克的新政府邀请法兰克传教士返回，还立即逮捕并囚禁了梅索迪奥斯。梅索迪奥斯被囚禁了近三年，直到教宗阿德里安的继任者约翰八世（John Ⅷ）获得他被囚禁的消息并出手干预之后，他才得以获释。

志向不改的梅索迪奥斯再度开始传教工作。而在释放后的十多年间，他也翻译了更多的宗教著作。在此期间，法兰克人接连不断地骚扰他和他的追随者们。阿德里安二世和约翰八世贯彻了尼古拉一世的做法，支持两兄弟在摩拉维亚的传教活动，但是，

---

① Obolensky, *Byzantine Commonwealth*, 191-192.

在约翰八世于882年去世后，教廷在法兰克人的压力下退缩了，否定了用斯拉夫语做礼拜的做法，在摩拉维亚等地都向法兰克人看齐。

梅索迪奥斯在885年去世。他以极大决心教授的斯拉夫追随者们纷纷被逮捕，或者被驱逐到保加利亚，或者被卖为奴隶，法兰克人则得以在摩拉维亚横行无忌。西里尔和梅索迪奥斯一生的奋斗仿佛要就此化为乌有。

鲍里斯的机遇

在拜占庭和保加利亚，事态也正在发生迅速而复杂的变化。拜占庭皇帝米哈伊尔三世被巴西尔一世刺杀并取代，后者曾经是马夫，靠着投机钻营被米哈伊尔提升为幕僚与近臣，而后又被疏远了，这招致了祸患。靠着狡诈而不正当的方式夺得大权之后，巴西尔却创立了拜占庭帝国最伟大的王朝：马其顿王朝。在这个王朝统治的两个世纪里，这个中世纪的帝国达到了军事力量与经济繁荣的顶峰。

在保加利亚，可汗鲍里斯已经皈依了基督教，他希望自己的臣民一同皈依，同时又希望保加利亚能在拜占庭之外保持独立。因此，他请求弗提乌斯委任一位保加利亚牧首，意图创立保加利亚民族的东正教会，并使其地位与拜占庭教会相当，完全自治。被弗提乌斯拒绝之后，鲍里斯便转向罗马，邀请了一批法兰克传教士。

当时是867年夏季。同年秋季，巴西尔一世废弃了米哈伊尔三世的诸多宗教政策。在他成为皇帝之后的第一批举措之中，巴西尔解除了弗提乌斯的职务，让伊格纳提乌斯复职。这对反对弗提乌斯的尼古拉一世而言无疑是一次胜利。于是在阿德里安二世于冬季（867年末至868年初）继任之时，教廷似乎夺回了主动权。无论怎样看，斯拉夫世界已经是梵蒂冈的囊中之物了，而弗提乌斯被免一事似乎表明拜占庭帝国也贯彻了教廷的意志。

但阿德里安做得过火了。他拒绝了鲍里斯提名的保加利亚大主教，因而激怒了鲍里斯，随后在罗马召开的公会议上，阿德里安不但谴责了已被罢免的弗提乌斯，还罢黜了弗提乌斯任牧首时任命的所有主教。如此专横的举动，让原本对罗马态度良好的巴西尔和伊格纳提乌斯也难免愤怒。870年，鲍里斯再度转向君士坦丁堡，而在拜占庭国内，弗提乌斯和伊格纳提乌斯已着手解决了他们之间的争执。

鲍里斯之所以倒向拜占庭一方，是因为他清楚他本人和国家眼下的实际情况，保加利亚的战略地位可以说和罗斯季斯拉夫的摩拉维亚恰好相反。两位领袖此前都绕开强势的邻国，向遥远的势力求助，但正如摩拉维亚最终被纳入法兰克人的势力范围一样，保加利亚也无法摆脱拜占庭的吸引力。

伊格纳提乌斯于877年去世后，拜占庭帝国曾经的紧张气氛暂时缓和，巴西尔让弗提乌斯复职，此时的政治氛围已经平和了许多。几年后，在君士坦丁堡的宗教会议上，弗提乌斯与教廷最终达成和解，结束了弗提乌斯分裂。

在保加利亚，鲍里斯面前出现了一个难得的机遇。他是个虔诚的教徒，也是个老练的政治家。他开始便有意利用基督教巩固自己的权力，进一步统一保加利亚的社会。他在这两个任务上的主要对手都是依然信仰多神教的突厥波雅尔（boyar）们，波雅尔在9世纪60年代中期鲍里斯皈依基督教之后立即发动叛乱。鲍里斯没费多大力气便平息了这次叛乱，然而波雅尔们依然坚定地反对鲍里斯的一系列亲拜占庭的政策，包括皈依基督教，同时反对保加尔人统治阶级中越来越深的斯拉夫化。①

贵族中存在多神教与突厥的影响，与之相对的，有数以百计的希腊神父在斯拉夫农民中传教。然而他们并不听命于鲍里斯，而是听命于君士坦丁堡牧首和拜占庭皇帝。

也就是说，波雅尔和神父都对鲍里斯的权威构成了严重的内在威胁。如果找不到解决手段，鲍里斯就只能靠平衡两者来维持统治了。

镜头切换到梅索迪奥斯去世七八个月后的冬天，也就是885年的多瑙河。一批法兰克士兵押送他衣衫褴褛、灰心丧气的追随者们来到河边，冬季的河水不是蓝色的，而是页岩般的深灰色。追随者们的领袖名叫克莱门特（Clement），他有个名叫瑙姆（Naum）的副手。他们很可能在此前的几个月里遭到了囚禁，或许就是被囚禁于斯瓦托普卢克在尼特拉（Nitra）的宫殿之中。

除了珍贵的书籍，或许他们就不剩什么行李了。他们乘坐一艘用树皮制的绳索扎起来的简易木排渡河，离对岸尚有一定距离，他们就蹚入冰凉的河水——脚下是保加利亚的土地。

克莱门特和鲍里斯拯救斯拉夫语的遗产

梅索迪奥斯去世后，他的追随者被驱逐出摩拉维亚，中欧的斯拉夫语遗产就此宣告终结，尽管在一些孤立的地区直到11世纪

---

① 需要注意的是，鲍里斯事实上是第一个使用斯拉夫语名字而非突厥语名字的保加利亚统治者。

还有人在使用斯拉夫语。鲍里斯知道这是一次良机，便立刻邀请传教士去首都普利斯卡（Pliska），并安排他们住到支持自己的上层人士的家中。

鲍里斯还和这些传教士进行了一系列秘密的会议，他们制订了周密的计划，意图在保加利亚建立并改进使用斯拉夫语的礼拜仪式。他们取得了成功，克莱门特和瑙姆最终被尊为东正教圣人，被视为拯救了西里尔和梅索迪奥斯的遗产的人。

斯拉夫语的礼拜仪式为鲍里斯的问题提供了完美的解决方案。其他斯拉夫统治者也会发现，这样一来，他们能被视为拜占庭共同体的一员并获益，同时又至少能在理论上保持高度的宗教独立与政治独立。这也保留了斯拉夫人的荣耀，让鲍里斯得以基于同一种语言与同一种宗教建立一种新的民族认同。现在，我们终于可以第一次称他们为保加利亚人，而不是斯拉夫人与保加尔人混合起来的不稳定群体了。

鲍里斯接受斯拉夫语礼拜仪式的原因除了一些政治考量，还有一系列其他的因素，这些因素综合在一起，最终让保加利亚传统比起此前的摩拉维亚更能在新环境中获得有利的机会。摩拉维亚人和其他斯拉夫人能够理解西里尔创立的古教会斯拉夫语，但是古教会斯拉夫语的基础并不是他们自己讲的方言，而是马其顿人与保加利亚人的方言，因此斯拉夫语礼拜仪式在保加利亚享有语言的优势。在这个意义上，它在保加利亚可谓拥有"主场优势"，而且古教会斯拉夫语有时就被称为"古保加利亚语"。

保加利亚是拜占庭帝国的近邻，两国之间的往来十分容易，希腊的教士去保加利亚很容易，而对越来越多的去君士坦丁堡练习斯拉夫语的保加利亚教士来说也是如此。和鲍里斯一样，巴西尔和他的继承者们也抓住了机会,全力支持对斯拉夫人传教的活动。这一政策当时已广为人知,因为巴西尔的一名使节在威尼斯遇到了梅索迪奥斯的学生们,他们此时已被卖为奴隶,而这位使节坚信皇帝会欢迎他们,就为他们赎身,并把他们送回君士坦丁堡。而他们很可能此后再次加入他们在保加利亚的同伴。

最后一个因素是,克莱门特和瑙姆就出生在保加利亚,虽然他们成年之后的大部分时光都是在故乡之外度过的。克莱门特出生于840年左右,此时应有40多岁,而瑙姆比他年长大约10岁。两人都在868年随西里尔与梅索迪奥斯前往罗马,并在那里祝圣为神父。可以推测两人都和梅索迪奥斯一起返回摩拉维亚,并陪着他度过了那些艰难的岁月。

瑙姆留在了普利斯卡,一边教学生,一边继续似乎没有尽头的翻译工作,而克莱门特则前往保加利亚的另一端,也就是西南方的奥赫里德湖(Lake Ohrid)周边的地域(今天的北马其顿)。普利斯卡和多布罗加依然以突厥系的人口居多,而马其顿内陆地区的居民则全都是斯拉夫人。在这两位神父的勤奋工作之下,这两个地区很快都成了斯拉夫文化的中心。奥赫里德更为突出,据说克莱门特在接下来的30年里教了3500名学生,此地也成了斯拉夫语传统的中心,它向周边辐射,影响了邻近的塞尔维亚,并最终改变了遥远北方的罗斯。

889年,鲍里斯宣布退位,放弃世俗的权力,以修士的身份过敛心祈祷的日子,其长子弗拉基米尔(Vladimir)继位。怀恨在心的波雅尔们抓住机会,为多神教和突厥语进行最后的抵抗,威逼软弱的弗拉基米尔改变政策。接下来的几年间,保加利亚采用反基督教、反拜占庭的政策,教士遭到迫害,统治者在政治上和法兰克人结盟。鲍里斯最后只好出面,他废黜了弗拉基米尔并将其刺瞎之后,指定自己的三子西美昂(Symeon)继位。

西美昂是虔诚的东正教徒,他青年时代的大部分时间都在君士坦丁堡度过,因此多少尝到了拜占庭教育的果实。在他漫长的在位时期里,保加利亚的斯拉夫语传统将重新和鲍里斯在位时期一样,继续迅速发展。然而,如果拜占庭人认为西美昂的继位会让两国和平共处的话,那只能遗憾地说,他们低估了西美昂那世界级的野心。

II
效仿者战争

西美昂大帝是保加利亚在中世纪最强势也最坚决的统治者，他精力充沛、颇有远见，他的进取之心甚至几乎让拜占庭帝国屈服于他。在30多年的统治时间里，西美昂的目光紧紧盯着君士坦丁堡，盯着这座斯拉夫人所谓的"皇帝之城"（Tsargrad），不曾移走。他尽力效仿拜占庭帝国，而与此同时又渴望着引诱帝国、战胜帝国，最终占有帝国。

西美昂大约出生在9世纪60年代中期，那时他的父亲刚刚改宗基督教，因而他作为一名基督徒逐渐长大，并在十三四岁时被送到君士坦丁堡接受宗教训练。他在君士坦丁堡的一座修道院里学习了10年时间，在克莱门特和瑙姆返回君士坦丁堡、鲍里斯接受斯拉夫语礼拜仪式的几年之后，他返回保加利亚。

从拜占庭帝国返回保加利亚之后，西美昂来到他父亲在普雷斯拉夫（Preslav）——在邻近普利斯卡的多布罗加附近，但是更靠近君士坦丁堡一些——建造的一座修道院中。他在那里主持翻译工作，将各种希腊语的宗教著作翻译成斯拉夫语。普雷斯拉夫的居民以斯拉夫人和基督徒为主，而普利斯卡则是突厥人和信多神教的波雅尔的据点。鲍里斯安排西美昂继位时，也让西美昂迁都普雷斯拉夫，在那里统治。

鲍里斯业已在普雷斯拉夫建造了一系列教堂与修道院，西美昂即位之后，建筑的数量进一步增加，普雷斯拉夫和保加利亚也进入了发展与繁荣的时代。与拜占庭的一系列自由贸易协议使得贸易日益繁荣。在蜂蜜、毛皮和蜡等原材料之外，保加利亚还以许多生产工艺品的工匠而著称。保加利亚的砖瓦闻名遐迩，它也很快成为拜占庭帝国最青睐的几种进口奢侈品之一。

西美昂走向战争

鲍里斯尽可能地避免与这个强大的邻国开战，而西美昂似乎在即位之初便意图开战了。没等太久，他就等来了所需要的开战借口。西美昂继位还不到一年，拜占庭的大商人就劝皇帝修改拜占庭帝国的贸易法律，让保加利亚处于不利地位。西美昂坚决抗议，却遭无视。他立即率大军入侵拜占庭帝国领土，击溃了应战的拜占庭军队，大肆破坏了君士坦丁堡附近的色雷斯乡村。

拜占庭军队的主力忙于在东方作战，因此拜占庭帝国采用了他们由来已久且屡试不爽的外交策略：贿赂善战的蛮族马扎尔人（Magyars），让他们从后方攻击西美昂。西美昂请求和谈，但又更好地运用其人之道，与另一个更善战的蛮族佩切涅格人联合，使其从后方攻击马扎尔人。佩切涅格人攻其背面，保加利亚人攻其正面，马扎尔人大败，被迫逃往匈牙利平原。[①] 西美昂随后再度大败拜占庭军队。

为了让拜占庭人充分认识自己的外交手腕，西美昂心怀嘲弄

---

① 马扎尔人是来自中亚的游牧民族，他们和之前居住在匈牙利平原的斯拉夫人融合，逐渐形成今天的匈牙利民族。

地在赎回俘虏的谈判中再一次展现了智谋。他知道皇帝利奥六世（Leo Ⅵ）[①]在前一年成功预测了一次日食而令人印象深刻，传言说利奥六世精通天文学。西美昂对拜占庭使节说，如果皇帝果真如此博学的话，那么他应该能回答西美昂是否打算释放俘虏的问题。"尽管预测吧！如果你们说对了我的想法，为了回报你的预测能力和外交活动，我就会让你把俘虏带回去。让上帝决定吧！"[②]

也就是说，如果使节说中了西美昂的意图，他就能把俘虏带回。这是个古老的逻辑难题，任何受过教育的希腊人都不会感到陌生。靠着在君士坦丁堡所受的教育，这位保加利亚的统治者表明自己要用其人之道还治其人之身。

西美昂杰出的军事与外交才能迫使拜占庭帝国在897年签署的和约之中出让大量利益，随后和平延续了十六年，直到利奥六世去世的912年。然而在此期间，西美昂也没有停下脚步。他利用拜占庭帝国被阿拉伯人击败的机会，让保加利亚向南、向西扩张，一点点地夺取地盘，同时精确控制扩张的规模以避免开战。

利奥的兄弟亚历山大继承了皇位，他推翻了利奥的让步政策，拒绝支付和约规定的年金。受到羞辱的西美昂极为恼怒，但他还没来得及倾泻怒火，在位仅一年的亚历山大就去世了。在君士坦丁堡，大权落入亚历山大安排的摄政团手中，由摄政团辅佐亚历山大的下一任皇帝，也就是利奥那多病的七岁儿子——"出生于紫色寝宫的"君士坦丁七世。

虽然登基时的气氛颇为不祥，但是君士坦丁七世最终不但以皇帝的身份统治帝国，还写下了同时代最重要的史料《论帝国管

[①] 即巴西尔一世的下一任皇帝。
[②] Fine, *Early Medieval Balkans*, 138-139.

理》。这部给皇帝准备的入门读物,综合了拜占庭帝国的外交报告,提到了许多靠近拜占庭的势力的早期历史,保加尔人和塞尔维亚人也在其中。

君士坦丁七世的摄政者们此时必须应对西美昂的愤怒。他们的领袖是傲慢的君士坦丁堡牧首"枢机秘书"尼古拉斯,但不久之后,被放逐到修道院的皇太后佐伊,也就是利奥的遗孀、君士坦丁的母亲,将出手挑战他的权威。[①] 摄政者的处境因军队指挥官的叛乱而愈发困难。在拜占庭帝国内乱频仍之时,西美昂再度率领保加利亚的大军抵达高墙之下,安营扎寨。

接下来打响的是西美昂的第二次,也是最后一次效仿者战争,它持续了15年。除了君士坦丁七世自己的记述,我们对这场战争的了解很大程度上来自牧首尼古拉斯在这一时期给西美昂送去的书信。书信显示,这场战争宛如两个意志坚强的人进行的一场决斗。靠着奉承、劝诱、怀柔、说教以及温和的恐吓,尼古拉斯在这些年几乎用所有的方式安抚西美昂,却没有让他得到他真正的想要的东西。牧首坚定表示,虽然西美昂是基督徒,却也是个蛮族人,不可能让他登上拜占庭的皇位。

和西欧那些野心勃勃的国王一样,西美昂最想要的头衔就是"罗马人的皇帝"。在西美昂率领保加利亚大军兵临城下后不久的913年9月,便是第二次战争的象征性的核心时刻,西美昂秘密地得到了"枢机秘书"尼古拉斯的"加冕"。不过他被加冕的是保

[①] "煤黑色眼瞳"佐伊(Zoe Carbonopsina)是著名的美女。佐伊与利奥的婚姻是她第四次结婚,尼古拉斯以不合教规为由拒绝批准,这令她大为不满。她和利奥的儿子君士坦丁七世被称为"出生于紫色寝宫的"(Porphyrogenitus),以强调他的合法地位。这一称呼源自皇帝的紫色寝宫,用于指代皇帝在位时诞下的合法子女,但君士坦丁的出生不合法。

加利亚人的皇帝,而不是罗马人的皇帝。西美昂更满意的应该是另一件事:他女儿与年轻的君士坦丁七世立下了婚约。成为皇帝的岳丈,可谓登上拜占庭帝国皇位的绝佳垫脚石,西美昂也清楚这一点。他被承认为皇帝,尽管只是保加利亚人的皇帝,却终归是向目标迈出了一步。

满意的西美昂撤军了,等待事态进一步发展。他或许以为等待对自己有利。然而皇太后佐伊在次年离开修道院,剥夺了尼古拉斯的摄政权,并在掌控摄政权之后拒绝承认西美昂的帝号和此前的婚约。此举让保加利亚军队返回拜占庭城下。西美昂夺取了色雷斯的重镇哈德良堡(Adrianople)之后,佐伊被迫再次承认帝号与婚约,以赎回哈德良堡。战争不甚剧烈地打了几年,双方忙着动用外交手段,寻找能帮己方对付敌人的盟友。

而后保加利亚人在黑海沿岸的安赫洛斯(Achelous)再度大胜,几乎全歼了拜占庭军队。佐伊的摄政政府威信扫地。然而这一战让西美昂的境况更为不利:新的摄政者在君士坦丁堡掌权。海军将领罗曼努斯·利卡潘努斯(Romanus Lecapenus,即罗曼努斯一世)夺取大权,并把自己的女儿嫁给了君士坦丁七世。

西美昂发现自己在通往拜占庭皇位的路上被人超了过去,他的怒火可想而知,而 920 年罗曼努斯加冕为共治皇帝一事更是火上浇油。西美昂没当上掌握拜占庭帝国实权的皇帝,而罗曼努斯做到了。西美昂粗鲁地拒绝回复罗曼努斯的信件,只和牧首尼古拉斯通信。沮丧的西美昂要求罗曼努斯让位给他。尼古拉斯再度在冗长的信函中以尖刻而谨慎的高傲姿态回答说,其他的都可以,皇位不行。

西美昂已经控制了巴尔干半岛。接下来的几年间,他在色雷斯乡村大肆破坏,还在君士坦丁堡城墙之外反复烧掠。然而他无法取得突破。绝望的他甚至和异教徒埃及的法蒂玛哈里发联系,哈里发答应提供他所需的舰队,但当西美昂集结大军来到城下时,穆斯林却没有如约现身。

僵局最终迫使双方再度走到谈判桌前,由西美昂和罗曼努斯亲自商议。由于双方互不信任,他们只得在城墙外不远处,在金角湾边的一处特别建造的埠头上会面,这样西美昂可以安全地走陆路抵达,而罗曼努斯可以从城中乘船而至。西美昂的随从以向皇帝欢呼的方式向他致敬,但记载这次会面的拜占庭编年史家们(在记载中颇带偏向,记载了罗曼努斯坚定而打动人心的演说,以及西美昂的歪曲事实、语带错讹的希腊语——这两者都可能是编年史家们编造的)没有说这次和谈的结果。我们只知道一个预兆:"据说有两只鹰飞过两位皇帝会面的地方,它们高声鸣叫并交配,而后迅速分开,一只飞向城中,一只飞向色雷斯。"这也许代表了某种和平协议,有趣的是,这似乎把两位"皇帝"置于同等地位。

无论双方有没有签署和约,和平都没能持续多久。预兆中两只鹰在会面之后便各飞各的,现实中也是如此。西美昂在924年完全吞并塞尔维亚之后,开始自封"保加利亚人与罗马人的皇帝"——至少罗曼努斯一世在"枢机秘书"尼古拉斯于925年5月去世之后写给西美昂的一封信中明确证实了这一点。西美昂如此自称的任何原始文件都没有保存到今天。然而,西美昂政府留下来的一枚印章显示这位保加利亚的统治者自封"罗马人的皇帝"。尽管其准确年代难以确定,但这枚印章终究展现了西美昂最深切的渴望。

另一方面,就算曾给西美昂加冕为保加利亚人的皇帝,但牧首尼古拉斯也从来没有在他存留至今的信件之中如此称呼过西美昂，而是全部称其为"亲王"（prince），罗曼努斯一世也是如此称呼西美昂的。或许是西美昂做得太过火了，以致尼古拉斯觉得，尽管自己已经为他加冕，也最好不要称他为"皇帝"。尼古拉斯在信件之中删除了所有有关那次加冕礼的段落，有所提及的地方也进行了修改，以防后人得知这件令他蒙羞的事。

吞并塞尔维亚之后，西美昂将目光投向了塞尔维亚以西的强邻克罗地亚，然而在926年，他被这个斯拉夫人的王国在中世纪最伟大的统治者托米斯拉夫（Tomislav）国王击溃。尽管西美昂受挫了，还是在次年春天集结大批入侵部队进攻君士坦丁堡。927年5月，就在他率领大军向那道阻碍他实现一生雄心壮志的城墙进军之时，西美昂离开了人世，享年63岁。

西美昂对皇位的痴迷让他的臣民付出了相当大的代价，多年的征战让保加利亚破落而荒败。尽管这个国家最终得以恢复，但保加利亚重新成为巴尔干半岛上的一股势力还需要几十年的时间，恢复之后也不复有西美昂时代的兴盛了。塞尔维亚在西美昂去世之后立即脱离保加利亚。西美昂的儿子彼得继承其位，与拜占庭帝国签署和约，承认罗曼努斯一世为"精神上的父亲"，而作为回报，西美昂的头衔"保加利亚人的皇帝（沙皇）"[①]也得到了确认。此外，彼得得到了一桩声望甚高的婚姻——他娶了罗曼努斯一世的孙女、拜占庭帝国的公主。

---

① 和德语的"kaiser"（凯撒）类似，斯拉夫语中的"tsar"（沙皇）一词也源自拜占庭帝国的头衔"caesar"（凯撒），大致等于"副皇帝"。这个词当然源自罗马帝国的第一位皇帝奥古斯都·恺撒（Augustus Caesar）以及他的养父尤利乌斯·恺撒（Julius Caesar）。

随后是拜占庭和保加利亚之间为期40年的和平时期，在此期间，基督教在保加利亚逐渐兴盛起来。西美昂在位期间最大的发展就是出现了新的斯拉夫语字母，讽刺的是，尽管它被称作西里尔字母（Cyrillic），这种文字却是西里尔去世多年之后在保加利亚出现的，发明者可能是梅索迪奥斯的门徒奥赫里德的克莱门特（不过当今的学者大多对此表示怀疑）。西里尔字母更像希腊字母，它比格拉戈利字母要简单得多，从此开始，它在古教会斯拉夫语中迅速取代了后者。

保加利亚的文化传统迅速发展，尽管它的灵感源自拜占庭，却能保持一定程度的文化独立，这无疑要感谢保加利亚最后一位可汗鲍里斯。然而，只在文化层面保持独立明显无法满足他的儿子西美昂——这位保加利亚乃至斯拉夫世界的第一位沙皇。

12
塞尔维亚人与其他部族

古代世界被语言一分为二,一边是拉丁语,一边是希腊语。在中世纪,两者的分界线从地中海向北延伸,分开了寒冷潮湿的斯拉夫世界。这条分界线由西里尔、梅索迪奥斯等传教士以及西欧的传教士划出,穿过巴尔干直抵东欧。

但分界线不是根据不同语言划分的,而是根据使用的不同字母,因为两侧的民族基本上全都讲斯拉夫语言。一侧的斯拉夫人追随西面的罗马,接受了天主教信仰和拉丁字母,形成了今天的波兰人、捷克人、斯洛文尼亚人;另一侧的斯拉夫人则追随东面的拜占庭,接受了东正教和西里尔字母,形成了今天的俄罗斯人、乌克兰人、保加利亚人、塞尔维亚人,还有其他先祖生活在拜占庭治下的族群。一些民族,比如匈牙利人[①]和捷克人,则首鼠两端。一般来说,原本的斯拉夫语言会随之分开,这些人今天会使用不同的语言,但是信东正教的塞尔维亚人和信天主教的克罗地亚人至今还在使用同样的语言,也就是塞尔维亚-克罗地亚语,仅是书写不同而已。分界线把他们隔开了。

---

① 匈牙利人的族源格外复杂,它既受到了斯拉夫人的影响,也受到了非斯拉夫的部族例如马扎尔人的影响。尽管匈牙利在11—12世纪受拜占庭帝国影响颇深,却最终倒向了西方。

12　塞尔维亚人与其他部族

后来形成塞尔维亚人与克罗地亚人的斯拉夫人，差不多是在希拉克略的时代迁来的。一些学者认为，他们的名字取自两个骑马的伊朗军事群体，这些群体之前在 7 世纪末在巴尔干西北部统治尚未发生分化的斯拉夫人。其他学者采信君士坦丁七世的说法，认为"Serb"（塞尔维亚人）源自拉丁语的"servus"，也就是"仆人"或"奴隶"。君士坦丁七世说："罗马人所说的'Serbs'就是'奴隶'（slave）一词，所以口语中的'serbula'则指干粗活的人穿的鞋子，而'tzerboulianoi'则指那些穿价廉质劣的鞋子的人。"明显不了解干粗活的人穿什么鞋子的君士坦丁七世还说："塞尔维亚人之所以得名，是因为他们是罗马皇帝的奴隶。"[①] 关于英语里的"slave"也有类似的阐释，一些人认为它源自"Slav"（斯拉夫人）。（也有人反过来认为"Slav"源自"slave"，但这一说法的可能性更低。）

这两个词源的问题都说明了奴隶在地中海世界的普遍程度。不管他们穿什么鞋，总有很多是出身斯拉夫人、作为战俘或者纯粹为了售卖而被掳为奴隶。在毛皮、蜂蜜与蜡之外，奴隶也是一种从斯拉夫地区出口的基本商品。

保加利亚被纳入拜占庭文化圈之前就已经作为强悍的邻邦与对手进入拜占庭帝国的视线了，而塞尔维亚一开始就从属于拜占庭。塞尔维亚这一政治实体的认同，正是源于拜占庭帝国，源自拜占庭帝国需要盟友来与崛起的保加尔人强权相对抗的需要。

"从希拉克略皇帝在位时起，塞尔维亚的王公们便是罗马皇帝的奴仆与臣属，未曾臣属于保加利亚。"[②] 君士坦丁七世如是记述

[①] Constantine Porphyrogenitus, *De Administrando*, 153.
[②] Ibid., 161.

道，并一如既往地带有一些有利于帝国的藻饰，而历史学家们只能指望他所言属实了。塞尔维亚人事实上是在9世纪初保加尔可汗克鲁姆的恐怖统治时期开始成型的，拜占庭帝国的外交官和代理人在那时开始向他们送金钱、许诺言。

也许是为了抵御拜占庭帝国的渗透，保加尔人在9世纪40年代入侵塞尔维亚人的领土，塞尔维亚人的首领弗拉斯蒂米尔（Vlastimir）在几年的恶战之后将其击退。尽管弗拉斯蒂米尔将塞尔维亚人控制的地域扩大了，他依然按照斯拉夫人的习俗将领土分给自己的三个孩子。这个统治家族的三个分支之间的倾轧，让塞尔维亚沦为拜占庭帝国与保加利亚争夺的一颗棋子，它们的竞争在西美昂时代达到第一次高潮。

塞尔维亚进入拜占庭共同体

塞尔维亚在西美昂统治时期被保加利亚控制，但在西美昂去世之后，塞尔维亚独立出来。他们的领袖是弗拉斯蒂米尔的后代查斯拉夫（Časlav），他出生在保加利亚，并作为人质留在那里，后来他返回塞尔维亚领导起义。查斯拉夫逃走的时间和起义开始的准确日期不得而知，但很可能是西美昂去世的数年之后。查斯拉夫统治了30多年，其间一直是拜占庭忠实的盟友。

因此学者们认为，拜占庭帝国的影响力在查斯拉夫在位时期传播到塞尔维亚。在和西美昂交战以及保加利亚占据时期，许多塞尔维亚人逃往拜占庭帝国避难，而他们在此时开始返回，也可能同时带回了基督教以及其他拜占庭的文化。但我们可以确定的东西很少，我们应当注意，此时的塞尔维亚人不同于保加利亚人，还不算一个统一的民族，而更像是不断变化的部族联盟。查斯拉夫的塞尔维亚国家的控制范围我们不得而知，却只是许多部族中的一个。其他部族包括扎胡鲁利亚（Zachumliya）、杜克里亚（Duklja/Dioclea）、特雷比涅（Trebinja）以及此后的拉什卡（Raska）。拉什卡将在12世纪成为塞尔维亚势力最重要的中心。

塞尔维亚人从12—13世纪开始从拉什卡向外扩张，和此前的保加尔人一样与拜占庭帝国开战，尽管他们和帝国的文化联系非常紧密，他们还是要展示自己及其认同。此时的拜占庭皇帝认定塞尔维亚人是自己的臣属。塞尔维亚的统治者被称为塞尔维亚大公（grand zhupan），他依照拜占庭皇帝的意思而掌权，发动叛乱时——叛乱时不时发生——则被视作奸诈的叛徒。1172年，曼努埃尔·科穆宁（Manuel Comnenus，即曼努埃尔一世）击败了塞尔维亚大公斯特凡·奈曼加之后，皇帝戏剧性地展示了这种观念。斯特凡被带到皇帝面前，他被除去鞋帽，脖子上套着绳索，手捧自己的佩剑，伏在皇帝脚边。

这样的展示虽是一出好戏，却演不下去。几年后皇帝去世，帝国随即陷入混乱，斯特凡重新开始进攻，征服或吞并了拜占庭帝国在巴尔干半岛上的不少土地。最终，拜占庭帝国再度击败了他，但这次采用了安抚政策，让他与皇室联姻，还授予他"至尊者"（sebastocrator）的显赫称号。安抚向来比羞辱有效，斯特凡和塞尔维亚就此被完全纳入东正教的拜占庭共同体。

斯特凡于1196年逊位之后，发下修士的誓言，进入他在斯多德尼卡（Studenica）建造的东正教修道院。他不久后前往阿索斯山（Mt. Athos），去找同为修士的儿子萨瓦，将古老的希兰达尔修道院（Hilandar Monastery）重建为塞尔维亚人的修道院。

阿索斯山

阿索斯山，即"圣山"，早在斯特凡的时代之前便已经是东正教修道院制度的中心。在希腊北部，塞萨洛尼基与斯特里莫纳斯河（Strimonas）之间夹着哈尔基季基半岛（Chalkidiki），哈尔基季基半岛向南边的爱琴海伸出宛如手指的三个海岬，而阿索斯山就位于最东边的那个海岬上。这处海岬有大约 30 英里长，五六英里宽，一道巨大的山脊横亘中央，通过一条宽度仅有一英里左右的狭窄地峡与哈尔基季基半岛相接。希罗多德记载称，公元前 5 世纪波斯王薛西斯（Xerxes）在流产的入侵希腊行动中，为避免让自己的舰船绕行危险的岬角，曾这处地峡上开凿运河。运河的遗迹至今可见。阿索斯山位于海岬的最东端，其白色大理岩的顶峰从海面拔地而起，有 6000 英尺有余。

这里的风景既粗犷，又美得摄人心魄。除此之外，这里还有 20 座古老的修道院。而在公元 1000 年左右阿索斯山中世纪的鼎盛时期，它拥有 46 座修道院，是如今的两倍还多。大多数修道院面海而建，或坚毅地贴在山坡上，或蹲伏在香气扑鼻的谷地之中，周围环绕着修士悉心照料的橄榄园、花园和果园。

如今的阿索斯山是半自治的宗教群体，由教会管理，事务则由希腊的外交部处理。若要进入阿索斯山，则要获得外交部颁发的专门的许可证。（我去希腊的时候，正闹罢工，我无法接近阿索斯山，只得抱憾而归。）按照传统，女人禁止进入阿索斯山。不过有记载提及，公元 1100 年左右曾有瓦拉几亚的牧羊人带着妻儿闯入。然而大多数情况下，就算是牲畜也必须为雄性才能进入，母驴、母鸡、母山羊之类都不得入山。因此，阿索斯山必须靠进口才能弄到鸡蛋和牛奶，不过此种严格规定在近些年松动了不少。

阿索斯山的第一座修道院是大拉夫拉修道院（Monastery of the Great Lavra），建于963年，其位置接近阿索斯山的顶峰。然而有说法称一个世纪之前就有隐修（源自希腊语的"eremetikos"［荒漠的］，英语里的"hermit"［隐士］也是源自这里）的修士在这处海岬定居了。尽管大拉夫拉修道院的修士都是希腊人，不过很快就有其他地区的东正教徒来到这里，其中斯拉夫人最多——他们在12世纪时大批前来。

公元1200年左右，信仰东正教的亚美尼亚人、格鲁吉亚人、意大利人，跟罗斯人、保加利亚人和塞尔维亚人一样，都在这里有修道院。罗斯人掌管潘特列伊蒙修道院（Panteleemon Monastery），保加利亚人掌管佐格拉夫修道院（Zographou Monastery）。13世纪晚期，塞尔维亚人重建了希兰达尔修道院，让其名声远播。在各修道院之中，修士们将拜占庭的神学与宗教礼仪的文本翻译为古教会斯拉夫语，这些文本再从阿索斯山传到拜占庭共同体的各个修道院。

圣萨瓦与中世纪塞尔维亚的荣光

凭借希兰达尔修道院，尤其是杰出的萨瓦的努力，塞尔维亚人成了阿索斯山的一股领导力量。斯特凡·奈曼加为塞尔维亚夺取了大片土地，创建了一个重要的王朝，但他对塞尔维亚文化影响最深远的举措却是养育了萨瓦。斯特凡和萨瓦后来都被封为东正教的圣人。正是萨瓦让中世纪的塞尔维亚浸染了浓郁的拜占庭味道。

能力多样、兴趣广泛的萨瓦起初在父亲麾下负责管理行省，后来逃到阿索斯山。为了躲避父亲的怒火，他先后加入罗斯人的潘特列伊蒙修道院和希腊人的瓦托佩蒂修道院（Vatopedi Monastery）。据记载，后来萨瓦劝说父亲也披上了僧袍。

父亲去世之后，萨瓦接管了希兰达尔修道院，竭尽所能与拜占庭当局商谈，以获取完全的自治权，以为修道院获得稳定的收入来源。希兰达尔修道院极为成功，很快便有了近百名修士，也成了塞尔维亚人的文化与宗教生活的重要地点。萨瓦本人成了圣山的一位极有影响力的人物，跟资助希兰达尔修道院一样，还资助了另外的十几座修道院。不过他的圣徒传记记载，他最为追求宁静沉思的生活，并花费大量时间在特殊的冥想室"hesychasterion"中进行苦行式的祈祷。

1204年，拉丁人攻占了君士坦丁堡，并在几年之后夺取了阿索斯山。萨瓦因此前往斯多德尼卡修道院（Studenica Monastery），并将父亲的遗体安葬于此。接下来的八年，他担任斯多德尼卡修道院的院长，经常腾出手去处理兄长们的争吵与恶行，又著书颂扬近期被封为圣人的父亲，还建造了一些新的修道院，其中最重要的是日卡修道院（Zica Monastery）。拜占庭的工匠为日卡修道院制作了大量装饰，日卡修道院不久就成为塞尔维亚人信仰的中心之一。

1219年，萨瓦接受拜占庭牧首的祝圣，成为具有自主地位的塞尔维亚正教会的首位大主教。萨瓦引导塞尔维亚教会躲开教宗的蚕食，并两度到十字军控制下的耶路撒冷朝圣。1236年，萨瓦在访问保加利亚首都特尔诺沃（Turnovo）期间去世。他的遗体安葬在先前王室在米莱舍瓦（Mileseva）建造的修道院中，该修道院的墙上至今还有一幅萨瓦的肖像画,可能是在13世纪20年代照着本人绘制的。

萨瓦以多种面貌出现在许多史诗中,既是圣人、神秘主义者或朝圣者,又是战士或英雄,在漫长的土耳其人占据塞尔维亚的时代,他是塞尔维亚人想象世界中最鼓舞人心的民族伟人。尊崇他的人相当多,甚至当地信伊斯兰教的土耳其人也尊崇他,奥斯曼当局只好在1594年放火焚毁了他的棺材。

塞尔维亚艺术在萨瓦去世之后的几十年时间里达到了光辉的顶峰。最具代表性的作品就是索波查尼修道院(Sopocani Monastery)教堂里的华丽壁画,创作于13世纪60年代。不出百年,塞尔维亚艺术的出众风格渐渐消失,被帕列奥列格王朝文艺复兴时兴起的拜占庭风格所盖过。

14世纪中期,尽管塞尔维亚在艺术上的原创性日渐消退,却在斯特凡·杜尚(Stefan Dushan)的统治下达到了军事与政治力量的顶峰。他坚定地意图夺取拜占庭帝国的皇位,直让人想起400多年之前的保加利亚沙皇西美昂。正如西美昂打算建立拜占庭-保加利亚大帝国,自己在君士坦丁堡登基称帝一样,斯特凡·杜尚也打算当拜占庭-塞尔维亚帝国的统治者,趁拜占庭帝国被内乱所困而出兵。尽管他没能成为他所宣称的"塞尔维亚人与罗马人的皇帝",却还是让自己的朝廷与管理体系效仿君士坦丁堡的政府,将塞尔维亚的政府机构与法律加以拜占庭化。

杜尚去世后,奥斯曼帝国迅速进军巴尔干,塞尔维亚骤然从顶峰跌落。1371年的马里查河(Maritsa River)之战与1389年的科索沃原野(Kosovo Polye,意为"黑鸟的原野")之战中,塞尔维亚军队都打了败仗。科索沃原野之战中,奥斯曼苏丹穆拉德和塞尔维亚大公拉扎尔（Lazar）均阵亡。此战标志着塞尔维亚开始臣服于土耳其人，也成为未来史诗的重要题材。1402年，帖木儿在安卡拉之战击败了奥斯曼军队，之后塞尔维亚和拜占庭都得到了短暂的喘息之机。然而到1459年，土耳其人已经直接控制了整个塞尔维亚。塞尔维亚人至今都把斯特凡·杜尚在位时期视为塞尔维亚民族的黄金时代。

13

基辅的崛起

860年,一群罗斯劫掠者来到君士坦丁堡城外,令城市居民惊恐不已,传统说法认为这些人来自基辅(Kiev)。基辅位于南俄的第聂伯河畔,是一座富裕的贸易城市,也是最早的罗斯文明——基辅罗斯(Kievan Rus)的政治中心。这种传统说法很大程度上基于罗斯人关于这一时期的最早记载,即《往年纪事》(Primary Chronicle)。据《往年纪事》的记载,今天俄罗斯北部和乌克兰的斯拉夫人等族群邀请所谓的"瓦兰吉罗斯人"(Varangian Rus)去统治他们,他们说:"我们的土地广阔而富饶,却没有秩序。前来统治我们吧。"①

记载称,斯拉夫人和他们的新统治者从开始就觊觎壮美华丽的君士坦丁堡。斯拉夫人称君士坦丁堡为"凯撒格勒"(Tsargrad),意为"皇帝之城";瓦兰吉人则称其为"米克勒格勒"(Micklegard),意为"伟大之城"。在准备举家前往君士坦丁堡的瓦兰吉人之中,有名叫阿斯科尔德(Askold)和迪尔(Dir)的两兄弟,两人在第聂伯河畔的基辅这座"小山上的小城"②停了下来。两人在基辅定居,并掌控了该城,将其作为基地,于860

---

① *Primary Chronicle*, 59.
② Ibid., 59.

年对君士坦丁堡发动了远征。而皇帝米哈伊尔和牧首弗提乌斯将"圣母的祭衣"①浸入海中时，突然起了一阵暴风，毁灭了攻城者的舰队。

在最开始的瓦兰吉人里，有个名叫留里克（Rurik）的王公，他成了北方的诺夫哥罗德（Novgorod）的统治者。1568年之前俄罗斯的沙皇都是留里克的后代。留里克的后代奥列格（Oleg）推翻并杀死了阿斯科尔德和迪尔，统治了基辅。在奥列格统治时期，基辅将统治覆盖到其他的罗斯人聚居区，成为罗斯人的都城，被称为"罗斯城市之母"。②

根据这段记载，传统解释认为基辅建立于9世纪中期之前。一条贸易路线沿第聂伯河通往黑海，即著名的"从瓦兰吉到希腊"贸易路线，它助推了基辅的繁荣。《往年纪事》载阿斯科尔德和迪尔就是打算跟家人经这条路线前往凯撒格勒。就像860年那样，基辅后来也多次进攻拜占庭帝国，而同时拜占庭的文化也影响着第聂伯河流域。基辅最终在10世纪末接受了东正教。

这种传统说法能为拜占庭帝国增光添彩，也长时间为现代的拜占庭学家所接受。然而，事实证明《往年纪事》没那么可信，它是在11世纪末12世纪初以各种更早的史料编纂而成，其中一些史料是口头的说法。编纂者是基辅的东正教修士，在他们写作的时代，基辅的伟大正在日渐衰颓，近年学者认为这些编纂者为了将基辅起源的历史留下一个更"合宜"的版本，有意将基辅的历史编得更古，还夸大了它在罗斯人创立势力时的地位。

---

① *Primary Chronicle*, 59.
② Ibid., 61.

早期的罗斯人

尽管新近的考古发掘有力地佐证了近来学者的看法，但是讲述古老基辅的历史神话还是没有消散。直到最近的20世纪90年代，还有讨论罗斯历史的书籍认定860年的进攻来自基辅。然而近年的新发现（以及对旧有发现的新解读）确定，860年时的基辅不过是由几间木屋组成的简陋村落，与附近的村落毫无二致。也没有证据显示拜占庭帝国跟基辅在9世纪中期之前有过大量的贸易。要说有两百多艘舰船从这里出发，顺第聂伯河而下，再攻击君士坦丁堡，实在是不太可能。那次进攻应当来自另一个罗斯人的聚居地。

可能的发起进攻的地点很多。9世纪时，瓦兰吉罗斯人——他们是大胆的维京贸易者，冒险渡过寒冷的波罗的海——在俄罗斯北部密林笼罩的河流沿岸建立了一系列贸易点。考古学家确实证伪了罗斯人在早期与拜占庭之间存在沿第聂伯河的贸易路线的神话，却用充足的证据说明罗斯跟东西两侧的西欧和伊斯兰世界有着贸易往来。事实上，早在拜占庭人之前，法兰克人和阿拉伯人就已经在跟富有冒险精神的罗斯人做贸易了。

早期的罗斯人得到南方财富的最重要水路不是第聂伯河，而是顿河和伏尔加河，尤其是后者。顿河和伏尔加河的位置非常适合罗斯人跟伊斯兰世界做买卖。跟第聂伯河一样，顿河也流入黑海，但位置更靠东，并注入亚速海。伏尔加河则流入里海，商人可以在渡过里海后走陆路前往巴格达。伏尔加河和顿河的上游依然适航，商人沿河而上，只需经过短途的陆路运输，就能到达波罗的海。更重要的是，两条河在下游的一个地方非常靠近，这样船夫就能利用陆路运输便捷地把船只在河流（或海洋）之间转移。

到 9 世纪 30 年代，文字记载已经开始提及罗斯人了。法兰克人写的《圣贝尔坦年代记》（Annals of St. Bertin）记载称，拜占庭使团在 839 年到达虔诚者路易（Louis the Pious）的宫廷时，一批旅行者随使团前来，持拜占庭皇帝致路易的书信，书信请求路易帮助这些陌生人返回家乡，因为他们从拜占庭返回家乡的道路被"野蛮残暴且极度凶悍的民族"封锁，无法通行。信中还提到这些陌生人自称"罗斯人"（Rhos），而路易详细调查后才明白"这些人来自瑞典"。[①]

多年以来，人们认为这些旅行者来自基辅，然而正如前文所说，此时基辅尚未建城，所以近来的学者认为他们可能来自一个靠近未来的诺夫哥罗德的贸易点。所谓封锁道路的野蛮人可能是马扎尔人，而马扎尔人很快就会被佩切涅格人赶走（如前文所述，是西美昂外交斡旋的结果），离开黑海北岸进入匈牙利。

尽管拜占庭帝国的宫廷里出现了罗斯人，却几乎没有考古证据能证明他们在这时跟拜占庭人做生意。相反，所有的证据，比如在伏尔加河和顿河流域发现的大量阿拉伯银币窖藏，都显示罗斯人和伊斯兰世界有紧密的联系。

基辅建城

约 900 年，瓦兰吉罗斯人的道路被封锁了。东面，他们顺伏尔加河前往巴格达的成熟道路被外来的游牧民族伏尔加保加尔人

---

① Franklin and Shepard, *Emergence*, 29.

（Volga Bulgars）封锁了，伏尔加保加尔人打算从利润颇丰的伏尔加河贸易中分一杯羹。① 西面，多瑙河畔的罗斯商人遭受了类似的压力，最常见的形式是被征收繁重的关税和通行费。如此一来，他们发展贸易的选项只剩下一个：向南。向南意味着走第聂伯河，并要和居住在河流北岸的斯拉夫人进行更广泛的交流。

第聂伯河是汇入黑海的最大河流，然而河道较为蜿蜒，不如顿河和伏尔加河这两条罗斯大河那般平顺，后两条河实际可以全程通航。第聂伯河最难通行的河段位于中游，是一段约50英里的湍急河段，河岸都是隆起的花岗岩，水手只能花大量时间将船只从陆路拖过这段路程，否则就要冒船毁人亡的风险。

这处河段位于大草原之上。水手拖着船只与货物吃力地行走时，正好是极易受到骑马的游牧民攻击的目标。按照君士坦丁七世的记载，佩切涅格人经常在第聂伯河中下游发动袭击，是罗斯人的梦魇。

罗斯人看向南方的时候，拜占庭帝国出于自身目的也想在北方寻找新的盟友。最主要的原因便是860年的攻击戏剧性地显示帝国与哈扎尔人的旧联盟不足以保护拜占庭帝国免受来自北方的攻击。哈扎尔王国日渐衰微。拜占庭曾和名义上位于哈扎尔王国境内的游牧部族，比如马扎尔人和佩切涅格人联络，以在有可能的情况下利用他们，但这些游荡的战士在长期意义上太不可靠。他们既不希望以基督徒的身份定居，也不愿获取进入文明社会之后可能获得的文化利益。而且除了弄一些小玩意儿，他们对别的贸易活动也没有多少兴趣。

---

① 伏尔加保加尔人是突厥人的一支，与后来发展成保加利亚人的族群之间有关联。

相较之下，罗斯人非常关注贸易。20世纪70年代，人们在基辅的滨水地带发掘出了木屋的遗迹，房屋在结构上跟其他地方的瓦兰吉罗斯人贸易点遗迹的房屋很相似。学者有把握地将基辅的遗迹定年到公元900年左右，似乎可以认定这些建筑是罗斯人从北方抵达基辅之后所建。墓地也从此时开始出现，一些是斯堪的纳维亚人的墓地，但大多为斯拉夫人的墓地，这说明被吸引到基辅的斯拉夫人越来越多。与贸易相关的各种行当（比如造船）的社群也出现了。

《往年纪事》保留了两份罗斯人与拜占庭帝国在早期签订的贸易协议，可以作为考古证据的补充。第一份协议签署于907年，做了一些初步的规定。第二份协定签署于911年，其条款比上一份更完善。很难确定是不是基辅的罗斯人签了这两份协议，尽管《往年纪事》的答案是"是"。但是，考古证据在这段时间终于能跟《往年纪事》对基辅的记载相印证。若确实按《往年纪事》所说协议由罗斯人签署，那么这些协议则可以被视为描述基辅建城的文献了。

《往年纪事》记载称，奥列格通过强逼从拜占庭帝国那里得到了前一份贸易协定——奥列格就是前面说从阿斯科尔德和迪尔手中夺取了基辅的那一位。此书还用详细而有戏剧性的描写，讲述奥列格对凯撒格勒发动进攻：拜占庭帝国用铁链封锁了金角湾的入口，奥列格却让人从陆地上将船只拖进金角湾，从而绕过了这座城市固若金汤的城防。土耳其人在1453年的攻城战中也使用了此法，而此法也是穿过第聂伯河湍急河段的必要手段。见证了奥列格卓绝的战术能力，目睹了无情的抢掠活动之后，拜占庭同意了罗斯人的要求。不寻常的是，拜占庭方面的史料从未提及这次袭击，这几乎足以证明此次进攻不曾发生。或许这一切只是有人精心捏造，以在人们心中维持罗斯人凶悍的印象。

从拜占庭的角度来看，贸易协议的条款太大方了，简直是要把斯堪的纳维亚人的无底欲壑挖得更深：

> 前来此处的罗斯人索要的粮食须全数满足。凡来经商之人，均可获得六个月的补给，包括面包、葡萄酒、肉、鱼和水果。公共浴室均须按其需求安排。罗斯人返回时，皇帝要提供食物、锚、绳索、帆布等返程的必需品。

但协议中也有专为促进商贸、约束外来者行为而制定的条款：

> 不带货物前来的罗斯人不得获得补给品。罗斯王公应禁止此类罗斯人前来，以免他们在我国城镇中或领土上滋事。这类罗斯人抵达之后应当在圣玛玛斯区（St. Mamas）居住……他们只得通过一个城门进入都城，不许携带武器，一次仅限 50 人进城，并由皇帝安排的人员陪同。他们可以按照需求经营业务，无需支付税款。[1]

若是没有这些谨慎安排的谈判，考虑到与第聂伯河贸易路线相伴的麻烦、花销和危险，商人走这一趟就不划算了。基辅的地理位置称不上有利，它太靠南方，所以难以防卫。诺夫哥罗德等罗斯人早期的贸易中心位于北方的森林中，那些历史上控制大草

---

[1] *Primary Chronicle*, 64-65.

原的骑马的游牧民攻击不到。相反，基辅位于大草原北部的边缘，那里树木稀疏，马扎尔人、佩切涅格人等任何游牧民的骑兵如果想去抢掠，就能很容易地到达基辅。他们最开始的定居点位于第聂伯河右岸，距离入海口约600英里，修筑在距离河面300英尺高的多树峭壁上。选址的地方很显眼。直到今天，人们从河流对岸的基辅市往峭壁上望，依然能看见古老教堂的尖塔与金色穹顶。比起北方的森林地带，基辅的气候更温和，植被更容易清理，土壤也更肥沃。然而草原的威胁抵消了这些优势。

但在一段时间里，这场赌博以及用谨慎的谈判获得的让步终于得到了回报。罗斯人的第一个国家得以建立，而拜占庭帝国在贸易协议中的承认无疑极大地增强了它的合法性。《往年纪事》提及奥列格的顾问与代表时，跟"奥列格"这个名字一样，确实提到的都是斯堪的纳维亚人的名字：卡尔（Karl）、法鲁尔夫（Farulf）、韦尔蒙德（Vermund）、赫罗拉夫（Hrollaf）、斯泰因维特（Steinvith）、英亚尔德（Ingjald）、贡纳尔（Gunnar）、哈罗德（Harold）、卡尔尼（Karni）等等。因此我们不难看出是谁建立了基辅。然而在一个世纪之内，无论是这个新国家，还是那个它宣称在其中拥有最高地位的新兴文明，均彻底斯拉夫化了，也可以说，成了真正的"罗斯人"。

如果说传统说法认为拜占庭帝国在基辅建城之后对基辅罗斯施加了极大影响，因而更讨拜占庭学家喜欢，那么他们更有理由喜欢新的阐释。在我们对基辅早年情况的新描述中，拜占庭帝国的地位远超此前的解读。现已证明，拜占庭帝国是基辅建城的决定性因素——而基辅的建立比原有预计来得更晚、更突然，也更富戏剧性。

贸易与战争

阿斯科尔德、迪尔和奥列格是否是真实存在的历史人物，尚无定论。到 10 世纪 40 年代，历史的证据更为确凿。941 年，第一位可以清楚确定真实存在的基辅统治者伊戈尔（Igor）率领大规模的舰队——不过拜占庭帝国的记载中舰队有一万艘船的说法明显有所夸大——经黑海南下，让君士坦丁堡附近沿海地区的居民恐慌了数月之久。直到拜占庭帝国将一批退役的破旧船只装备上希腊火之后，才得以驱逐罗斯舰队。历史学家对这次入侵行动的目的各持说法。但双方随后重新确立了商贸关系，并在 945 年新签署了一份更全面的协议。该协议的文本亦收录在《往年纪事》中。

协议签署不久之后，伊戈尔带领一小股部队在德列瓦（Dereva）附近平叛时被杀，而基辅的权力平稳地过渡到他的孀妻奥列加手中，奥列加以两人的幼子斯威亚托斯拉夫的名义摄政。奥列加摄政后，首要举措便是将叛乱的德列瓦人全部屠杀——至少《往年纪事》是如此记载的，此书还详细记载了奥列加为丈夫复仇时那骇人的暴戾。年幼的斯威亚托斯拉夫勇敢地向杀死父亲的人们投掷长矛，却差点把自己座骑的耳朵削掉——此事可以被当作文学性的表述，预示了他长大后的武功。

《往年纪事》随后说，奥列加继续强化基辅对其他城市的控制，其势力甚至远达遥远的诺夫哥罗德。基辅的权力主要表现在收集各种贡赋上，比如毛皮、蜂蜜、蜡、奴隶和羽毛。这些原材料可以用于交换钱币或者丝绸之类的高档手工制品——945 年的协议特意提及了这一点。跟之前的基辅统治者一样，奥列加将与拜占庭帝国的贸易放在最优先和最重要的地位，尽管她此后也和德意志人进行过短暂的联系。

957年，正好是克雷莫纳的柳特普兰德两次出使君士坦丁堡之间的时间，奥列加带大批随从访问君士坦丁堡。奥列加出访的主要目的是讨论贸易事宜，但也有些别的想法。据说近一个世纪之前，弗提乌斯曾派传教士向罗斯人传教，而这些传教士没有带来任何影响。不过，随着基辅的崛起，第聂伯河的贸易日益繁盛，拜占庭帝国和罗斯的联系日渐紧密，难免有越来越多的罗斯人皈依基督教。因此，出访的奥列加请求接受洗礼成为基督徒。君士坦丁堡牧首主持洗礼仪式，其地点应该是圣索菲亚大教堂。皇帝君士坦丁七世成了奥列加的教父，而奥列加选择君士坦丁大帝母亲的名字海伦娜作为自己的教名。

这种亲密的举动，象征奥列加被皇帝的家族所接纳。人们非常重视这次接纳行为。这是罕有的荣耀，也跟拜占庭帝国对这个北方新盟友的重视程度相称。不过，或许其中存在一些个人的因素。按照《往年纪事》的记述，君士坦丁七世被非凡的奥列加所倾倒，因此向她求婚。奥列加机智地回避了他的求婚，指出他是她的教父，称她为女儿，因此两人的结合不符合基督教的规定。皇帝的回复颇有魅力，但略带哀伤："奥列加，你耍了朕哪。"[①]

我们或许希望奥列加这种坚定的统治者在改信基督教之后最终能让她的臣民都信基督教，其实罗斯人改信基督教要来得稍晚一些。斯威亚托斯拉夫跟其母一样意志坚定，但笃信多神教，尽管虔诚的奥列加竭尽所能，却还是无法让这位继承人改信基督教。

---

① *Primary Chronicle*, 82.

斯威亚托斯拉夫是第一个使用斯拉夫名字的罗斯统治者，这意味着此时的瓦兰吉罗斯人跟之前的保加尔人一样，已经在很大程度上被人数更多的斯拉夫臣民给同化了。斯威亚托斯拉夫长着灰眼睛和扁鼻子，是个不知疲倦、坚决果敢的勇士，以草原的游牧骑手为榜样，甚至留他们的发型（蛮族的发型，即只留一绺头发，其余的全部剃光），他的行为如下：

> 豹子一样迅捷的他，发起了许多征战。远征时，他不携带货车或锅具，不煮肉吃，而是吃马肉、牛肉或者野物的肉，将肉切成条，再在炭火上烤熟。他也不带营帐，而是将马的罩衣铺在地上，枕鞍而眠。他的随从亦然。①

强势的奥列加待在基辅处理事务，同时斯威亚托斯拉夫开始致力于向东扩张基辅罗斯的势力。10世纪60年代前期，他对哈扎尔王国发动了一系列远征，洗劫其首都伊蒂尔（Itil），灭亡了颓败的哈扎尔王国。随后，他征服了一系列部族，《往年纪事》记载其名字如下：卡索吉安人（Kasogians）、亚希安人（Yasians）、维亚季奇安人（Vyatichians）。他还攻击了伏尔加保加尔人。他的目的可能是再次接触依然有利可图的顿河与伏尔加河航路，如果他有意于此，那就没有取得完全的成功。

967年，拜占庭皇帝尼基弗鲁斯二世·福卡斯（Nicephorus Ⅱ Phocas）请求斯威亚托斯拉夫率军进攻保加利亚人。拜占庭帝国经常向盟友提出此等要求，这次也一如既往地附带了一笔酬劳，

---

① *Primary Chronicle*, 84.

不过酬劳的金额比以往略高：1500磅黄金。斯威亚托斯拉夫按约率部渡过多瑙河，轻松地击溃了保加尔人，占据了多布罗加的小普雷斯拉夫（Pereslavyets），并在此地越冬。

斯威亚托斯拉夫攻击保加利亚人时，佩切涅格人趁机攻击基辅，用大军封锁了基辅，开始攻城。斯威亚托斯拉夫急忙北上解围，将佩切涅格人赶回草原。但他在繁荣的保加利亚停留时心里有了新的想法，并在解救奥列加之后将想法告诉了她：他要把罗斯的统治中心迁移到保加利亚。奥列加此时重病缠身，听闻儿子的迁都想法，大吃一惊。不久后，她去世了。斯威亚托斯拉夫随即返回保加利亚，再度占据了小普雷斯拉夫。拜占庭皇帝约翰一世·齐米斯西斯（John Ⅰ Tzimisces，他杀死了尼基弗鲁斯二世并取而代之）三次大败斯威亚托斯拉夫，封锁了多瑙河航运，迫使后者离开保加利亚。

经第聂伯河返回基辅时，携带战利品的斯威亚托斯拉夫和他的少量部下在湍急河段附近遭到佩切涅格人袭击。斯威亚托斯拉夫阵亡，佩切涅格人（或许是为了说明谁才是真正的蛮族）把他那颗精心修剪了发型的头颅做成了酒器，其形状很像今天的纸杯。斯威亚托斯拉夫此前特意要求拜占庭通过外交手段为自己安排一条安全的回程路线，这要么是拜占庭人根本没做安排，要么是斯威亚托斯拉夫一行携带的战利品太多，以致佩切涅格人决心食言。

没有证据表明斯威亚托斯拉夫在巴尔干的肆意妄为给基辅罗斯和拜占庭帝国的紧密关系带来了什么不利影响。双方关系的基础是贸易，而贸易终将发生变化，何况生意终归只是生意。拜占庭帝国、斯威亚托斯拉夫死后的罗斯，此后都因国内的问题而终止了对抗的行动。

在拜占庭帝国，约翰·齐米斯西斯谋杀了尼基弗鲁斯二世而坐上皇位，充当君士坦丁七世的年幼孙子巴西尔二世（Basil Ⅱ）的摄政，并于976年去世。约翰一世去世时，拜占庭的合法皇帝巴西尔二世时年十八岁，还要经过十几年的内战才能以自己的名义统治帝国。

在罗斯，斯威亚托斯拉夫留下的几个儿子分别管理各个城市，他们也同样在10世纪70年代陷入继位的战争，最终幼子弗拉基米尔在980年成为胜利者。

巴西尔二世和弗拉基米尔在掌权道路上都面临艰难的挑战，而结果是双方都能在对方最需要的时候提供关键的援助。这两位出色的统治者帮助对方的国家达到了各自的经济繁荣与军事力量的顶峰。就这样，拜占庭文明和形成之中的罗斯文明之间终于形成了牢固而独特的伙伴关系。

14
基辅罗斯的黄金时代

弗拉基米尔,或称弗拉基米尔大帝、圣弗拉基米尔,大约在956年出生,生母地位较低,是斯威亚托斯拉夫的妾。他的两位兄长亚罗波尔克(Yaropolk)和奥列格(Oleg)在出身、合法性和年龄方面都比他更有利。斯威亚托斯拉夫安排亚罗波尔克管理基辅,奥列格管理基辅附近的德列瓦(此前反叛伊戈尔的地区),而安排弗拉基米尔管理遥远的诺夫哥罗德。两位兄长很快开始了争斗,奥列格兵败被杀,弗拉基米尔逃到瑞典,亚罗波尔克成了基辅罗斯唯一的统治者。

但是弗拉基米尔没有灰心。按照《往年纪事》的记载,他在瑞典召集了一大批冒险者,率军返回诺夫哥罗德,轻松赶走了亚罗波尔克委任的管理者。然后他没有浪费时间,迅速率领一支由北欧各地的人组成的大军直奔基辅,收买了亚罗波尔克的重要将领,迫使亚罗波尔克逃走。弗拉基米尔邀请哥哥返回商谈,而亚罗波尔克进门时被弟弟安排的两名瓦兰吉士兵刺死。

夺取大权之后,弗拉基米尔必须应对政治上缺乏合法性这条隐患。他迅速想到用宗教来解决合法性的问题,但他刚开始没有想到利用基督教。《往年纪事》提及,弗拉基米尔掌权后的首要举措便是公开宣布支持斯拉夫人传统信仰的多神教诸神,以雷神佩伦（Perun）为代表："弗拉基米尔随后独自统治基辅，并在城堡之外的山丘上建造偶像和相应的神殿。偶像中有佩伦的像，身体是木材做的，头颅是白银做的，胡须则是黄金做的。有神像的神灵还有还有霍尔斯（Khors）、达日博戈（Dazh'bog）、斯特里博戈（Stribog）、西马尔戈（Simarg'l）和莫科什（Mokosh）。"[①] 其中许多神都是当时基辅罗斯实际控制的社群所崇拜的神灵。弗拉基米尔是谋杀兄长的庶子，又被人认为跟基辅的遥远竞争对手诺夫哥罗德关系密切，所以急需得到他那些信仰依然混杂的臣民的认同，故而采用明确接纳他们的神灵这种显而易见的方法。

"世间绝无仅有之美"

这样的举动也有隐患。当地的神能激起当地人的团结，而非让其效忠于集权的政府。而弗拉基米尔跟父祖一样，以拓展基辅的权威为第一要务，他不断对边远的城镇发动攻击、征服、弹压，并索取贡赋。

这些城镇里有许多居民是基督徒，也有不少基辅的居民改信了基督教，他们反对向多神教的神灵献祭。基辅罗斯治下可能还有一些穆斯林和犹太教徒，其中一些很可能居住在基辅城中。以前的哈扎尔王国信仰犹太教，伏尔加保加尔人信仰伊斯兰教，因此罗斯统治者至少对犹太教、伊斯兰教和基督教有一定了解。从很早的时候开始，似乎弗拉基米尔就开始考虑皈依这些声望更高、基于宗教圣典的一神教的可能性。

---

① *Primary Chronicle*, 93.

《往年纪事》对弗拉基米尔改信基督教的记载非常著名,目前绝大多数历史学家认为这段记载在大方向上是可信的。根据其记载,弗拉基米尔接待了伏尔加保加尔人的使节,询问其宗教如何。"他们答复称他们信真主,穆罕默德要求他们行割礼,禁食猪肉,禁止饮酒,并保证信徒死后能实现一切肉体上的欲望。"[1] 对弗拉基米尔而言,最后一部分倒是不错,但禁食猪肉的规定不太好,更别说禁止饮酒了。弗拉基米尔说:"罗斯人以饮酒为乐,没有酒还不如让我们去死。"似乎,最后这句话通常被人作为其记载可信的确凿证据。

然后,代表拉丁教会的德意志人和代表犹太教的哈扎尔人也前来做类似的拜访,但都没能说服弗拉基米尔。弗拉基米尔以基督教要求斋戒为由拒绝了德意志人,又以犹太教徒大流散的事实反驳了哈扎尔人。弗拉基米尔反问哈扎尔人的使节:"如果神明喜欢你们和你们的信仰,你们就不会流散到异国的土地上。难道你们希望我们也落得流散的下场吗?"

上面每一个故事,《往年纪事》都用一段话来记述,随后便是一位拜占庭帝国的"学者"的话,他的话占去了十页多的篇幅,依照《旧约》与《新约》的说法,概述了世界历史,而弗拉基米尔明显是在专心致志地听讲,时不时插入自己的问题。这位"学者"在长篇演讲的开始便说明,拜占庭人的基督教与德意志人的基督教相似,但德意志人采用了一些新奇的做法,比如在圣餐礼中使用无酵饼,从而"改变了信仰"。

咨询了波雅尔们之后,弗拉基米尔派使节先后拜访了伏尔加

---

[1] 此处和下一处的引文出自:*Primary Chronicle*, 97ff。

保加尔人、德意志人和拜占庭人，让使节回国汇报各地实际的信仰情况。伏尔加保加尔人和德意志人尽可能热情地招待了使节，但是他们的招待完全无法跟圣索菲亚大教堂相比。皇帝和牧首邀请罗斯人在圣索菲亚教堂中观看宗教仪式。使节回国汇报时称，进入大教堂之后，"我们不知道自己身处天堂还是凡间，因为如此壮美的景致不存在于人世，我们也不清楚如何用言语形容。我们只知道上帝在那里栖身于凡人之间"[1]。按照《往年纪事》的说法，弗拉基米尔和他的波雅尔们此时终于决定接受洗礼，皈依拜占庭版本的基督教。

这是罗斯方面的记载，而且是后世的记载。拜占庭的史料对罗斯人皈依的情况有不同的记载，而记载也许更接近事实。

10世纪的大部分时间里，在巴西尔的幼年以及他的祖父"出生于紫色寝宫的"君士坦丁七世在位时期，拜占庭帝国被强势的将军控制，将军以摄政和共治皇帝的身份把持朝政。我们已经不止一次提及这些将军，他们来自各行省的武官世家，尤其是小亚细亚的，这些家族在与阿拉伯人打的胜仗中扮演了重要的角色，让帝国的领土在10世纪不断向东扩张。武官世家在朝廷里争夺影响力之时，它们之间出现了内斗，而内斗的结果是约翰·齐米斯西斯在969年谋杀了尼基弗鲁斯·福卡斯。

在接下来二十年的内斗中，拜占庭政治生活的大部分都是福卡斯家族与其对手的争斗。巴西尔耐心地坚持，竭力从内讧的将军那里收回权力，而那些将军麾下的部队实际上是私兵，只在名义上效忠皇帝。巴西尔没有能跟将军们抗衡的力量。最终，尼基

---

[1] *Primary Chronicle*, 111.

弗鲁斯·福卡斯的侄子巴尔达斯·福卡斯（Bardas Phocas）打败了对手，然后在987年公开叛乱，并被部下拥立为皇帝。他控制了几乎整个帝国，而巴西尔只能控制君士坦丁堡，四面受敌，对外联系也被切断了。

但在拜占庭帝国的政坛上，无论城外的情况如何恶劣，只有君士坦丁堡的主人才是合法的统治者。不过城外的情况也确实恶劣至极。巴西尔不但面对着巴尔达斯·福卡斯的叛乱，还要应付保加利亚的叛乱——保加利亚沙皇萨穆伊尔（Samuel）趁拜占庭帝国内乱之机摆脱了帝国的控制。此前约翰·齐米斯西斯在位时，拜占庭在一系列斯威亚托斯拉夫参与了的战役中直接控制了保加利亚。986年，保加利亚部队趁拜占庭军队穿越险峻的山口撤退时，趁其不备，伏击了巴西尔的军队并将其彻底击败。此后，巴西尔坚定地致力于彻底削弱保加利亚人的目标，他最后以非常血腥的方式实现了这个目标，为自己赢得了"保加利亚人屠夫"（Bulgaroctonos）的绰号。

988年，巴西尔距离战胜保加利亚人还有相当的距离，此时他最紧要的目标是生存下来。最重要的是，为迎战巴尔达斯·福卡斯的军队，巴西尔需要士兵，而他此时事实上只剩下一个选项。

巴西尔派出使团拜访弗拉基米尔，请他派大军前来支援。在随后的谈判中，拜占庭皇帝明确无误地展示了自己的艰难处境，还提出让弗拉基米尔迎娶自己的妹妹安娜——一位出生于紫色寝宫的拜占庭公主。

这对弗拉基米尔而言是个绝佳的机会，对北方的蛮族统治者而言也是前所未有的让步。如果巴西尔的祖父君士坦丁七世能知晓此事，他必定极为震惊，毕竟他在自己讨论帝国管理的长篇著作中明确表示绝不能允许皇室跟蛮族通婚,因为这会玷污皇室的血统。

除了要求提供军队,巴西尔为这项前所未有的提议而开出的条件非常简单:弗拉基米尔受洗成为基督徒,逐去其他妻妾。弗拉基米尔接受了提议,按时接受洗礼,将一支说有6000人的部队送给巴西尔。巴西尔凭借这支罗斯人的部队击溃了叛军,独自掌控了帝国。这些罗斯人留在拜占庭帝国,最终成为一支著名的精锐部队,即瓦兰吉卫队(Varangian Guard)。这支精锐部队威名赫赫,对皇帝忠心耿耿,担任皇帝的贴身侍卫,驻守在君士坦丁堡的大皇宫之中。

返回基辅后,弗拉基米尔以此前崇拜多神教神灵一样的狂热来推行基督教信仰,公开摒弃多神教:

> 大公返回首都之后,下令毁掉所有的偶像,一些切成碎块,一些烧成灰。他命人把佩伦神像拴在马尾上,拖到……溪流中。他派12个人拿棍棒击打神像……而后他们拖着神像走到第聂伯河边,扔进河里。[1]

他还令基辅城中所有人受洗,众人欢欣鼓舞地表示接受,说(至少编写《往年纪事》的修士们是如此记述的):"如果这信仰不好,大公和波雅尔们也不会接受它。"确实如此。

弗拉基米尔还采取手段,在不断扩张的基辅罗斯国家中传播基督教。"他开始建造教堂,在各城市之中安排司祭,邀请所有城

---

[1] 此处和下一处的引文出自:*Primary Chronicle*, 116ff。

镇的人前去受洗。"但是,最壮观的教堂位于首都基辅,是在拜占庭人的协助下,照拜占庭建筑的样式建成的。在弗拉基米尔立起多神教偶像又将其拆除的地方,他建造了一座大型教堂,将教堂献给他的主保圣人巴西尔。他还雇用了大批拜占庭画工与匠人,建造了一座奉献给圣母的大型教堂,该教堂位于老基辅山(Old Kiev Hill),是装饰精美的新建的宫殿群的一部分,弗拉基米尔跟他的皇室妻子就在这里的宫殿里居住。

从拜占庭来到基辅的人不仅有传播福音、掌管教堂的教士,还有建筑师、画工和装饰教堂的匠人,他们也把知识传授给了斯拉夫学徒们。很短的时间内,基辅城的天际线完全变了样。一位西欧的访客——跟弗拉基米尔同时代的梅泽堡(Merseberg)主教蒂特马尔(Thietmar)记载称,基辅是一座有约40座教堂和8处市集的壮丽城市。

比起接踵而来的文化巨变,以上物质上的变化就相形见绌了。弗拉基米尔跟拜占庭皇室的联姻,提高了他的声望,加上他皈依了基督教,他在基辅的地位也得以巩固。他不久就开始造拜占庭样式风格的金银币,钱币的一面是坐在皇位上的弗拉基米尔,另一面则是拜占庭式的全能者基督像(Pantocrator)。

最重要的是,弗拉基米尔让他的臣民皈依基督教,事实上给了他们共同的身份:基督徒身份,以及不久以后的罗斯人身份。

西里尔和梅索迪奥斯在罗斯的遗产

"邀请"臣民受洗之后,弗拉基米尔立刻开始检验他们是否清楚自己到底皈依了什么。除了派司祭前往各个城镇,他还开始了一项教育计划，意在为那些最有影响力的家族的孩子提供教育。《往年纪事》记载："他把最显赫的家族的孩子都集中起来，令他们去学习经书。"编年史家随即无动于衷地继续说："因为孩子的母亲此时信仰还不坚定，就跟送葬一般为孩子而痛哭。"[1]

弗拉基米尔此举不只是在明智而有些冷酷地教导未来的统治阶级而已。跟之前的保加利亚人一样，罗斯人在成为基督徒之前没有可用的文字，弗拉基米尔因此创制了一套文字，由此开创的文学将成为全世界最伟大的文学传统之一。

那些年轻学生学习的"经书"基本上都是古教会斯拉夫语的著作，这属于西里尔与梅索迪奥斯这两位圣徒的遗产。同样的遗产依旧在保加利亚盛行，却在罗斯找到了更重要的化身，成为塑造早期罗斯文明的主导因素。

《往年纪事》无疑意识到了这一点，它特意提及了这两位前往摩拉维亚和保加利亚的传教士，指出罗斯人的文化与他们相关，自豪地颂扬说，斯拉夫人的遗产被西里尔和梅索迪奥斯的遗产给塑造了。"最早的斯拉夫语书籍，正是为这些摩拉维亚人而写，而这种文字也流行于罗斯人和多瑙河沿岸的保加利亚人之中。"[2]

弗拉基米尔之子"智者"雅罗斯拉夫在位时，这个遗产发展到顶峰，也促成了基辅罗斯的黄金时代。雅罗斯拉夫在位期间，拜占庭艺术家与工匠继续在罗斯工作。雅罗斯拉夫在拜占庭人的协助下建造了大量教堂，其中最著名的就是基辅的圣索菲亚教堂（1037—1046 年建造），其灵感无疑取自君士坦丁堡的圣索菲亚大教堂。时至今日，游客依然能在基辅的圣索菲亚教堂见到保存最好

---

[1] *Primary Chronicle*, 117.

[2] Ibid., 62.

的 11 世纪拜占庭马赛克镶嵌画和湿壁画。

雅罗斯拉夫的绰号也隐含着一个《往年纪事》反复提及的事：这位罗斯统治者首先是一位"爱书人"。

> 他埋头于书本中，夜以继日地阅读。他召集了许多抄写员，并将希腊语文本译为斯拉夫语。他编著了许多书，也收集了不少书，以让坚持正信的人学习，以让其得到宗教教育……因为书籍能带来很多益处。以书为媒介，我们得知了忏悔的方式，得以从字句之中获得智慧与自制。书籍如同河流一般滋润大地，是智慧的源泉。书籍的深度无可估量，书籍可以抚慰我们的悲伤。[1]

我们不清楚雅罗斯拉夫从哪里找来翻译家。他们之中有一些罗斯人，其余的可能是拜占庭帝国的希腊人或者斯拉夫人。而且几乎可以肯定，有保加利亚的修士、司祭以及学者参与其中。

我们也不清楚他们究竟翻译了哪些作品，毕竟古教会斯拉夫语手抄本的年代向来难以确定。大约 12 世纪之前，古教会斯拉夫语格外统一，10 世纪的保加利亚手抄本的外观与文本跟 11 世纪的罗斯手抄本的差别相当小。这种同质性足以证明西里尔的语言在品质和稳定性上取得了非凡的成就。

不过，有学者还是认出了一些可能翻译于这一时期的作品，其中不全是拜占庭的宗教文献。其中自然包括大量的圣徒传记、修道院的规定以及宗教礼仪书，却也有法律的文本，有探险家

---

[1] *Primary Chronicle*, 137.

"去过印度的"科斯马斯（Cosmas Indicopleustes）的《基督教地方志》（*Christian Topography*），以及少量世俗作品，比如约瑟夫斯（Josephus）的《犹太战争史》（*History of the Jewish War*）。以9世纪拜占庭与阿拉伯人的边境战争为题材的拜占庭史诗《迪吉尼斯·阿克里塔斯》也可能翻译于这一时期。

斯拉夫语的各个方言逐渐演变为民族语言，各个语言之间无法互相理解之后，古教会斯拉夫语依然是拜占庭共同体之中的国际性语言。然而只有在罗斯人接受这一语言之后，古教会斯拉夫语的地位才得到了保证。这种语言在摩拉维亚差不多消亡了一个多世纪之后，却在别的地方取得了意想不到的成功，西里尔独特而杰出的发明就这样得以流传至今。

另一方面，古教会斯拉夫语让斯拉夫人得以用自己的语言接受基督教的同时，也延迟了他们对自身在基督教之前的漫长历史时代的了解，而在这方面，西欧各国的教士得益于天主教坚持使用的拉丁语，受过教育的拜占庭人则受益于精通希腊语的长处。如此说来，若说古教会斯拉夫语让斯拉夫人有了独特的语言，那么这种语言又让他们孤立于持续发展的其他欧洲文明——它们用拉丁语和希腊语表达高级文化。从这个角度来看，西里尔和梅索迪奥斯的璀璨遗产对斯拉夫世界而言，既可以说是馈赠，也可以说是负担。

基辅的黄金时代

雅罗斯拉夫继续父亲弗拉基米尔的事业，让基辅在拜占庭的指导下达到鼎盛。建筑师、画工和工匠从拜占庭来到基辅，在这个新皈依东正教的地方建房子，搞装饰，教徒弟。军事方面，已经控制了辽阔土地的基辅罗斯国家在雅罗斯拉夫在位时击溃了佩切涅格人，愈发自信，并在1043年再度进攻君士坦丁堡。

这次争斗因贸易而起：拜占庭商人和罗斯商人之间发生了斗殴，一位罗斯的显贵在斗殴中身亡。入侵行动打得艰难而血腥，约400艘舰船组成的罗斯舰队几乎被全歼，船上的人也或死或俘。一些俘虏被砍去右手，砍掉的手挂在君士坦丁堡城墙上示众。另有约800名俘虏，按照拜占庭处置反叛皇帝的人的惯用刑罚，被刺瞎双眼（巴西尔二世就因为下令刺瞎保加利亚俘虏的双眼而闻名）。这也是罗斯人最后一次攻击拜占庭的君士坦丁堡。

和之前一样，武装冲突并未阻碍贸易往来与文化传播。经过漫长的谈判，双方签署了一份新的贸易协定，结束了战争。罗斯人依然积极地吸收拜占庭的基督教，以及伴随基督教的一整套文化。

这场仗打完后不久，罗斯大公和拜占庭皇帝的家族再度联姻，显示双方的联系依然紧密。婚姻的男方是雅罗斯拉夫的儿子弗谢沃洛德（Vsevolod），女方是拜占庭皇帝君士坦丁九世·莫诺马库斯（Constantine Ⅸ Monomachus）的某个姓名未知的女儿。1056年，雅罗斯拉夫去世，之后罗斯各地开始逐渐脱离基辅的控制。而这次婚姻所带来的孩子弗拉基米尔二世·莫诺马赫（Vladimir Ⅱ Monomakh）最终亲自指挥了一次败仗，基辅的权威地位就此倒塌。

历史教科书往往称这一过程为"基辅罗斯的衰落"，这个说法往往引发误解。基辅根本的政治问题在于支持罗斯集权的政治势力与反对集权的政治势力之间一直存在着紧张关系。基辅的统治者竭力创造一个集权国家,而罗斯人的传统继承法则却是将遗产平等地分给各个儿子,二者之间自然而然地存在分歧。这种在统治家族之中分配政治权力的制度被称为"分封继承制"(appanage system),而分封继承制则是罗斯人没有全盘接受拜占庭人的做法的一个好例子(另一个则是雅罗斯拉夫在位时汇编的《罗斯法典》[*Russkaya Pravda*])。

例如,弗拉基米尔大帝有 12 个儿子,每个儿子都能够获得封地,其中最"大"的奖赏自然是基辅——从字面上来说,是因为基辅的统治者能获得"大公"的头衔。此后,其他人也为这个能提高地位的头衔而不断争执。因为基辅大公的每个儿子都希望得到一座城市去统治,分封继承制意味着他们之间容易互相争斗。这样一来,理论上作为首都的基辅城,其继承问题当然也成了常年存在的棘手问题。而各个城市在商业贸易上存在激烈的竞争,又恶化了继承的问题。

弗拉基米尔二世在 1113—1125 年以基辅大公的身份统治,他的即位是中央集权制最后一次战胜诱发内斗的分封继承制。我们难免认为弗拉基米尔二世推行基辅的中央集权的做法反映了他的拜占庭血统,毕竟拜占庭帝国往往被当成绝对君主制的堡垒,但是,如果认定血统在象征意义之外的实际中也能起到作用,那就是夸大其词了。

能显示弗拉基米尔二世拜占庭背景的更有实体的证据,是基辅圣索菲亚教堂之中的一系列湿壁画,它们可能就是在他执政时期完成的。这些湿壁画装饰了通向大公及其家人做礼拜时就座之处的楼梯的拱顶和墙壁。画中描绘了君士坦丁堡的景象:一幅图描绘了大赛马场,展示了著名的赛车竞技以及戏法、杂技和比武,画面中皇帝头戴皇冠,身披紫袍,出席观赛;另外一幅图中,皇帝则身骑白马出席凯旋仪式。这些景象或许是弗拉基米尔的母亲——那位名字消失在历史长河中的拜占庭公主向他描述的。

这些湿壁画揭示了拜占庭和罗斯政坛之间的紧密关系。在拜占庭,这类公开比赛象征着皇帝的威严和权威,而当代的历史学家认为弗拉基米尔命人描绘这些壁画是为了让皇帝也能在象征意义上统治罗斯。他当然完全不曾想过让皇帝对罗斯实行事实上的统治,但是在拜占庭人的观念中,皇帝至少在理论上拥有高于所有东正教基督徒的特殊权威,无论这些基督徒生活在哪个政治实体之中。

皇帝作为理想中的统治者而超过纯粹政治上的统治者的理念,在基辅衰落之后继续影响莫斯科。在接下来的时代,尽管拜占庭皇帝实际控制的区域十分狭小,他在象征意义上的领土却依然可观。

此时,拜占庭世界迅速变化。拜占庭帝国的力量在11世纪后半叶戏剧性地崩溃了。阿莱克修斯一世于1081年即位时,帝国再度要在三个方向上面临敌人的威胁。佩切涅格人被雅罗斯拉夫击败之后被迫南迁,从北方袭扰帝国。诺曼人占据了南意大利,从西面威胁帝国。东方的土耳其人在1071年于曼兹科特(Manzikert)大获全胜之后,一路推进到小亚细亚。

尽管科穆宁王朝出了三位出色的皇帝,即阿莱克修斯一世、约翰二世(John Ⅱ)和曼努埃尔一世,帝国在他们的领导之下有所好转,但他们就跟优秀的守门员一样。守门员可以出色地扑球救球,一支队伍却无法仅凭守门员而取胜。曼努埃尔去世之后,拜占庭帝国成了公开的目标,周围不缺乏想攻击它的势力。

在这一时期的罗斯，弗拉基米尔·莫诺马赫的儿子"长臂"尤里（Yuri Dolgoruky）——他因为对领土扩张的渴望人尽皆知而获得这个外号——于1108年在遥远东北方的森林之中的克利亚济马河（Klyazma）畔建造了一个坚固的据点，并以父亲的名字命名为弗拉基米尔。弗拉基米尔城的重要性与日俱增。半个世纪之后，尤里的儿子兼继承人安德烈·鲍格柳波斯基（Andrei Bogolyubsky）大公将首都从基辅迁到了此地。安德烈也在弗拉基米尔城及附近掀起了一股建筑热潮，用当地有特色的白色石料建起几座格外华美的教堂，这些教堂成了所有旅行者的必游景点。在大公的驻地之外，弗拉基米尔公国很快控制了附近的两座繁华城市：罗斯托夫（Rostov）和苏兹达尔（Suzdal）。

也是在这一时期，1147年，小定居点莫斯科首次出现在史料中。莫斯科位于弗拉基米尔城正西方的莫斯科河畔。安德烈·鲍格柳波斯基在迁都弗拉基米尔的前一年，即1156年，在莫斯科的中心建造了第一处土墙围成的防御工事，称为克里姆林（Kremlin）。莫斯科此后日渐繁荣，最终取代弗拉基米尔，成为大公驻地。

拜占庭帝国和不安定的各个罗斯公国之间的关系，因一批新的突厥系游牧民库曼人（Cumans）[①]在12世纪时迁入草原而遭到打击。南方的基辅公国和加利西亚（Galicia）公国暂时与拜占庭帝国断绝了联盟关系，跟当时拜占庭帝国的死敌匈牙利结盟。拜占庭的史家记载，弗拉基米尔公国依然在纷争中保持坚定，忠于拜占庭。此后，拜占庭帝国将和弗拉基米尔公国的继承者——莫斯科公国建立类似的亲密关系。

---

① 库曼人（又称钦察人［Kipchaks］，被罗斯人称为波洛伏齐人［Polovtsy］）是一系列游牧部族组成的松散联盟，他们取代了南俄草原的佩切涅格人。

十字军与蒙古人：灾难般的 13 世纪

在接下来的 13 世纪，拜占庭共同体的东正教基督徒接连遭受了两个严重打击。首先是 1204 年，君士坦丁堡被第四次十字军东征的西欧士兵攻陷。不出 20 年，罗斯人与库曼人的联军又于 1223 年被成吉思汗的蒙古大军在卡尔卡（Kalka）之战中击败。1237 年末至 1238 年初的冬季，成吉思汗之孙拔都继续进攻，大举入侵罗斯东北部，首先在 12 月洗劫了梁赞（Riazan），在 1 月洗劫了莫斯科，在 3 月洗劫了弗拉基米尔。

蒙古人依次打败了各自为战的罗斯公国，一路烧杀抢掠，用熟练的攻城技术轻松打破了罗斯人的防御。1240 年，基辅被围两星期后就陷落了。直到 1242 年，蒙古人才停止西进。他们抵达波兰和匈牙利之后却意外地（毕竟他们此时还未尝过败绩）撤军，以维持他们征服的中亚草原。他们的帝国此时从中国延伸到多瑙河下游。拔都在伏尔加河下游的萨莱（Sarai）建都，而罗斯的王公们要在接下来漫长的两个世纪里向萨莱跪拜臣服，缴纳岁贡，取悦蒙古可汗——此时被罗斯人称作"沙皇"。

这两场灾难对拜占庭世界而言几乎是致命的。拜占庭的观念只在一个机构之中保持原样：依然以君士坦丁堡牧首为首的拜占庭东正教会。13 世纪的灾难发生之后，牧首的存留具有重大的政治意义，而这种意义在拜占庭——拜占庭帝国与拜占庭共同体——于 14 世纪略有恢复的时间里继续存在。纵使皇帝的权威愈发象征化，牧首的权力却依然坚实，牧首依然掌控着归他管辖的东正教会。他当然也保留了超越其他东正教徒的精神权威。

1204 年之后继承拜占庭帝国的几个政权之中，所谓的"尼西亚帝国"在争夺君士坦丁堡的竞赛中取胜,而它很早就得到了君士坦丁堡牧首的青睐。牧首的支持让尼西亚的皇帝得到了远超其他竞争者的合法性。1261年,也正是尼西亚的皇帝米哈伊尔八世·帕列奥列格(Michael Ⅷ Paleologos)从拉丁人手中夺回君士坦丁堡。

与之相似,在竭力摆脱蒙古人掌控期间暗自角力的罗斯各公国之中,东正教会也是唯一拥有公认权威(以及同样唯一的完备管理体系)的机构。罗斯教会以君士坦丁堡牧首任命的基辅和全罗斯都主教为领袖,受拜占庭教会控制。150年里,直到14世纪快结束的时候,依照一条非正式却由牧首坚持遵守的原则,这位都主教从来都是由出生于拜占庭的教士和出生于罗斯的教士轮流任职。

然而罗斯臣服于金帐汗国之后,基辅在政治意义上已经不再处于领导地位。至此,仍没有出现能取代基辅的新势力。

对蒙古人而言,没有当然就最好了。他们对东北方的公国的掌控最为牢固,弗拉基米尔大公在这里处于政治领导地位。蒙古可汗按自己好恶随意废立弗拉基米尔大公,不仅让王公们惊恐不已,也让当地的各个统治家族无法强盛起来,无法构成威胁。14世纪最初的20多年间,莫斯科的对头特维尔(Tver)的统治者享有弗拉基米尔大公的头衔。不过,拜占庭也在罗斯政治威望中心的问题上有一定话语权。一旦牧首决定将都主教所在地从基辅迁走,都主教将定居何处就成了最重要的政治问题。而就跟继承拜占庭帝国的各个政权一样,获得这一荣耀的莫斯科公国也同样获得了无可估量的政治合法性的回报,并最终占据了领导地位。

到14世纪初,拜占庭帝国、金帐汗国以及用海军力量掌控黑海贸易的热那亚共和国签订了三方条约。从拜占庭帝国的角度来说，蒙古入侵的好处之一便是摧毁了拜占庭帝国曾经最大的威胁——塞尔柱土耳其人的军力。出于这个原因，加上蒙古人从未直接入侵拜占庭帝国的领土，也没有干预东正教会在罗斯的活动，拜占庭帝国不带敌意地接受了金帐汗国的存在。而后，双方的关系日益紧密，并在罗斯的政治（金帐汗国）与宗教（拜占庭帝国）问题的解决上积极合作。

拜占庭与蒙古在罗斯问题上的亲善政策，是14世纪初政治局势的元素之一。当时还有另一个情况：拜占庭帝国愈发依赖热那亚共和国。热那亚拥有强大的海上力量，是威尼斯的竞争对手，协助米哈伊尔八世从威尼斯人控制的拉丁帝国手中收复了君士坦丁堡。热那亚时常通过帕列奥列格王朝的前几位皇帝对君士坦丁堡发号施令，尽管威尼斯（控制着东地中海的贸易）也不断想找人来取代帕列奥列格王朝，或者寻找其他能对风雨飘摇的拜占庭皇室施加影响力的办法。最终，热那亚人也对蒙古人投怀送抱，通过双方的盟友关系获取了黑海的一些重要贸易港口，比如克里米亚半岛的卡法（Kaffa）。

这个舒适的现状下，埋藏着两个巨大的隐患。

在罗斯统一的问题上，拜占庭帝国和金帐汗国的利益在根本上存在分歧。罗斯的教会自然希望除了宗教，也能实现政治的统一，而罗斯拥有唯一的政治中心对教会有利。相反，蒙古人则可以从分裂状态下的罗斯捞到更多好处，如果有一个政治中心崛起，在罗斯的事务中取得领导地位，那蒙古人就什么都得不到了。热那亚为了保护自己的商业利益而站在蒙古人这边。

此外，罗斯的东正教会控制的区域已经超出了金帐汗国的控制范围。西面的立陶宛实力强大（其疆域远大于今天的立陶宛），有大量信奉东正教的罗斯人在立陶宛的治下生活。远在北方的诺夫哥罗德自称"首领诺夫哥罗德"（Lord Novgorod），颇为富裕，是一个活跃的商业共和国，它为自己过去的独立传统而自豪，却逐渐落入莫斯科、特维尔和立陶宛的支配。立陶宛和诺夫哥罗德都必须担忧身后的德意志势力——条顿骑士团，条顿骑士团乐于对信仰东正教的地区发动天主教的十字军运动。

这就是14世纪中期复兴的拜占庭宗教体系被静默派掌控时罗斯的情况。

15

莫斯科的崛起

1380年9月8日，反叛的罗斯军队在莫斯科大公迪米特里二世（Dimitri Ⅱ）的率领之下，在莫斯科以南约200英里处，顿河上游的库利科沃（Kulikovo）击溃了蒙古大军。此战漫长而血腥，双方都付出了相当大的代价。这次战斗的政治意义极为有限。蒙古人两年后卷土重来，大肆报复，将莫斯科劫掠一空后纵火焚城，让莫斯科再度臣服于"鞑靼轭"（Tatar yoke）之下。

不过，库利科沃之战立即获得了极大的象征意义。这是一个半世纪以来罗斯人的军队第一次迎战并击退蒙古可汗的全力进攻。迪米特里因此成为民族英雄，也因这场胜利而被永远称为"顿河的迪米特里"（Dimitri Donskoi）。

随库利科沃之战而来的威望，使莫斯科巩固了对斗争之中的各个罗斯公国的领导地位。讽刺的是，14世纪莫斯科的兴起在很大程度上就是因为投机钻营、阿谀奉承蒙古统治者。迪米特里的叛乱则代表莫斯科放弃了这个推行已久的政策。

库利科沃之战的两年之后，金帐汗国报复了莫斯科，对罗斯的控制却无法恢复到以前的程度了，尽管其原因更多地是蒙古人内部的问题，而不是罗斯人的信念。大约半个世纪之后，罗斯最终再度在莫斯科公国的领导下彻底挣脱了"鞑靼轭"。莫斯科随后成为罗斯人的首都,继承基辅曾经的伟大,并在不久之后也继承了拜占庭的伟大。因此,尽管库利科沃之战的直接影响有限,依然可谓罗斯历史之中的重大转折点。

罗斯的编年史家从宗教的角度描述库利科沃之战,说虔诚的迪米特里为保卫东正教信仰而与信伊斯兰教的蒙古人作战,还诽谤蒙古的马买(Mamai)[①]汗"受诅咒、不敬神、不虔诚,是吃生肉的可鄙之人"。[②] 他们还认为,复兴和拓展了这个时期罗斯修道院制度的拉多涅日的圣塞尔吉乌斯(即圣谢尔久斯)与此战关系密切,声称他在战斗之前劝迪米特里采取行动,因此成为保护罗斯的圣人。正因如此,他至今还受到尊崇。

还有一些记载声称,基辅与全罗斯的都主教齐普里安在战斗之前对迪米特里提出了建议,这位拜占庭帝国委任的罗斯东正教会领袖也因此成了大众心目中的民族解放者。有趣的是,史学家认为当时齐普里安根本不在莫斯科,也不在库利科沃附近。事实上,他不久之前还在君士坦丁堡维护自己都主教的位子。库利科沃之战前的几年中,齐普里安曾跟迪米特里有过激烈争论,迪米特里拒绝让齐普里安就职,想让自己委派的候选人就任。然而在战斗结束后不久,迪米特里突然改变了态度,欢迎齐普里安来到莫斯科,在大公的宫殿之中设盛宴招待,完全以对待都主教的荣耀和尊敬来对待他。

在这次费解的态度转变的背后,有一个故事说:迪米特里其实怀有自私的阴谋,想在政治上暗中给齐普里安挖陷阱;齐普里安则勇敢坚决,历经多年磨难,终于证明了自己的正确性。其中

[①] 马买是金帐汗国权臣,却不是可汗。原文有误。——译者注
[②] *A Source Book for Russian History*, 55.

的故事要从14世纪中期静默派兴起时讲起。

静默派政治与罗斯

对拜占庭帝国的人文主义者而言，静默派的胜利是个悲剧。但对人数众多，已成拜占庭帝国主流的静默派而言，这是神圣真理的光辉胜利。静默派胜利之后，最直接的后果便是他们和他们领头的修道院组织控制了牧首之位，控制了精神振奋的官方教会组织。

约翰六世·坎塔库泽努斯是一个杰出的人，他先是政治家和摄政者，然后登基为皇帝，热爱学术，在神学上随风倒，最后又是历史学家和僧侣。他是"静默派政治活动"的主要倡导者，因此势必反对热那亚，而热那亚在内战中支持亲西方的拜占庭皇太后萨伏依的安妮。最后坎塔库泽努斯赢了内战，登上皇位。[①] 坎塔库泽努斯跟新兴的亚洲政权奥斯曼土耳其人结盟，后者派士兵协助坎塔库泽努斯对抗安妮和热那亚人。此时的奥斯曼人还没有发展成未来的致命威胁，尽管他们的发展要部分归功于坎塔库泽努斯的政策。

由于牧首的权力如今成了在国外行使拜占庭帝国权威的最有效手段，坎塔库泽努斯要求牧首施行符合静默派主张的对外政策。他早在1328年便开始制定这种对外政策的基本原则。当时他还年轻，协助好友安德洛尼库斯三世夺取皇位，然后在后者手下担任首相。

---

① 安妮是安德洛尼库斯三世的遗孀，而约翰六世是安德洛尼库斯三世的好友。安德洛尼库斯于1341年去世后，马上就爆发了内战，内战一直打到1347年。

在罗斯问题上，最关键的问题是统一。坎塔库泽努斯的首要目标是保证罗斯都主教区的统一，而这就意味着任何想要在自己领土上再设立一个都主教的罗斯王公都是他的敌人。另一个目标则是保持拜占庭帝国对都主教的控制，而如果只存在一个都主教，也就是基辅和全罗斯都主教，那么实现这一目标无疑容易得多。政策的其他方面包括：不信任立陶宛，因为立陶宛的统治者野心勃勃，支持帝国，有迹象表明他们既倒向西欧，也图谋获取罗斯的领土；与金帐汗国结盟，至少在眼下如此。

坎塔库泽努斯的静默主义对外政策的基础，可不只是崇高的抽象原则。罗斯庞大而富庶，人口众多，早已超过艰难维生的拜占庭帝国。拜占庭人不再掌控贸易，反而有大笔捐赠通过教会的途径平稳地流入君士坦丁堡。拜占庭同时也希望从罗斯获得军事援助。在这个让人惊惧的时代，拜占庭在崛起的斯拉夫世界，特别是在罗斯，在意识形态上发现了一种聊以自慰的忠诚与团结。

在实际中，对罗斯的静默主义政策转变为支持莫斯科，以回报这个罗斯各公国中最忠诚的国家。莫斯科与拜占庭帝国的交往基本上始于偶然。1326年，都主教彼得到莫斯科定居，他是来自加利西亚的罗斯人。次年，彼得去世，并葬在莫斯科。尽管拜占庭帝国跟莫斯科公国的前辈弗拉基米尔公国关系密切，彼得却更喜欢莫斯科，原因很简单：莫斯科的敌人特维尔大公反对彼得成为都主教。然而彼得的继任者塞奥格诺斯托斯（Theognostos）——他是希腊人，由坎塔库泽努斯政府在1328年任命——就任之后，依然沿用彼得的政策，支持莫斯科。莫斯科则在1328年协助蒙古人洗劫了反叛的特维尔，而此举无疑得到了拜占庭帝国的默许。塞奥格诺斯托斯漫长而成功的都主教任期（1328—1353年）让坎塔库泽努斯的政策得以巩固。

统一的挑战

在这一时期,莫斯科有君士坦丁堡和萨莱的双重支持,可以说它的成长靠的是"借来"的声望:因为基辅和全罗斯都主教驻扎于此,从而获取宗教声望;拥有弗拉基米尔大公的身份,从而获得政治威望。公国的规模与实力也有所增长。莫斯科城位于莫斯科河的拐弯处,此处河水流得安静平稳。随着历史的推移,莫斯科城呈同心圆状逐渐向外发展,从中心的老城到外围的新城,宛如树的年轮。在我们今天,莫斯科最外面的同心圆是城市的环线公路,走的是嘀嘀作响的汽车。不过在历史上,内侧的同心圆都是防御工事,有木栅栏,也有石头或土做成的墙壁,跟标靶一样层层套住,以保护城中的商人与货物。其中最早的一圈木栅栏由"长臂"尤里所建,或称"克里姆林"。14世纪初,大公"钱袋"伊凡一世(Ivan Ⅰ Kalita)去除了相对不结实的松木墙,而用相对厚实的橡木取而代之——这是他的宗主蒙古可汗赐给他的待遇。

热那亚非常关心实力日增的莫斯科。而约翰六世在1354年被迫逊位时,静默派的统一政策再度成了问题。在热那亚人的协助下,帕列奥列格家族的约翰五世复位,独自掌控皇位。约翰六世任命的牧首菲罗西奥斯(Philotheos)被罢免,新政府安排菲罗西奥斯的对手卡里斯托斯(Callistos)继任牧首。[①]

[①] 一年之前,坎塔库泽努斯将卡里斯托斯从牧首位子上赶走,让菲罗西奥斯继任。卡里斯托斯也属于静默派,也是坎塔库泽努斯任命的,却拒绝加冕坎塔库泽努斯之子马修为共治皇帝。

君士坦丁堡的新政府由热那亚控制,此时倒向实力雄厚的立陶宛大公阿尔吉尔达斯(Algirdas),以制衡莫斯科。卡里斯托斯让阿尔吉尔达斯设立"立陶宛人的都主教",阿尔吉尔达斯选择来自特维尔的罗斯人罗曼(Roman)出任此职务。牧首的档案记录了拜占庭人如何看待立陶宛大公的动机:"在罗曼的协助下寻找统治'大罗斯'的方法。"这里的"大罗斯"说的是东北方的那些公国。由于立陶宛已经控制了包括基辅在内的"小罗斯",阿尔吉尔达斯此举无疑是打算控制罗斯全境。

罗曼与阿尔吉尔达斯的野心保持一致,不久自称基辅和全罗斯的都主教,并迁往基辅。卡里斯托斯明确表示支持合法的都主教,也就是菲罗西奥斯在约翰六世逊位之前委任,如今驻于莫斯科的阿列克谢(Alexis)都主教,却遭罗曼无视。然而,罗曼在1362年去世,卡里斯托斯——或许是因为受到退位的坎塔库泽努斯的影响——要求罗斯都主教区重新统一于阿列克谢治下。

阿尔吉尔达斯不肯轻言放弃。接下来的十五年中,这位精力充沛的立陶宛大公一直在挑战莫斯科对罗斯的控制,直到他于1377年去世。双方的争斗成了东欧历史的分水岭。他于1368年率军围攻莫斯科之时,争斗达到了高潮,但他最终被当时尚未在顿河畔大获全胜的莫斯科大公迪米特里二世击退。阿尔吉尔达斯在这次失败后依然继续对抗活动。政治对抗的焦点转向阿列克谢和都主教之位,对罗斯实行的静默派政策因此遭到了极大的挑战。由于卡里斯托斯在1363年去世,所以轮到菲罗西奥斯面临这些挑战。那时,坎塔库泽努斯已经重新开始影响帝国政府,菲罗西奥斯也随即恢复了牧首之位。

"红发的"菲罗西奥斯成了静默派牧首之中影响力最大的一

位，也是执行坎塔库泽努斯对外政策最为得力的人。菲罗西奥斯出生于塞萨洛尼基一个贫困家庭（可能是改信基督教的犹太人），比同样来自塞萨洛尼基的同僚格里高利·帕拉马斯年轻几岁。童年时，菲罗西奥斯曾在托马斯·马吉斯特（Thomas Magister）的厨房里做工，他的主人是人文主义学者、语文学家，将他收为学生。此后，他进入阿索斯山的一座修道院，在那里加入了静默派，一路升迁，成为大拉夫拉修道院的领导者，然后出任赫拉克利亚（Heraclea）都主教。

第二次出任牧首期间，菲罗西奥斯派遣杰出的保加利亚修士齐普里安作为他的静默派"大使"前往罗斯。齐普里安比菲罗西奥斯年轻约30岁，活跃时期几乎与科卢乔·萨卢塔蒂完全重合。齐普里安与萨卢塔蒂如同镜像一般，分别以意大利人与保加利亚人的方式体现了拜占庭遗产的传播方式。萨卢塔蒂被古希腊文学所吸引，邀请赫里索洛拉斯前往佛罗伦萨讲学的时候，齐普里安则作为菲罗西奥斯在罗斯的特使，帮助牧首创立了学界所谓的"静默国际"（Hesychast International）[①]的组织。这个由修士与俗人结成的组织，虽然不是正式的，却非常有凝聚力，它通过实现坎塔库泽努斯与菲罗西奥斯所构想的静默派政策，最终重塑了拜占庭共同体的政治与文化格局。

静默派的总部在阿索斯山。14世纪初，有一位叫作西奈的格里高利（Gregory of Sinai）的云游修士引入了一种神秘的"心灵祈祷"方法，该方法基于他在耶路撒冷学到的"耶稣祈祷"。这种祈祷方法要求信徒不断默念"主耶稣基督，神之子，怜悯我吧"，

---

① Laiou and Maguire, *Byzantine*, 47. 他们引用了迪米特里·奥伯伦斯基的话，却未标注来源。

同时持续不断地跟和尚念经一般心无杂念地控制呼吸。如果方法得当,祈祷者将看到特殊的光芒——格里高利在《论主显圣容》(*Discourses on the Transfiguration*)中宣称这就是基督在他泊山所沐浴的光。这是静默运动的起源。阿索斯山的其他修士纷纷仿效此法,此法最终传播到了东正教世界各地。

保加利亚是最早接受静默派理念的地区之一,因为格里高利最终离开了阿索斯山,在保加利亚与拜占庭交界处的帕罗里亚(Paroria)创立了四座修道院。他收一批保加利亚人为门徒,其中就有日后的牧首卡里斯托斯。

在静默派兴起之前,阿索斯山的修道院往往与皇帝关系密切。皇帝创立了许多修道院,并慷慨为其提供资助。当阿索斯山因静默运动而焕发生机时,它便与君士坦丁堡牧首走得更近了。14世纪的许多权势极大的牧首都有在静默派的修道院里修行的经历,包括卡里斯托斯和菲罗西奥斯,在他们之外,更有成千上万名在东正教世界各地的静修者。

最重要的是,阿索斯山是一处国际性的非凡之地,是一处活跃的交流之所,使用各种语言的旅行者在此停驻,来来往往,永无止歇。因此,这里最适合菲罗西奥斯和齐普里安这些拜占庭和斯拉夫的修士跨过遥远的地理位置而建立友谊,建立范围广泛的隶属关系,并就此高效地推广静默运动。

不幸的是,我们对齐普里安的早年生活知之甚少,只能确定他是保加利亚人。他在1373年走入我们的视野,此时他已经四十出头了。当时菲罗西奥斯指定他为前往罗斯的密使。

一段时间以来,值得受到重视的消息不断送到君士坦丁堡:都主教阿列克谢作为年轻的大公迪米特里二世的摄政者,代表莫斯科进行广泛的政治活动，已经激起了阿尔吉尔达斯与特维尔大公米哈伊尔的不满。菲罗西奥斯起初坚定支持阿列克谢，但大约在 1370 年时开始改变想法。在一桩拖延甚久的丑闻中，特维尔大公米哈伊尔指责阿列克谢参与了自己在拜访莫斯科时遭到非法囚禁的事情。

更不祥的是，立陶宛的阿尔吉尔达斯抱怨阿列克谢过分重视莫斯科而轻视立陶宛控制的大片罗斯土地上的东正教徒。他在给菲罗西奥斯的一封信中抗议道："连我们的神父都不知道有这样的都主教！他为莫斯科人搞屠杀而求神赐福。他从不来我们这里。他也从不去基辅……我们邀请都主教来，但他一次都没来过。请为基辅、斯摩棱斯克（Smolensk）、特维尔、小罗斯、诺沃西利（Novosil）和下诺夫哥罗德（Nizhni-Novgorod）再另外安排一个都主教吧！"[①] 很明显，阿尔吉尔达斯和他的盟友米哈伊尔打算借阿列克谢来离间自己的死敌莫斯科公国与其盟友拜占庭的关系。

似乎菲罗西奥斯认为阿尔吉尔达斯的部分说法有理有据。1371 年，牧首在给阿列克谢的一封信中表示：

> 您当然清楚，我们为您祝圣时您的职务是基辅与全罗斯的都主教，是全罗斯，而不是一部分罗斯。但我现在得知，您既不去基辅，也不去立陶宛，而是待在一个地方不动，让其他地方没有牧养，没有监督，也没有父的教导。您这是在违背、冒犯神圣的教规。您的正确态度应该是到整个罗斯巡游，让所有的王公得到平等的慈爱与照料，以同样而平等的

---

① 约翰·迈恩多夫（John Meyendorff）将阿尔吉尔达斯的信翻译为英语，见：*Byzantium and the Rise of Russia*, 288-289。

倾向、善意和爱来对待他们。①

菲罗西奥斯对阿列克谢的斥责表明，牧首非常严肃地看待都主教之职的牧灵责任，看待都主教本人在此事上的责任。更重要的是，这表明了牧首在根本上认定拜占庭帝国与莫斯科公国的联盟关系从属于罗斯统一的理想。联盟关系不应只考虑莫斯科，而是要考虑整个罗斯，而莫斯科不应得到过度的偏爱，以免激发分离情绪。换句话说，若与（而且因为与）莫斯科结盟有助于统一，他才会推动结盟，否则就不会。

菲罗西奥斯此时派齐普里安去完成一个微妙的任务：保证阿列克谢履行牧首的指示，平抚莫斯科与其对手特维尔、立陶宛之间的紧张情绪。最重要的是，菲罗西奥斯不想因阿列克谢的疏忽而遭受敲诈，让立陶宛借此机会设立自己的都主教，毕竟阿尔吉尔达斯的说法多少有一定道理。齐普里安似乎获得了成功，特维尔的米哈伊尔和莫斯科的迪米特里很快签署了和约。

更不寻常的是，两位罗斯王公就此和阿尔吉尔达斯联盟，共同对抗挑唆分裂的金帐汗国，而金帐汗国早已因内斗而颓败。不过，阿尔吉尔达斯依然渴望掌控大局，何况阿列克谢年事已高，不太可能在近期长途跋涉地前往立陶宛。在此之外，阿尔吉尔达斯更是明确表示，如有必要，他甚至愿意倒向拉丁教会。

在立陶宛的不断施压之下，菲罗西奥斯明白自己不能再拖延，他必须安抚阿尔吉尔达斯，问题在于怎样才能在安抚时不影响都主教区的统一，毕竟这是他和许多人奋斗已久的目标。

---

① 约翰·迈恩多夫将菲罗西奥斯的信翻译为英语，见：*Byzantium and the Rise of Russia*, 290-291。

他解决两难困境的方法堪称别出心裁。其灵感很可能部分源自菲罗西奥斯对干练的齐普里安的观察，也有可能是因为菲罗西奥斯此前用类似的方式回应过他人对阿列克谢的抱怨：为了安抚征服加利西亚的波兰国王卡齐米日（Casimir），他在加利西亚安排了一位临时都主教，临时都主教离世之后加利西亚就重归基辅与全罗斯都主教管辖。

加利西亚可以如此处理，但阿尔吉尔达斯的要求则高得多。即使如此，菲罗西奥斯还是命令齐普里安返回君士坦丁堡。1375年12月2日，作为权宜之计，牧首任命齐普里安为基辅、罗斯与立陶宛的都主教，表示在阿列克谢离世之后，齐普里安将继承阿列克谢的基辅与全罗斯都主教职务，重新统一整个都主教区。

这个颇有想象力的手段，对付了阻碍都主教区统一的难缠的政治压力，但是这个手段存在一个巨大的弱点：阿列克谢离世时，时任牧首必须继续执行这一政策。但是事实上，为齐普里安祝圣后不久菲罗西奥斯就不再担任牧首了。

齐普里安历经风雨

几个月之后，热那亚人协助约翰五世之子安德洛尼库斯四世（Andronicus Ⅳ）发动政变，推翻了约翰五世。安德洛尼库斯四世继位之后，立即罢免了菲罗西奥斯，任命马卡里奥斯（Macarios）继任。很快又发生了其他变故。阿尔吉尔达斯和菲罗西奥斯在1377年去世，阿列克谢则在1378年初去世。

统治君士坦丁堡的帕列奥列格王朝落入了新的低谷。热那亚人、威尼斯人和如今举足轻重的奥斯曼土耳其人互相争夺这个王朝，就像几个木偶艺人争抢一个破旧的牵线木偶。约翰五世和忠于他的儿子曼努埃尔——他是赫里索洛拉斯之友，后来即位为曼努埃尔二世——在监狱中受苦，第二年才在威尼斯人的帮助之下逃脱。迪米特里奥斯·凯多内斯如此评述安德洛尼库斯四世的政变以及之后的那段时期："每天夜里，人们都期待黎明带来新的希望；每天白天，人们都担忧夜晚带来新的灾祸。我们宛如在海上遭遇了风暴，都有葬身大海的危险。"①

风暴断断续续地刮了十多年，直到曼努埃尔二世在1391年即位之后，才有了些许安稳。在这段时期，菲罗西奥斯当年坚定地实行过的对罗斯政策，完全无法由拜占庭当局持续一致地实行下去。拜占庭的皇位上是谁取决于威尼斯人和热那亚人之中谁能更好地讨好土耳其人，拜占庭的政策也跟皇位一样摇摆不定。

莫斯科的情况同样不稳，这反映了教会希望在政治分裂的罗斯实现统一，却跟莫斯科在更狭隘的目标上产生了新的分歧。静默派，也就是齐普里安和他在罗斯修士之中的同伴们，竭尽所能维持坎塔库泽努斯和菲罗西奥斯推行的统一政策。而有权有势的波雅尔们早已习惯了阿列克谢时代教会对莫斯科的无条件支持，他们纷纷表示反对。

阿列克谢离世不久之后，齐普里安在1378年春从君士坦丁堡骑马北上罗斯，按照菲罗西奥斯的命令去就任都主教，从此卷入这股强烈的政治漩涡。他在路上给志同道合的好友，罗斯的修道院人士领袖拉多涅日的圣塞尔吉乌斯写信说："请您知悉，我在6月3日星期四抵达柳布茨克（Lyubutsk），准备前往莫斯科面见我

---

① Nicol, *Last Centuries of Byzantium*, 280.

的教子——大公。"①

从齐普里安在三周之后写给塞尔吉乌斯的另一封充满愤怒的书信中,我们可以得知他抵达莫斯科时的情况。迪米特里听从波雅尔们的意见,不想让齐普里安接任都主教之职。"但他派信使要求他们阻止我通行。他封锁道路,委派军队与军官,命令他们严厉地对待我,甚至能毫不留情地处死我们。"②

最终,齐普里安带着随从绕过封锁进入莫斯科,但刚见到迪米特里,他就被这位大公给囚禁了。"他把我锁在黑暗的地方,不给衣穿,让我饿肚子。我待在黑暗阴冷的地方生着病。"大公的随从甚至虐待齐普里安的仆从:"他们抢走[仆从]的一切财物,包括衣服、刀具和绑腿,把他们赶出城,连鞋帽都不留!"齐普里安还愤怒地指责塞尔吉乌斯不肯为自己说话:"但是你……为什么见到如此恶行,还一言不发?"齐普里安还说,最令他恼怒的就是,他在接任都主教之职之后,从未有过任何反对迪米特里或者莫斯科的言行,却要遭到监禁,还遭受了各种苦难。不仅如此,他此时还要面对一个担任"都主教"的莫斯科人米佳伊(Mityai),米佳伊由迪米特里任命,此任命不合教规。迪米特里自称得到了牧首的支持。

然后,齐普里安直奔问题的核心,显示他对自己陷入的政治漩涡有敏锐的理解:

---

① 约翰·迈恩多夫将齐普里安的信翻译为英语,见:*Byzantium and the Rise of Russia*,292。
② 约翰·迈恩多夫将齐普里安的第二封信翻译为英语,见:*Byzantium and the Rise of Russia*,293ff。下一处引文亦是。

> 他指责我首先前往立陶宛［指齐普里安先前在基辅居住］，但我在那里又做了什么邪恶的事呢？……我只是想去将都主教区失去的地域重新团结起来，这样各地可以永远共享都主教区的荣耀与庄严。大公却想把都主教区一分为二！他这样做能有什么好处啊？是谁给他提的建议？我在大公面前又犯过什么错？

齐普里安最后总结称："我要前往君士坦丁堡，寻求上帝、神圣的牧首以及宗教大会的庇护。"在署名之后，齐普里安又添加了一段冷嘲热讽的话语，述说他回国之后可能得到的帮助："那些人依靠钱财与热那亚人，我依靠上帝与正义。"

他的悲观情绪完全是有道理的。齐普里安清楚，热那亚人控制的马卡里奥斯已经打算放弃他了。阿列克谢离世之后，莫斯科立刻在热那亚银行家的联系之下给了马卡里奥斯一笔钱，马卡里奥斯也就不再支持齐普里安，纵然齐普里安已经北上了。马卡里奥斯赞成迪米特里不承认齐普里安为都主教的举动，还同意让迪米特里另外创立一个"大罗斯"都主教，由迪米特里选定的人任职。这里的"大罗斯"指莫斯科及周边的地域。愤怒的齐普里安只能坚持自己是合法的基辅与全罗斯都主教，并宣布将所有在罗斯阻碍他的人处以绝罚。更糟的是，他在返回途中渡过多瑙河时还遭到了抢劫。

齐普里安在故乡保加利亚休养了一段时间，拜访了老朋友保加利亚牧首尤西米乌斯（Euthymius），然后于在1379年春抵达君士坦丁堡。此时城中的局势又对他有利了。他开始跟热那亚人支持的安德洛尼库斯四世政府对抗，不久安德洛尼库斯的父亲约翰五世和兄弟曼努埃尔在威尼斯人和土耳其人的协助下逃出监禁,再度进入首都。安德洛尼库斯迅速坐上小船,穿过金角湾,逃到热那亚人聚居的加拉太,同时将母亲海伦娜和年迈的外祖父约翰·坎塔库泽努斯掳走当人质。马卡里奥斯被立刻罢免了。齐普里安以显而易见的满足之情写道:"我跟其他主教一同出席了宗教会议,在罢黜他的决议上签了字。"①

在接下来的几年,威尼斯和热那亚各自支持己方的人选,在首都周边的海域大打出手,并争相寻求土耳其人的支持。齐普里安继续写道:"我当时在名为君士坦丁堡的皇帝之城里待了13个月。我无法离开,因为皇帝之城被混乱和麻烦给包围了:拉丁人占据了海洋,憎恶上帝的土耳其人则控制了陆地。"②

就在此时,莫斯科的代表团也进入了这片易变的政局,代表团由迪米特里选出代替齐普里安的人选米佳伊率领。他们顺顿河南下时,不清楚君士坦丁堡的局势变化,还以为能得到马卡里奥斯的欢迎,再让牧首给米佳伊来个走过场式的确认。行到中途,代表团轻松惬意地在萨莱停留——莫斯科那些主张让步政策的波雅尔们,早先赢得了金帐汗国对米佳伊的支持。

但是,让人难以置信的事情发生了。代表团已经看得到君士坦丁堡的时候,史料中那个身体结实的米佳伊却暴毙而亡。莫斯科代表团非常震惊,编年史家称他们"跟醉鬼一般迷茫焦虑"。③他们的热那亚盟友已经被推翻,牧首职务依然空缺,齐普里安在

---

① 约翰·迈恩多夫将齐普里安的《彼得传》翻译为英语,见:*Byzantium and the Rise of Russia*, 300ff。
② 约翰·迈恩多夫将齐普里安的《彼得传》翻译为英语,见:*Byzantium and the Rise of Russia*, 300ff。
③ Meyendorff, *Byzantium and the Rise of Russia*, 218.

君士坦丁堡抢得了先机，而他们的都主教人选却已去世。他们在热那亚人聚居的地方安葬了米佳伊，稍微整理了一下情绪，随后推举代表团中一个名叫皮缅（Pimen）的修士代替米佳伊。据说他们还篡改了公文，以显示皮缅代替米佳伊之举得到了迪米特里的批准。

此时，1380年春，约翰五世任命著名的静默派人士内洛斯·克拉缪斯（Neilos Kerameus）继任牧首，新牧首随即召开宗教会议以解决都主教问题。罗斯人竭尽所能，以迪米特里大公的名义借来不少钱财，又以大笔钱财贿赂宗教会议的与会者："罗斯人以大公的名义，从热那亚人和土耳其人那里借来银币……他们四处许诺，四处贿赂，却难以让所有人都满意。"[1]

尽管齐普里安有拜占庭与罗斯双方的静默派领袖的强力支持，内洛斯依然无法抵御莫斯科方面的所有压力。最后双方妥协，再度分割都主教区，皮缅被祝圣为基辅和大罗斯都主教，而齐普里安则管辖立陶宛和小罗斯。

然而在这一安排落实之前，北方的境况再度出现了戏剧性的变化。金帐汗国的马买率大军进攻莫斯科，起因是迪米特里凭侥幸心理决定不再支付岁贡，却没意识到马买此时地位不稳而急需这笔钱财。为了寻求援助，马买寻求盟友热那亚和梁赞的支援，还走出了危险的一着棋，想拉拢强大的立陶宛——那里此时由阿尔吉尔达斯之子约盖拉（Jogaila）治理得不错。到最后，迪米特里才派出使节去献上岁贡，却为时已晚。马买已经出兵，使节只得带着钱财返回。

---

[1] Meyendorff, *Byzantium and the Rise of Russia*, 219.

波雅尔们所支持的亲蒙古、亲热那亚的让步政策就此宣告破产。迪米特里此时被迫寻求塞尔吉乌斯等静默派罗斯修士的支持，罗斯的静默派从菲罗西奥斯的时代开始就呼吁与蒙古和热那亚为敌。公开接受塞尔吉乌斯的赐福之后，迪米特里集结部队出征，迎战前来的马买。

库利科沃之战的象征意义大于直接影响。而与这一象征意义紧密相关的是，迪米特里在此役后突然改变了对齐普里安的态度。库利科沃之战后，"顿河的迪米特里"（我们到这时可以这么叫他了）欢迎齐普里安去莫斯科，并许诺完全以都主教的礼仪来迎接他。倒是轮到皮缅被晾在一边——他最终返回迪米特里的领地后就遭到了监禁。

我们并不清楚迪米特里为何突然转变了对齐普里安的态度，只知道几件未必靠得住的事情可供参考。其一是齐普里安在皮缅的祝圣仪式之前突然神秘地离开君士坦丁堡，前往立陶宛，而不是去莫斯科。其二是尽管约盖拉率立陶宛大军按照与马买的约定[1]抵达了库利科沃，却在最后时刻毁约，拒绝参战。立陶宛人没有站在马买那边战斗，这是迪米特里得以胜利的关键因素，甚至是最关键的因素。

有说法称，齐普里安得到了马买一方盟友的"机密消息"，尤其是得知立陶宛也在其中，因此齐普里安急忙北上，想劝约盖拉不要履行与马买的约定。也就是说，齐普里安再度把东正教会的统一放在最高的地位，甚至高于对此前虐待自己的迪米特里的怨恨。结果就是，罗斯——以及莫斯科——对他们憎恶的蒙古人取

---

[1] Meyendorff, *Byzantium and the Rise of Russia*, 221.

得了非常有象征意义的胜利。这足以解释迪米特里为何突然回心转意，足以解释为何此后的史料认为齐普里安跟库利科沃之战的胜利存在联系。

我们也可以将迪米特里的回心转意简单地（而没那么戏剧性）解释为源自齐普里安的静默派朋友的劝说，比如塞尔吉乌斯。无论如何，齐普里安得以在1381年春以盛大的排场返回莫斯科，编年史家记载他得到了莫斯科居民的热烈欢迎。他继续积极推进教会统一，出色地掌控着立陶宛控制的"小罗斯"（包括基辅）的东正教会。

但他也明确表示，教会统一的基础是莫斯科，他赞扬它是罗斯的东正教中心。他在这段时期写了《彼得传》(*Life of Peter*)，特意颂扬了那位著名的前任——第一位居住在莫斯科的都主教。迪米特里和他的王朝从这种颇有影响力的宣传之中获益良多。《彼得传》宣称莫斯科是基辅罗斯的合法继承者，有支配信仰东正教的罗斯人的地位。

然而，齐普里安的苦难还没有结束。新的蒙古统治者脱脱迷失在库利科沃之战后推翻了马买，然后率大军洗劫了莫斯科。齐普里安逃到特维尔，逃跑的具体情况不明——他的敌人指控他畏缩胆怯——而迪米特里恢复了此前对他的敌意。此时，贬低齐普里安最卖力的人成了内洛斯，毕竟1380年宗教会议的决议就此遭到无视，无疑让他颜面尽失。此外，热那亚重新控制了拜占庭帝国。莫斯科遭到洗劫后，迪米特里在内洛斯的支持下抛弃了齐普里安，让皮缅恢复都主教之位。

但事实证明皮缅并非都主教之材，他很快失去了迪米特里的支持。不过，迪米特里也不愿允许齐普里安返回莫斯科。在动荡的几年时间里，问题悬而未决，都主教之位周围出现了许多不光彩的阴谋，莫斯科与君士坦丁堡之间也有许多交流。

在同一时期，奥斯曼帝国在巴尔干势不可当地进军，君士坦丁堡政府则因统治者的更迭而显得愈发混乱。似乎，土耳其人随时都有可能夺取该城。

同时还发生了另一件重大的国际事件。1386 年，立陶宛与波兰实现联合，① 立陶宛大公约盖拉迎娶了信仰天主教的波兰公主雅德维加（Jadwiga）公主，立陶宛的统治者就此决定性地转向西欧，转向拉丁教会。

14 世纪 80 年代将要结束的时候，事态才稳定下来。内洛斯在 1388 年去世，迪米特里和皮缅于 1389 年去世。而齐普里安在"风暴之中横渡黑海，险些丧命"，终于在 1390 年返回莫斯科，得到莫斯科和君士坦丁堡的全力支持。② 约翰五世去世，杰出的曼努埃尔二世即位之后，一段相对安稳的时期开始了。此时，齐普里安在暴风雨中幸存下来，在宣称继承他导师菲罗西奥斯的遗产的长期斗争中获得胜利，成为基辅与全罗斯都主教，无人争夺或僭称他的都主教称号。

---

① 立陶宛与波兰联合一事史称"克列沃联合"（Union of Krewo）。
② Obolensky, *Six Byzantine Portraits*, 193.

16
第三罗马

十几年来,面对犹豫不决的迪米特里,面对菲罗西奥斯的两位贪赃枉法的继任者马卡里奥斯和内洛斯,齐普里安保持了信念。他在接下来的十几年(到他于1406年去世)里以富有成效的工作巩固了他的胜利。他在这段时间里完成了许多工作,他写著作、搞翻译、教学生,还做组织和管理工作,成为拜占庭文明在罗斯最具影响力的倡导者。

齐普里安在这一切活动的背后忠实地执行坎塔库泽努斯与菲罗西奥斯的政策。齐普里安的最终目标便是巩固斯拉夫教会的统一,并拉近斯拉夫教会与君士坦丁堡牧首之间的联系。师生或同僚之间的友谊网络,由坚持静默派的理想、坚持君士坦丁堡的精神之父这两个共同坚持所支撑。虽然政治事件将很快改变这些纽带形成时的世界,但纽带所带来的文化影响将继续决定性、永久性地塑造斯拉夫世界。

尽管拜占庭的国力正在衰退,却在莫斯科扩张期间依旧继续保持关键的地位,直到国破之日。事实上,这一过程在君士坦丁堡陷落之后依然在继续,并最终让莫斯科成为东正教的帝国——沙皇俄国的首都。这个辽阔的国度将长时间被沙皇的威严所笼罩。

齐普里安在临终时已经积累了相当高的声望,而他的继承者弗提乌斯和伊西多尔（Isidore）将从中受益。齐普里安的声望也有助于莫斯科对拜占庭帝国保持忠诚，直到最后一刻。作为回报，拜占庭帝国控制的教会则向莫斯科大公们赐予各种物质上和精神上的庇佑。

在物质意义上，兴建于罗斯各地尤其是莫斯科的坚固修道院强化了国家的力量，提高了城市的防御纵深。更重要的是，教会的传教活动对罗斯东部地区的开发起到了带头作用，而莫斯科作为教会领袖的所在地，就自然在政治上得以控制这些地域。这增强了莫斯科的政治势力，也极大提升了它的经济体量。

但最显著的贡献依然来自，也往往来自象征的领域。政治合法性就是由此而来。比如说，在齐普里安去世两年后的1408年，他的弟子们汇编了当地的编年史，完成了《圣三一编年史》(*Troitskaya Chronicle*)。此书跟齐普里安的《彼得传》类似，将莫斯科跟基辅联系起来，强调莫斯科作为罗斯东正教文化新中心的重要地位。14世纪时已经有迹象表明，如果土耳其人占领了君士坦丁堡，莫斯科就可能继承拜占庭帝国的衣钵。

这个观念称为"帝国权威转移"（translatio imperil），它绝对称不上严谨，毕竟俄国从来都首先是个民族国家，然后才是个帝国。即使是最独裁的沙皇，也不会要求获得拜占庭的做法中向拜占庭皇帝赋予的那种普世权威。不过，就算不完全接受这个观念，却也不能完全否认莫斯科继承了拜占庭帝国的事情。在表达莫斯科继承拜占庭的观念之时，最常获得共鸣的著名说法就是"莫斯科是'第三罗马'"。这一说法可以说是15世纪中期的三个重大事件交会而来，其中的每一件事都对俄国历史影响深远，它们是：佛罗伦萨公会议、君士坦丁堡陷落，以及罗斯人最终摆脱蒙古人的统治。

在佛罗伦萨公会议上,天主教会与东正教会宣布达成统一,统一的条件则完全偏向天主教会。因此,佛罗伦萨公会议最后切断了莫斯科长期以来对拜占庭帝国的忠诚。时任基辅与全罗斯都主教的伊西多尔正是统一的主要支持者之一(有枢机主教贝萨里翁从旁协助),他还帮助好友贝萨里翁起草了统一的法令。对伊西多尔而言不幸的是,由他管辖的罗斯人非常保守,甚至比希腊人还厌恶统一的法令。因此,他们拒绝承认从佛罗伦萨返回的伊西多尔,甚至首开先例,选出了自己的牧首。尽管文化的联系依然存在,但是罗斯的东正教会再也不听从希腊教会的指示了。

佛罗伦萨公会议结束后不久君士坦丁堡就陷落了,至少对罗斯人而言,其中的联系显而易见:上帝因拜占庭人背离正信并在原则问题上妥协,向其降下了惩罚。许多希腊人也持同样的观点,尤其是坚定反对天主教会的静默派。佛罗伦萨公会议让罗斯与拜占庭断绝关系,而君士坦丁堡的陷落则确认了断绝关系一事的正当性。

罗斯最终摆脱蒙古人统治一事没有明确的时间节点。1380年库利科沃之战以后,特别是在金帐汗国于15世纪初惨败于帖木儿之手以后,蒙古人逐渐衰落瓦解。到1425年,在罗斯各公国领导权的问题上,已经没有能和莫斯科一战的对手了。

莫斯科作为第三罗马的观念出现在15世纪晚期迪米特里的曾孙伊凡三世(Ivan Ⅲ)在位前后。伊凡三世又称伊凡大帝,由他开始的"土地征集"政策为罗斯人统一于莫斯科的中央集权之下奠定了基础。

伊凡在20多岁开始执政之后,收到了一封枢机主教贝萨里翁的信,贝萨里翁提议让伊凡跟受到贝萨里翁监护的女孩佐伊·帕列奥列格(Zoe Paleologa)成婚,佐伊正是最后一位拜占庭皇帝的侄女。伊凡因此娶了佐伊,他的政府也随即开始使用拜占庭风格的徽记,以支持这次婚姻所带来的明显象征意义。其中最为著名的是双头鹰,它长期以来都是拜占庭皇室的徽记,此时被伊凡拿来作为自己专制统治的象征。双头鹰一直是沙皇的纹章,一直用到俄国革命。

也正是在伊凡在位期间,云游的罗斯教士迪米特里·格拉西莫夫(Dimitri Gerasimov)从西欧带回了所谓的《白僧帽传奇》(*The Legend of the White Cowl*)。这个引人入胜但完全不堪推敲的故事大致是说,君士坦丁大帝皈依基督教之后,赠给教宗一顶能带来奇迹的白色僧帽。在天主教会背离正教信条之后,最后一位好教宗将僧帽送到拜占庭,送给菲罗西奥斯和当时的皇帝约翰·坎塔库泽努斯,而两人预知君士坦丁堡的陷落在所难免,就将白僧帽送到罗斯保护。这则故事声称,旧罗马因为"高傲与野心"而背弃正道,新罗马君士坦丁堡则被土耳其人攻陷。"在罗斯人土地上的第三罗马,圣灵的慈爱将普照世间。"[1]

在伊凡三世之后,这一理念进一步深化,成为罗斯宗教文学的惯常说法,在末世论者的作品中出现得尤其多。普斯科夫(Pskov)的一座修道院的院长菲洛费(Filofei,源自"菲罗西奥斯")在1525年左右写下了更有《启示录》味道的说法:

> 旧罗马的教会因为异端而衰落,第二罗马君士坦丁堡的

---

[1] Geoffrey Hosking, *Russia and the Russians*, 103.

城门已经被异教徒土耳其人的利斧所劈开,但莫斯科教会,也就是新罗马的教会,依然以超越太阳的光辉普照世界……前两个罗马都已陷落,第三罗马依然牢固屹立,而且不会再有第四个罗马。①

神秘主义者的遗产

静默运动带来了重要的政治影响,它在文化上的冲击也同样深远,而且不限于罗斯。近年来的学术研究开始描绘出这样一幅图景:如果假设静默运动是拜占庭文化在斯拉夫世界传播的第二阶段,承接了开始于西里尔和梅索迪奥斯的第一阶段,那么它完全可以与第一阶段相媲美。它不仅深深地影响了宗教,还影响了相关的领域,比如艺术和文学。影响从拜占庭共同体的保加利亚和塞尔维亚等其他地方出发,却在罗斯驶入终点站。

14世纪晚期,巴尔干兴起了一股独特的文学运动,进一步将拜占庭文化的影响传向北方斯拉夫人的地区,比如罗斯。这股多国参与的运动与静默运动紧密相关,被称为"第二次南斯拉夫文化运动"(the second South Slavic influence),以便区分于此前西里尔及梅索迪奥斯留给斯拉夫人的文化遗产——它同样由南斯拉夫各民族传播开,主要由保加利亚人完成,但其他民族也有参与。

保加利亚再度在新的文化传播运动中担任领导者,其发起者与监督者正是齐普里安在多瑙河畔被抢劫后投奔的那位老朋友——保加利亚牧首特尔诺沃的尤西米乌斯(Euthymius of

---

① Geanakoplos, *Byzantium*, 447.

Turnovo）。14 世纪 70 年代，就在齐普里安为都主教就职问题而抗争时，尤西米乌斯开始了这一风潮。齐普里安最终在 1390 年获胜后，他随后十几年里的辛勤工作则完全在老朋友的"第二次南斯拉夫文化运动"的背景下进行。这次运动持续到了 15 世纪早期，也就是萨卢塔蒂、赫里索洛拉斯、布鲁尼等早期人文主义者在意大利活跃的时代。作为恢复语言的活动，它展现了一些有意思的相同点和不同点。同样作为文艺的复兴，两者平行展开，交相辉映。

这一运动将西里尔与梅索迪奥斯的东正教传统跟静默运动相融合。尤西米乌斯年轻时曾在特尔诺沃以南的基利法雷沃（Kilifarevo）学习——西奈的格里高利的弟子特尔诺沃的塞奥多西奥斯（Theodosius of Turnovo）在此处建立了一座静默派的修道院。尤西米乌斯是塞奥多西奥斯最杰出的弟子之一，是坚定的静默派，此后在君士坦丁堡居住了近十年，再去阿索斯山进行冥想与斯拉夫语的手抄本的抄写活动。他很有可能就是在阿索斯山结识了齐普里安，至少两人在这段时间已经认识了。返回保加利亚之后，尤西米乌斯在 1371 年被选为牧首，并担任该职位至 1393 年——是年特尔诺沃被土耳其人攻占，独立的保加利亚牧首就此遭到废止。

跟之前的齐普里安一样，尤西米乌斯的能力在学术方面最突出，他想改进将希腊语翻译为斯拉夫语言之时的标准，并同众人一起完成改进工作，毕竟之前使用的标准已经低于可接受的范围了。原本可以互通的各种斯拉夫语，到此时已经发展为各民族的语言，古教会斯拉夫语基本上成了死语言。

尤西米乌斯的改革之举最主要的特征是保守，其意图是恢复旧斯拉夫语译文的纯净，也是在试图唤起那个拜占庭共同体生机勃勃、热情活泼的黄金时代，而不是这个在土耳其人的脚步前瑟缩的时期。在改革中，尤西米乌斯也将浓厚的静默思想注入了译文，选来翻译的作品大多出自那些最受静默派欣赏的作者之手，比如"天梯"约翰（John of the Ladder）、"新神学家"西蒙（Symeon the New Theologian）、西奈的格里高利和格里高利·帕拉马斯。

参与这次文学运动的学者成了"静默国际"的传播者，其中有保加利亚人、塞尔维亚人、罗斯人、拜占庭人、罗马尼亚人等。这些年轻人到君士坦丁堡、阿索斯山、塞萨洛尼基、帕罗里亚和基利法雷沃的修道院中一起工作，抄写手抄本，再各自返回家乡，并将珍贵的手抄本、珍贵的知识与珍贵的人脉一同带回家。学习模仿这些手抄本的过程也激发了斯拉夫人土地上其他作者的原创精神。从塞尔维亚到罗马尼亚，再到罗斯，静默风格的斯拉夫语的当地作品得以大量问世。

静默运动与罗斯文明

在各个地区，"第二次南斯拉夫文化运动"都从宗教作品扩散到了文化的其他领域，但是罗斯的成果最为丰富。最主要的贡献者当然是修士。

在蒙古入侵之后复兴罗斯修道院体系的人正是齐普里安的密友与同伴——拉多涅日的圣塞尔吉乌斯。我们对他的了解来自他的两位弟子罗斯人"智者"叶皮凡（Epifan Premudry）和塞尔维亚人帕乔米奥斯（Pachomius）各自写的圣徒传记。这两位著名的修士都是"第二次南斯拉夫文化运动"之中的佼佼者,叶皮凡因华丽的文笔而被称为"文字纺织者",帕乔米奥斯则强调静默派的原则,诸如神圣之光原则。

塞尔吉乌斯高大健壮,喜爱体力劳动与独处,他前往莫斯科以北的森林,在"荒原"(在俄罗斯的教会文学之中,森林等于"荒原")中独处。然而大批追随者不肯离开,在他们的请求下,他不久之后便在当地创立了圣三一修道院。阿列克谢去世之后,塞尔吉乌斯曾被推举为下一任都主教,但是他拒绝了,这或许是出于支持齐普里安的考虑。塞尔吉乌斯和他的众多弟子创立了大量修道院,在几十年里新建的修道院可能有150座之多。塞尔吉乌斯也参与了一些可靠性存疑的政治投机活动,他跟莫斯科的统治者、跟菲罗西奥斯和齐普里安这些静默派领袖都保持着紧密的联系。

塞尔吉乌斯之后最有影响力的罗斯修士就是他的一位年纪更轻的朋友——彼尔姆的圣斯捷潘(St. Stephen of Perm)。斯捷潘是一位学者与传教士,他的传记也是由"智者"叶皮凡所撰写。传记称斯捷潘藏书颇丰,因为他懂希腊语,所以收藏了希腊语的书籍。斯捷潘受到"第二次南斯拉夫文化运动"的感召,前往遥远的芬兰,对当地的部族贾里安人(Zyrians)传教,为他们创造了一套新的字母,还翻译了许多宗教作品。他的活动不禁让人想起西里尔与梅索迪奥斯。

影响修士的文学趋势对绘画领域产生了最为显著的影响,而绘画领域中的拜占庭的风格与人物形象早已跟宗教文化一起被罗斯人大规模接受。14世纪末至15世纪初,罗斯的圣像画与湿壁画达到了艺术水平的高峰,这跟两位极重要的人物分不开:来自拜占庭的画工"希腊人"塞奥法尼斯（Theophanes the Greek，又称"希腊人"费奥凡［Feofan Grek］），以及他的杰出罗斯学生安德烈·鲁布廖夫（Andrei Rublev）。两人的作品都是在拜占庭的静默运动与"第二次南斯拉夫文化运动"的修士式的社会环境下而得以完成。

塞奥法尼斯是"智者"叶皮凡的密友，他在离开拜占庭帝国后于1378年抵达罗斯北部，当时尤西米乌斯发起的运动方兴未艾。尽管塞奥法尼斯的传世作品极少（却都堪称杰出），不过可以确认他在到达莫斯科之前还在诺夫哥罗德和下诺夫哥罗德为几座教堂做了装饰。在莫斯科，他在圣母领报教堂（Church of the Annunciation）完成了圣幛（iconostasis），也在大天使米迦勒教堂（Church of the Archangel Micheal）中绘制了作品。叶皮凡对他的作品大加赞赏，说作品中蕴含了拜占庭艺术所汇总的基本要素，即宗教上的意旨和超脱世俗的审美，表扬他绘画时"从不在俗世中寻找模板"，相反，"将他的精神置于遥远和智识上的现实里，用精神之眼凝视精神之美"。[①]

安德烈·鲁布廖夫原本是圣塞尔吉乌斯的圣三一修道院里的修士，一般认为他在15世纪初就已经在莫斯科做了塞奥法尼斯的助手。此后，鲁布廖夫绘制了许多著名的圣像画，包括救世主圣像画和三位一体圣像画（绘制于圣三一修道院），又为弗拉基米尔城的圣母升天大教堂绘制了一系列湿壁画。在鲁布廖夫特别的超脱凡俗的风格下，出现了许多模仿者，影响深远的罗斯圣像画派也就此诞生。他的作品也强化了此前齐普里安等人作品之中的一

---

① Meyendorff, *Byzantium and the Rise of Russia*, 143.

个重要观点：罗斯教会的中心已经从基辅迁移到了莫斯科。

尽管罗斯人的宗教生活在很大程度上模仿了拜占庭，却缺少防御性的论辩——它在格里高利·帕拉马斯之后成为拜占庭静默运动的一个特点。这种论辩源于回应以瓦尔拉姆为代表的人文主义者的理性批判，但是在罗斯，静默运动没有遇到这样的对抗。至少在此时，罗斯的神秘主义能够自由地开花，而不致在无情的检视之下早早枯萎。

尾 声

最后的拜占庭

1516年初春的一天，莫斯科大公瓦西里三世（Vasily Ⅲ）的特使抵达阿索斯山，他为各个修道院提供捐助，想让修士们为瓦西里三世已故的父母伊凡三世、拜占庭公主佐伊·帕列奥列格的灵魂而祷告，也为瓦西里那位不育的妻子所罗门尼娅（Solomonia）能生下一个继承人而祷告。

特使还要求修士们派遣瓦托佩蒂修道院的一位年长而学识渊博的修士萨瓦前往莫斯科，以让萨瓦在莫斯科做一些重要的翻译工作。大公对瓦托佩蒂修道院的院长保证，萨瓦翻译完毕后，"我们会将他送回来"。①

可是萨瓦身体虚弱，无法承受艰苦的北上之旅。修道院院长只好改派一位名叫马克西莫斯（Maximos）的年纪更轻的修士代替萨瓦。修道院院长在给大公的一封信中解释说，让马克西莫斯替代萨瓦的工作再合适不过了，因为他"对神圣的经文非常有经验，能够翻译各种书籍，包括教会的典籍和古希腊的经典，因为他是伴着这些书长大的"。②

有趣的是，修道院院长提到马克西莫斯非常了解"希腊的"

---

① Haney, *From Italy to Muscovy*, 32.
② Ibid., 33.

（Hellenic）经典，这指的是古希腊的作品，或者说是拜占庭人称为"教外智慧"的东西。似乎这种造诣在莫斯科起不到很大作用，它在阿索斯山的修士之中当然很罕见——这也正是修道院院长提及它的原因。修士的学识一般来说要比教堂的神职人员更渊博，也远远超出古教会斯拉夫语的范畴。

但是马克西莫斯是一位非同寻常的修士。修道院院长提名他前往罗斯时，他已经40多岁了。1470年左右，他出生在今天阿尔巴尼亚沿海地区附近的伊庇鲁斯的首府阿尔塔（Arta），家里是希腊贵族，他本名为米哈伊尔·特里沃里斯。他的双亲曼努埃尔和伊琳妮都是来自君士坦丁堡的移民。曼努埃尔任阿尔塔的军事长官，直至该城在1449年落入土耳其人之手。其家族人脉甚广。一个世纪之前菲罗西奥斯的竞争对手牧首卡里斯托斯就属于特里沃里斯的家族。

特里沃里斯的叔父迪米特里奥斯（Demetrius）是著名的古希腊著作研究者与收藏家。他作为枢机主教贝萨里翁的支持者，跟拜占庭的人文主义者兼外交家约翰·拉斯卡里斯熟识，约翰在15世纪70年代的某个时间定居在佛罗伦萨。15世纪90年代初，拉斯卡里斯继承了曼努埃尔·赫里索洛拉斯的衣钵，在佛罗伦萨的"studio"中继续希腊学术研究。他也在洛伦佐·德·美第奇的图书馆之中工作，到奥斯曼帝国的领土上为美第奇家族的赞助者寻找希腊语的手抄本。在旅行期间，拉斯卡里斯来到阿尔塔，与迪米特里奥斯·特里沃里斯会面。

年轻的米哈伊尔·特里沃里斯此前已经在克里特岛跟名师学习过希腊哲学和修辞学，此时自然希望见到著名的拉斯卡里斯。拉斯卡里斯在次年返回佛罗伦萨时，便带着特里沃里斯一同返回。

通过拉斯卡里斯，米哈伊尔得以直接接触兴盛的佛罗伦萨学术圈的最高层。洛伦佐·德·美第奇本人是一位成就颇丰的人文主义者与诗人，在依然精力旺盛的马尔西利奥·费奇诺指导之下复兴了祖父科西莫·德·美第奇的柏拉图学院。年长的费奇诺此时是文艺复兴哲学的领军人物，最想要证明的事就是柏拉图的学说为后来的基督教做了准备，而个人的理性思考证实基督教启示的真实性。

抵达佛罗伦萨后不久，特里沃里斯就跟费奇诺见了面，并就此加入柏拉图学院这个令人艳羡的学术圈子。圈子包括：安杰洛·波利齐亚诺，他是诗人与语言学家，此前在15世纪70年代曾求学于约翰·阿尔吉罗波洛斯，并在1478年洛伦佐遇刺时险些为保护他而死；米兰多拉的乔瓦尼·皮科（Giovanni Pico della Mirandola），他把阿维洛斯的学说、犹太教的神秘主义卡巴拉（cabbala）这两者的优点跟柏拉图的学说相结合；天赋出众的米开朗基罗，他当时还只有十几岁，却已经被洛伦佐纳入美第奇家族的帐下。

特里沃里斯在佛罗伦萨时，让他印象最深刻的人就是来自费拉拉的多明我会托钵僧——著名的吉罗拉莫·萨沃纳罗拉（Girolamo Savonarola），特里沃里斯经常和乔瓦尼·皮科与米开朗基罗一同去聆听他的布道。萨沃纳罗拉向来谴责教会明目张胆的腐败，要求改革。萨沃纳罗拉在1490年被洛伦佐召唤到佛罗伦萨之后，也开始谴责佛罗伦萨社会的享乐主义，还尖锐地指责美第奇家族的暴政。

特里沃里斯到佛罗伦萨的几年之内，这座城市迅速发生了变化。洛伦佐在1492年离世，继承者是他平庸的儿子皮耶罗（Piero）。

1494年，乔瓦尼·皮科和波利齐亚诺也离开人世，米开朗基罗去了博洛尼亚，约翰·拉斯卡里斯则离开意大利前往法国。同年，查理八世（Charles Ⅷ）率领法国大军入侵意大利，进军佛罗伦萨，推翻了非常不得民心的皮耶罗·德·美第奇。在公众热情的推动之下，萨沃纳罗拉在佛罗伦萨进行了四年蛮横的统治，焚烧人文主义的书籍，对佛罗伦萨城中的生活和艺术进行了严格限制。最后，教宗都忍受不了他的行为，将他处以绝罚，在对他大失所望的佛罗伦萨市民面前将他以火刑处死。

当时特里沃里斯已经离开佛罗伦萨，先去了博洛尼亚，再到了威尼斯。据说他在1498年初的几个月时间里为阿尔杜斯·马努蒂乌斯工作，协助其他拜占庭学者为阿尔定出版社准备希腊语的文稿。同年春天，他应邀前往朋友乔瓦尼的侄子詹弗朗切斯科（Gianfrancesco）那里工作，后者在叔父离世后继承了位于米兰多拉的家族地产。

但特里沃里斯没有在米兰多拉安定下来，或许萨沃纳罗拉遭到处决的消息令他大为震惊。詹弗朗切斯科对基督教问题比他的叔父更为保守，而特里沃里斯跟詹弗朗切斯科共事的时候才首次开始认真地研究早期教父。尽管他因为定期返回家乡而陷入困窘，但是他在米兰多拉的研究最终让他决定改变。1502年，米哈伊尔·特里沃里斯放弃了人文主义，放弃了他此后所说的过度依赖理性的行为和世俗学术，前往佛罗伦萨的圣马可修道院成为多明我会的修士——萨沃纳罗拉曾经担任这座修道院的院长。

特里沃里斯此举是回归基督教信仰，而不是改信天主教的信条。而他进入圣马可修道院也是因为尊重萨沃纳罗拉，而非笃信多明我会的信条。他在米兰多拉研究希腊的早期教父，而不是拉丁的。他不是投入了新的信仰，而是恢复以前的信仰，也就是说，重新发现他长大的环境中的信仰，而不是发现一个新的信仰体系。

所以，他就此离开意大利返回家乡，又在1505年左右到阿索斯山定居，也就不足为奇了。尽管阿索斯山已被奥斯曼帝国征服，但依然是东正教修道活动最活跃的中心。瓦托佩蒂修道院是阿索斯山最富裕的修道院，拥有丰富的藏书，热衷于文献的特里沃里斯自然被吸引到了这里。15世纪90年代约翰·拉斯卡里斯就为丰富洛伦佐的藏书而从瓦托佩蒂修道院购买了200份手抄本。而洛伦佐的藏书就放在圣马可修道院，特里沃里斯很可能读过。

在瓦托佩蒂修道院，米哈伊尔·特里沃里斯改名马克西莫斯。尽管我们对他在那里10年间的活动所知甚少，却清楚他此后在莫斯科时非常渴望返回阿索斯山。圣马可修道院位于城内，它高度政治化，而且属于意大利人。他待在那里的时候，圣马可修道院内因为如何评价萨沃纳罗拉的活动而争吵不休。瓦托佩蒂修道院则相对平静，贴近田园，又更为宽容，希腊人在这里跟来自保加利亚、塞尔维亚、马其顿、罗马尼亚、罗斯等东正教世界的总共约300名修士共同生活、祈祷、饮食和劳作。马克西莫斯有学习语言的本事，尽管他还没有学会罗斯人的语言，却从修士同伴那里了解了一些斯拉夫语。

他也拥有挑选时间的本事。马克西莫斯带着少量随从启程北行，先后在君士坦丁堡和克里米亚稍作停留，于1518年3月抵达莫斯科。莫斯科的情况和此前的佛罗伦萨类似，他不知不觉走进了这口即将沸腾的政治与宗教的大锅。然而，他这一次无法置身事外，却是直接站在了纷争的中心。从此开始，我们最好在称呼马克西莫斯时使用罗斯人的称呼：马西姆·格列克，即"希腊人马西姆"。马西姆·格列克是米哈伊尔·特里沃里斯的第三个称呼,也是最后一个称呼。他将以这个名字卷入决定他命运的纷争之中。

多年以来,罗斯的修士分成两派,彼此争吵。齐普里安的时代以来,在罗斯的人口密集地区出现了一个有势力的修士派系,因领导人名为约瑟夫(Joseph),故名"约瑟夫派"(Josephites)。约瑟夫是沃洛科拉姆斯克修道院(Volokolamsk Monastery)的院长,这座修道院规模庞大,影响广泛,距离莫斯科不远。他们也被称为"占有者派"(Possessors),他们的修道院拥有大批封建地产,土地的所有权归修士,由农民耕种,土地的收成却归修士。修士向农奴放高利贷,让他们更加贫穷,自己则更加富有。

占有者派积攒财富的同时,越来越遭到另一种生活方式非常不同的修士的反对。后一种修士在北方的森林深处清理出小片土地,在狭小孤立的房子里隐居,他们被称为"非占有派"(Non-Possessors),继承了齐普里安和圣塞尔吉乌斯等人所建立的保守的静默主义传统。

齐普里安本人在罗斯布道时坚决反对教会经营大片地产。他离世之后,反对教会经营大地产的派别的领袖成了尼尔·索尔斯基(Nil Sorsky)。尼尔此前去过阿索斯山,是第一位写下神秘主义的有关沉思的作品的罗斯人,后来被封圣,成为圣尼尔(St. Nil)。马西姆抵达之时,非占有派的领袖是瓦西安·帕特里克耶夫(Vassian Patrikeyev),瓦西安是一位出身于贵族的修士,积极拥护非占有派的主张,他立即将马西姆拉到他们那边。两人最终成为志同道合的密友。

约瑟夫在马西姆抵达的几年之前就已去世。在都主教瓦尔拉姆的支持下，瓦西安和马西姆在一段时间里取得了表面上的优势地位，他们跟约瑟夫派就一系列问题进行了论战，但是仅有保有大量地产并剥削农民这一个问题在马西姆——以及之前的齐普里安——看来断然违背了拜占庭的传统。不仅如此，他也将这种压榨行为跟多明我会与方济各会的修士相对比，毕竟他亲眼见过修士的贫困与苦修。马西姆谨慎地没有透露他此前曾加入多明我会修道院的经历。[①]

但瓦西安的力量只是虚幻的。非占有派虽然掌握了过去，占有派却拥有未来。约瑟夫之前跟瓦西里三世签订了协议，当时瓦西里对国内的教会地产艳羡不已（和同时代的英格兰国王亨利八世［Henry VIII］类似）。按照该协议，瓦西里三世允许占有派保留地产，作为回报，占有派愿意支持瓦西里三世完全控制教会的主张。尽管此后都主教瓦尔拉姆等人反对瓦西里的主张，坚定地想要维护教会独立于世俗权力的地位，但面对这样的联盟，无可奈何。

可是，瓦西里三世的妻子没能生下子嗣（也和亨利八世一样）。在瓦西安和马西姆的支持下，瓦尔拉姆拒绝批准大公与不孕的所罗门尼娅离婚，宣称阿索斯山修士的祈祷会起到作用。

1522年，瓦尔拉姆遭到罢黜，占有派的新领袖丹尼尔（Daniel）继任都主教之位。丹尼尔是约瑟夫的弟子，继承了约瑟夫的沃洛科拉姆斯克修道院院长的职位。此时他开始赶超马西姆，因为过于激进的马西姆开始攻击瓦西里三世，所以丹尼尔利用马

[①] 马西姆极为成功地隐藏了这个可能带来麻烦的信息。直到1942年，法国学者埃利·德尼索夫（Elie Denissoff）才揭示马西姆就是米哈伊尔·特里沃里斯，见：*Maxime le Grec et l'Occident*，1942。

西姆的鲁莽而获得了瓦西里的支持。1524—1525年之交的冬季，马西姆遭到逮捕，在2月遭到审判，都主教丹尼尔和大公瓦西里均出席了审判。

他受到的指控很多，包括施行巫术和异端信仰，以及更直接——也更真实——的指控，即冒犯君主瓦西里、坚持认为罗斯教会脱离君士坦丁堡牧首管理不合教规，还有批评占有派的腐败。审判的结果不难预料：马西姆遭到绝罚，戴上镣铐，被监禁在沃洛科拉姆斯克修道院的深处。他被单独监禁了六年之久，不仅没有自由，无法领圣餐，见不到朋友，还接触不到书籍与笔墨。瓦西里在1525年得以离婚再娶，妻子在1530年给他生下了继承人，也就是未来的伊凡四世（Ivan Ⅳ，即伊凡雷帝）。

1531年，马西姆被拖出来再度接受审判，这次瓦西安与他一同受审。瓦西安无疑是这次迫害的主要目标。这回瓦西安被送往沃洛科拉姆斯克修道院。马西姆被送往另一所修道院，受到的待遇有所好转，他被允许得到书籍和纸笔，一段时间之后也能领圣餐了。对瓦西安和马西姆的审判与谴责事实上终结了非占有派的政治影响。

马西姆的境况继续好转。不久之后，瓦西里去世，三岁的伊凡四世成了大公。最终心怀敌意的都主教丹尼尔遭到罢黜，但伊凡——他在年少时便开始执政——却受到了年老的新任都主教马卡里（Makary）的影响，而马卡里对马西姆的态度也好不了多少。马西姆屡屡请求让自己返回阿索斯山，却均遭拒绝。尽管他最终在约八十岁时获释，却再也没能离开俄罗斯。

他最终在莫斯科附近找到了去处：拉多涅日的圣塞尔吉乌斯主持建造的圣三一修道院。静默派和非占有派的观念依然在悄然传播，而马西姆继续在圣三一修道院里阅读、写作，纵使他的视力下降得厉害，双手也患了关节炎。他还向修士传授足以让他们抄写《圣经·诗篇》的希腊语。

1553年，据说伊凡雷帝拜访了马西姆，当时他带妻子与年幼的儿子去一所北方的修道院朝圣，以对自己从一场差点丢掉性命的大病中痊愈而表示感谢。库尔布斯基（Kurbsky）公爵是伊凡的一位不满的随从，他在之后记载了这位年轻的统治者与老修士的对话。库尔布斯基是诸多同情非占有派的人之一，他非常欣赏历经折磨还能保持坚韧的马西姆。[1]

按照库尔布斯基的说法，伊凡受到了邪恶的占有派修士的影响，这些修士许诺，只要伊凡赐予他们土地，进行毫无意义的朝圣，他的罪恶就会被赦免。而马西姆劝说伊凡，让伊凡照顾近期与鞑靼人作战时阵亡的士兵们的妻儿。马西姆预言称，如果伊凡坚持要朝圣，他的儿子瓦西里就会死。库尔布斯基记载称，"在那些热爱俗世享乐与财富的修士的吹捧与请求之下"，伊凡决定无视马西姆的警告，而他的儿子也染病夭折了。会面（或许纯属虚构）几年之后的俄历1556年1月21日，马西姆在圣三一修道院安静地离世。[2]

马西姆和他支持的静默派传统此前成了反对君主权力的象征，此时又被扩张主义的莫斯科统治者给拿去了。与马西姆会面的几年之前，伊凡雷帝成为第一位加冕为沙皇的俄罗斯统治者，尽管他的父亲和祖父有时使用这个称号，却未得到加冕。伊凡四世有

---

[1] 近来有位学者认为库尔布斯基对伊凡四世统治的记述纯属虚构。即便如此，他的记述也足以说明后世对马西姆持有何种看法。

[2] Kurbsky, *History*, 79.

意用此举占用拜占庭帝国的遗产，用来强化莫斯科的皇权，而"第三罗马"的老观念被抬出来装点一新，公开展示。事实上，新生的俄罗斯背弃了拜占庭帝国的精神遗产，转而将其政治遗产用于宣传。除开这些，沙皇也只是罗斯人的创造，而非源自拜占庭。

静默主义传统的余音依旧在俄罗斯文化之中回荡，热衷神秘主义的列夫·托尔斯泰与马西姆·格列克必然有许多话题可谈。而在西欧，米哈伊尔·特里沃里斯曾经珍视的古希腊遗产也将焕发新生，得到新的诠释。

不过，拜占庭帝国在一个世纪之前就已经灭亡了，它此时只是一段不断消逝的记忆，身负文明硕果的旅行者也不会从拜占庭起航了。再也不会有人追随米哈伊尔·特里沃里斯，或者说马西姆的脚步，而他的命运不可思议地概括了拜占庭帝国的结局：从雅典走过遥远的路到达耶路撒冷，然后长期沦为囚徒。

致　谢

我最初在八年级时接触拜占庭帝国，当时我的俄语老师和好友 James Morris 建议我将西里尔和梅索迪奥斯作为我的第一篇大论文的主题。多年以后，我作为加州大学洛杉矶分校的本科生，很幸运地跟随 Speros Vryonis Jr. 学习了几门拜占庭历史的课程，他的教学使我回想这个我早已遗忘的主题。我非常感谢教过我的每一位老师，不过我要特别感谢 James Morris 和 Speros Vryonis，他们以温暖和热情，还有充足的学术水平向我介绍了拜占庭帝国，丰富了我的生活。

本书的灵感源于 Vryonis 教授某天在课堂上的评论，他说拜占庭帝国最吸引人的一件事就是它如何影响在它周围发展起来的年轻文明。尽管事务繁忙，Vryonis 还是在我从事研究以及写作本书期间为我提供了温暖的帮助，他欣然审阅了一些早期的大纲和手稿。我非常感谢他做过的工作。如果本书有什么优点，那么都是他的主意；而倘若有什么错误，那我得赶紧补充说，那就完全是我的错。

同样，我要感谢 Michael J. B. Allen、Dimitri Gutas、Henrietta Leyser 和 Ingrid D. Rowland 在本书的研究和撰写的各个阶段所给予的帮助和建议。我要特别感谢 Henrietta Leyser 长久以来对我的鼓励和支持。在寻找灵感方面，我要感谢 Peter Brown、Averil Cameron、Fred Halliday、Dimitri Obolensky、Diana Wells 和 Mark

Whittow。Bob Loomis 在本书远未完成之时就愿意倾听我的拙见，我需要对此报以十分的感谢。我的父亲 Charles Wells 先生和我的母亲 Liz Jones 女士对初期的稿件提出了非常有益的意见。同样提供建议的还有 Gordon Davis、George Davis、Charlie Davis、Dan Henderson 和 Simone Stephens 等人，他们是本书的目标受众——充满好奇心的普通读者中极佳的范例。我还要感谢以下机构的工作人员：加州大学洛杉矶分校的学术图书馆、普林斯顿大学的费尔斯通图书馆、纽约公共图书馆、米德尔伯里学院的斯塔尔图书馆、纽约州立大学普拉兹堡分校的范伯格图书馆、意大利博洛尼亚的阿奇吉纳西奥宫（市立图书馆）、韦斯特波特图书馆协会和纽约州韦斯特波特的沃德姆斯开放图书馆。

我的代理人新英格兰出版协会的 Edward Knappman 和 Elizabeth Frost-Knappman 展现了极高的专业素养，为我提供明智的建议和贴心的支持。我在班塔姆戴尔出版集团的编辑 John J. Flicker 对本书最终的润色工作做出了重大贡献，那些说老派编辑工作早已过时的人肯定没与约翰一道工作过。David Lindroth 将混乱的笔记转化为一系列清晰、富有吸引力、内容翔实的地图，Marietta Anastassatos 绘制了漂亮的封面，Glen Edelstein 对内页贡献了优雅的设计，他们的工作极大地增添了本书的吸引力，谢谢你们。最后，已故的 Clyde Taylor 对本书颇有信心，我将一直把他的努力牢记在心。

参考文献

为了帮助普通读者，我将用星号（*）标出我认为非常有价值，或非常容易找得到，或两者兼有的文献。

历史文本

Boethius. *The Theological Tractates and The Consolation of Philosophy.* Translated by H. F. Stewart, E. K. Rand, and S. J. Tester. Cambridge, MA: Harvard University Press, 1973. Bilingual Latin and English text in the Loeb series.

St. Basil (Loeb Classical Library). *The Letters* (vol. IV). Translated by Roy J. Deferrari. Cambridge MA: Harvard University Press, 1934. Bilingual Latin and English text in the Loeb series.

Boccaccio. *The Genealogy of the Gods.* In Charles Osgood, *Boccaccio on Poetry.* Princeton: Princeton University Press, 1930.

Cassiodorus. *Institutiones.* Edited by R. A. B. Mynors. Oxford: Oxford University Press, 1937. English translation by L. W. Jones in *An Introduction to Divine and Human Readings.* New York: 1946.

Cassiodorus. *Variae.* Translated and edited by S. J. B. Barnish. Liverpool: Liverpool University Press, 1992.

Choniates, Nicetas. *O City of Byzantium: Annals of Niketas Choniates.* Translated by Harry J. Magoulias. Detroit: Wayne State University Press, 1984.

* Comnena, Anna. *The Alexiad of Anna Comnena.* Translated by E. R. A.

Sewter. Harmondsworth: Penguin, 1969. A good read. Combine with Michael Psellos and Procopius' *Secret History* (see p. 311) for a Penguin sampler of Byzantine history.

Constantine Porphyrogenitus. *De Administrando Imperio.* Greek text edited by Gy. Moravcsik. English translation by R. J. H. Jenkins. New, revised edition. Washington, DC: Dumbarton Oaks, 1967. Bilingual Greek and English text.

Cydones, Demetrius. *Apology for His Own Faith* = Mercati, G., *Notizie di Procoro e Demetrio Cidone.* Vatican: Biblioteca apostolica vaticana, 1931.

Cydones, Demetrius. *Letters I* = *Démétrius Cydonès Correspondance.*Edited by R.-J. Loenertz. (2 vols.) Vatican, 1956-60.

Cydones Demetrius. *Letters II* = *Démétrius Cydonès Correspondance.*Edited by G. Cammelli. Paris: Les Belles Lettres, 1930.

* Geanakoplos, Deno John. *Byzantium: Church, Society, and Civilization Seen Through Contemporary Eyes.* Chicago and London: University of Chicago Press, 1984. Selections from a wide variety of Byzantine sources, arranged thematically.

Geoffroy de Villehardouin. "The Conquest of Constantinople," in *Chronicles of the Crusades.* Translated with an introduction by M. R. B. Shaw. Harmondsworth: Penguin, 1963.

Ibn Khaldun. *The Muqaddimah: An Introduction to History.* Translated by Franz Rosenthal. Edited and abridged by N. J. Dawood. Princeton: Princeton University Press, 1967. A handy one-volume abridgment of this classic work of historiography.

Kantor, M., trans. *Medieval Lives of Saints and Princes.* Ann Arbor: University of Michigan Press, 1983. Includes *vitae* of Cyril and Methodius.

Koran. Translated by N. J. Dawood. Harmondsworth: Penguin, 1968.

Kurbsky, A. M. *Prince A. M. Kurbsky's History of Ivan IV.* Edited with a translation and notes by J. L. I. Fennell. Cambridge: Cambridge University Press, 1965.

Patrologia graeca. Edited by J.-P. Migne. Paris, 1866. This monumental collection of Greek patristic texts is the place to find (in Greek) the writings of John Cantacuzenos, Barlaam, Chrysoloras, Manuel II, and a great many of the other Byzantine authors referred to in the text and in the secondary sources.

Petrarch. *Francesco Petrarcha: Le Familiari.* Edizione critica per cura di Vittorio Rossi, vol. 3. Florence: Sansoni, 1937.

Photius. *The Homilies of Photius.* Translated by Cyril Mango. Cambridge, MA: Harvard University Press, 1958.

* Procopius. *History of the Wars III.* Translated by H. B. Dewing. Cambridge, MA: Harvard University Press, 1919. Bilingual Greek and English text in the Loeb series. Covers Justinian's Gothic Wars in Italy.

* Procopius. *The Secret History.* Translated by G. A. Williamson. Harmondsworth: Penguin, 1966. Racy gossip on Justinian and Theodora. See note on Anna Comnena above.

* Psellus, Michael. *Fourteen Byzantine Rulers.* Translated by E. R. A. Sewter. Harmondsworth: Penguin, 1966. See note on Anna Comnena above.

Robert of Clari. *The Conquest of Constantinople.* Translated by Edgar Holmes McNeal. New York: Octagon, 1966.

* Rosenthal, Franz. *The Classical Heritage in Islam.* Translated by Emile and Jenny Marmorstein. London and New York: Routledge, 1992 (1975). Includes English translations of selections from Hunayn ibn Ishaq, Ibn an-Nadim *(Fihrist),* and other Arabic sources. An easily available and extremely helpful book for the curious reader, since many of these writings are not otherwise available in English.

Russian Primary Chronicle (Laurentian Text). Translated and edited by Samuel Hazzard Cross & Olgerd P. Sherbowitz-Wetzor. Cambridge, MA:

Medieval Academy of America, 1973.

A Source Book for Russian History from Early Times to 1917. Vol. I: Early Times to the Late Seventeenth Century. George Vernadsky, senior editor. New Haven: Yale University Press, 1972.

Two Renaissance Book Hunters: The Letters of Poggius Bracciolini to Nicolaus De Niccolis. Translated with notes by Phyllis Walter Goodhart Gordan. New York: Columbia University Press, 1991 (1974).

当代文献

Angold, Michael. *The Byzantine Empire 1025-1204.* Second edition. London: Longman, 1997. Good political history of the late Macedonian and Comnenan periods.

Armstrong, Karen. *A History of God: The 4,000-Year Quest of Judaism, Christianity and Islam.* New York: Ballantine, 1993.

———. *Islam: A Short History.* New York: Modern Library, 2000.

Bark, William. "Theoderic vs. Boethius: Vindication and Apology." *American Historical Review* 49 (1943-44): 410-26.

Baron, Hans. *The Crisis of the Early Italian Renaissance.* Princeton: Princeton University Press, 1955. In this influential work Baron introduces the widely accepted idea of Florentine civic humanism.

* Baxandall, Michael. *Giotto and the Orators: Humanist Observers of Painting in Italy and the Discovery of Pictorial Composition, 1350-1450.* Oxford: Oxford University Press, 1971. Credits Chrysoloras with inspiring the development of pictorial composition and linear perspectives in painting.

Baynes, Norman. *The Byzantine Empire.* Oxford: Oxford University Press, 1925.

Berlin, Isaiah. *Russian Thinkers.* Henry Hardy, ed. Harmondsworth: Penguin, 1979.

* Billington, James H. *The Icon and the Axe: An Intepretive History of Russian Culture.* New York: Vintage, 1970 (1966). A well-written and insightful narrative account of Russian cultural history, with an enlightening discussion on Hesychast mysticism vs. rationalism in Russian history.

Bolgar, R. R. *The Classical Heritage and Its Beneficiaries.* Cambridge: Cambridge University Press, 1954.

Bowersock, Glenn. *Hellenism in Late Antiquity.* Ann Arbor: University of Michigan Press, 1996 (1990).

Brock, Sebastian. "Greek into Syriac and Syriac into Greek." Reprinted with original pagination (Study II) in Sebastian Brock, *Syriac Perspectives on Late Antiquity.* London: Variorum, 1984.

———. *Syriac Perspectives on Late Antiquity.* London: Variorum, 1984.

* Brown, Peter. *Augustine of Hippo.* Berkeley: University of California Press, 1969. Indispensable.

———. *The Cult of the Saints.* Chicago: University of Chicago Press, 1981.

*———. *The Making of Late Antiquity.* Cambridge, MA: Harvard University Press, 1993 (1978).

———. *Power and Persuasion in Late Antiquity.* Madison, WI: University of Wisconsin Press, 1992.

*———. *The Rise of Western Christendom.* Oxford: Blackwell, 1996. Insightful exploration of early Christianity by the master of Late Antiquity. Despite the title, offers much on Christianity's early context in the eastern Mediterranean world.

*———. *Society and the Holy in Late Antiquity.* Berkeley: University of California Press, 1982. Contains an excellent article on the Iconoclast controversy, "A Dark Age Crisis: Aspects of the Iconoclast Controversy," and much else of value besides.

*———. *The World of Late Antiquity AD 150-750.* New York: Norton, 1989 (1971). The book that opened up Late Antiquity as a hot academic field.

* Browning, Robert, ed. *The Greek World: Classical, Byzantine, and Modern.* London: Thames and Hudson, 1985. Articles by leading scholars in a handsome coffee-table book.

*———. *The Byzantine Empire.* Revised edition. Washington, DC: Catholic University of America Press, 1992. Excellent introduction to Byzantine history and civilization by a respected scholar.

Byzantium and Bulgaria. Berkeley: University of California Press, 1975.

Church, State, and Learning in Twelfth Century Byzantium. London: Dr. Williams's Trust, 1980.

Brooker, Gene. *Renaissance Florence.* New York: John Wiley and Sons, 1969.

* Bullock, Alan. *The Humanist Tradition in the West.* New York: Norton, 1985.

Burckhardt, Jacob. *The Civilization of the Renaissance in Italy.* New York: Phaidon, 1950.

Burke, Peter. *The European Renaissance: Centres and Peripheries.* Oxford: Blackwell, 1998.

Bury, J. B. *A History of the Later Roman Empire.* 2 vols. New York: Dover, 1958 (1923). Classic, if dated.

* Cameron, Averil. *Christianity and the Rhetoric of Empire: The Development of Christian Discourse.* Berkeley: University of California Press, 1991.

———. "Early Christian Territory After Foucault." *Journal of Roman Studies* 76 (1986): 266-71.

———. "Images of Authority: Elites and Icons in Late Sixth-Century Byzantium." *Past and Present* 84 (1979): 3-35.

*———. *The Later Roman Empire, AD 284-430.* Cambridge, MA: Harvard University Press, 1993. Excellent narrative history of this transitional period for the vigorous general reader.

*———. *The Mediterranean World in Late Antiquity, AD 395-600*. London and New York: Routledge, 1993. Read with her *Later Roman Empire* for superb coverage of the Mediterranean world in the centuries before Islam.

———. "New Themes and Styles in Greek Literature: Seventh-Eighth Centuries." In *The Byzantine and Early Islamic Near East, Vol. I: Problems in the Literary Source Material,* edited by Averil Cameron and Lawrence I. Conrad. Princeton: Darwin, 1992.

*———. *Procopius and the Sixth Century.* London and New York: Routledge, 1996 (1985). Essential reading on Procopius and his times by a leading scholar of early Byzantium.

———. "The Theotokos in Sixth-Century Constantinople: A City Finds Its Symbol." *Journal of Theological Studies,* new series 29 (1978): 79-108.

———. "The Virgin's Robe: An Episode in the History of Early Seventh-Century Constantinople." *Byzantion* 49 (1979): 42-56.

Cammelli, Giuseppe. *I Dotti Byzantini e le Origini Dell'Umanismo I: Manuele Crisolora.* Florence: Vallecchi Editore, 1941.

Cardwell, Donald. *The Norton History of Technology.* New York: Norton, 1994.

* Cavallo, Guglielmo, ed. *The Byzantines.* Chicago: University of Chicago Press, 1997. Excellent thematic introduction to Byzantine society with articles by leading scholars.

Crone, Patricia. *Meccan Trade and the Rise of Islam.* Princeton: Princeton University Press, 1987.

Dawson, Christopher. *Religion and the Rise of Western Culture.* Doubleday, 1991 (1950).

Demus, Otto. *Byzantine Art and the West.* New York: New York University Press, 1970.

* Diehl, Charles. *Byzantium: Greatness and Decline.* Translated by Naomi

Walford. Edited and with an introduction by Peter Charanis. New Brunswick, NJ: Rutgers University Press, 1957. Holds up well, a classic. Especially good on the Byzantine cultural legacy.

Drijvers, Jan Willem, and Alasdair MacDonald. *Centres of Learning: Learning and Location in Pre-Modern Europe and the Near East.* Leiden: E. J. Brill, 1995.

Dvornik, Francis. *Byzantine Missions Among the Slavs.* New Brunswick, NJ: Rutgers University Press, 1970.

———. *The Making of Central and Eastern Europe.* Second edition. Gulf Breeze, FL: Academic International Press, 1974.

———. *Photian and Byzantine Ecclesiastical Studies.* London: Variorum, 1974. Collected studies; valuable for Photius.

Edgerton, S. *The Renaissance Discovery of Linear Perspective.* New York, 1975.

Fakhry, Majid. *A History of Islamic Philosophy.* Second edition. New York: Longman, 1983.

———. *A Short Introduction to Islamic Philosophy, Theology and Mysticism.* Oxford: Oneworld, 1997.

Fine, John V. A., Jr. *The Early Medieval Balkans.* Ann Arbor: University of Michigan Press, 1983.

* Fowden, Garth. *Empire to Commonwealth: Consequences of Monotheism in Late Antiquity.* Princeton: Princeton University Press, 1993.

Flogaus, Reinhard. "Palamas and Barlaam Revisited: A Reassessment of East and West in the Hesychast Controversy of 14th Century Byzantium." In *St. Vladimir's Theological Quarterly* 42, 1 (1998): 1-32.

Franklin, Simon. "Greek in Kievan Rus." *Dumbarton Oaks Papers* 46 (1992): 69-87.

* Franklin, Simon, and Jonathan Shepard. *The Emergence of Rus 750-1200.* London: Longman, 1996. Very good survey of recent archeological

evidence on early Russia.

Frend, W. H. C. "Nomads and Christianity in the Middle Ages."*Journal of Ecclesiastical History* 26 (1975): 209-21.

Gabrieli, Giuseppe."Hunayn Ibn Ishaq."*Isis* 6 (1924): 282-92.

* Garin, Eugenio. *Portraits from the Quattrocento*. Translated by V. A. Velen and E. Velen. New York: Harper and Row, 1972.

* Geanakoplos, Deno John. *Constantinople and the West: Essays on the Late Byzantine (Paleologan) and Italian Renaissances and the Byzantine and Roman Churches.* Madison: University of Wisconsin Press, 1989.

———. *Greek Scholars in Venice: Studies in the Dissemination of Greek Learning from Byzantium to Western Europe.* Cambridge, MA: Harvard University Press, 1962.

———. *Interaction of the "Sibling" Byzantine and Western Cultures in the Middle Ages and the Italian Renaissance (330-1600).* New Haven: Yale University Press, 1976.

Gibb, H. A. R. "Arab-Byzantine Relations under the Umayyad Caliphate." *Dumbarton Oaks Papers* 12 (1958): 223-33.

Gibson, Margaret, ed. *Boethius: His Life, Thought and Influence.*Oxford: Blackwell, 1981.

Gill, Joseph. *The Council of Florence.* Cambridge: Cambridge University Press, 1961.

Goffart, Walter. *The Narrators of Barbarian History.* Princeton: Princeton University Press, 1988.

Goodman, Lenn E. *Islamic Humanism.* Oxford: Oxford University Press, 2003.

Grabar, Oleg. "The Umayyad Dome of the Rock in Jerusalem." *Ars Orientalis* 3 (1959).

Gurevich, Aaron. "Why Am I Not a Byzantinist?" *Dumbarton Oaks Papers* 46 (1992): 89-96.

* Gutas, Dimitri. *Greek Thought, Arabic Culture: The Graeco-Arabic Translation Movement in Baghdad and Early Abbasid Society (2nd-4th/8th-10th Centuries)*. New York and London: Routledge, 1998. Excellent if occasionally polemical revisionist account of the translation movement.

———. "Islam and Science: A False Statement of the Problem." *Islam and Science* 1,2 (2003): 215-20.

———. "The Study of Arabic Philosophy in the Twentieth Century: An Essay on the Historiography of Arabic Philosophy." *British Journal of Middle Eastern Studies* 29,1 (2002): 5-25.

Hale, J. R., ed. *The Thames and Hudson Encyclopedia of the Italian Renaissance*. London: Thames and Hudson, 1981.

* Halliday, Fred. *Islam and the Myth of Confrontation: Religion and Politics in the Middle East*. London: I. B. Tauris, 1995. Absolutely essential reading for anyone hoping to understand Islam, its place in the world, and Western attitudes to it.

———. *Two Hours That Shook the World: September 11, 2001: Causes and Consequences*. London: Saki, 2002.

Hankins, James. "Introduction." In *Leonardo Bruni: History of the Florentine People*. Edited and translated by James Hankins for the I Tatti Renaissance Library. Cambridge, MA: Harvard University Press, 2001.

Haskins, Charles Homer. *The Renaissance of the Twelfth Century.* Cambridge, MA: Harvard University Press, 1927.

Herrin, Judith. "Aspects of the Process of Hellenization in the Early Middle Ages." *Annual of the British School of Athens* 68 (1973): 113-26.

*———. *The Formation of Christendom*. Princeton: Princeton University Press, 1997. Insightful and well written; for the general reader with a scholarly bent.

* Hodgson, Marshall. *The Venture of Islam: Conscience and History in a World Civilization*. 3 vols. Chicago: University of Chicago Press, 1974.

* Holmes, George. *The Florentine Enlightenment 1400-50.* New York: Pegasus, 1969. Credits Chrysoloras with inspiring the secular outlook in the early Florentine humanists.

Hosking, Geoffrey. *Russia and the Russians.* Cambridge, MA: Harvard University Press, 2001.

Hourani, Albert. *A History of the Arab Peoples.* Cambridge, MA: Harvard University Press, 1991.

Hussey, J. M. *Ascetics and Humanists in Eleventh Century Byzantium.* London: Dr. Williams's Trust, 1960.

*———. *The Byzantine World.* New York: Harper, 1961. Still an excellent brief introduction to Byzantine history and civilization, including the cultural legacy.

Jaeger, Werner. *Early Christianity and Greek Paidea.* Cambridge, MA: Harvard University Press, 1961.

Johnson, Mark J. "Toward a History of Theoderic's Building Program." *Dumbarton Oaks Papers* 42 (1988): 73-96.

Kazhdan, Alexander, and Anthony Cutler. "Continuity and Discontinuity in Byzantine History." *Byzantion* 52 (1982): 429-78.

Kaegi, Walter E. *Byzantium and the Early Islamic Conquests.* Cambridge: Cambridge University Press, 1992.

Kennedy, Hugh. *The Early Abbasid Caliphate.* London: Croom Helm, 1981.

Kianka, Frances. "The Apology of Demetrius Cydones: A Fourteenth-Century Autobiographical Source." *Byzantine Studies/Études Byzantines 6,* 1-2 (1979): 56-71.

———. "Byzantine-Papal Diplomacy: The Role of Demetrius Cydones." *International History Review 7* (1985): 175-200.

———. "Demetrius Cydones and Thomas Aquinas." *Byzantion* 52 (1982): 264-86.

———. "Demetrius Kydones and Italy." *Dumbarton Oaks Papers* 49 (1995):

99-110.

Kraemer, Joel. *Humanism in the Renaissance of Islam: The Cultural Revival During the Buyid Age.* Second revised edition. Leiden: E. J. Brill, 1992.

Kristeller, Paul Oskar. *Renaissance Concepts of Man and Other Essays.* New York: Harper, 1972.

———. *Renaissance Thought: The Classic, Scholastic, and Humanist Strains.* New York: Harper, 1961.

———. *Renaissance Thought and the Arts.* Princeton: Princeton University Press, 1990.

———. "The School of Salerno." *Bulletin of the History of Medicine* 17 (1945): 138-94.

Laiou, Angeliki. "Italy and the Italians in the Political Geography of the Byzantines (Fourteenth Century)." *Dumbarton Oaks Papers* 49 (1995): 73-98.

Laiou, Angeliki E., and Henry Maguire, eds. *Byzantium: A World Civilization.* Washington, DC: Dumbarton Oaks, 1992.

Lemerle, Paul. *Le Premier Humanism Byzantin.* Paris: Presses Universitaires de France, 1971.

Lewis, Bernard. *Islam and the West.* Oxford: Oxford University Press, 1993.

———. *What Went Wrong? The Clash Between Islam and Modernity in the Middle East.* New York: Harper, 2002.

Leyser, Karl. "The Tenth Century in Byzantine-Western Relationships." In *Relations Between East and West in the Middle Ages,* Derek Baker, ed. Edinburgh: University of Edinburgh Press, 1973.

Loenertz, Raymond. "Demetrius Cydones, Citoyen de Venise." *Echos d'Orient* 37 (1938): 125-26.

McCormick, Michael. *Eternal Victory: Triumphal Rulership in Late Antiquity, Byzantium, and the Early Medieval West.* Cambridge: Cambridge University Press, 1990 (1986).

McManners, John, ed. *The Oxford Illustrated History of Christianity.* Oxford: Oxford University Press, 1990.

MacMullen, Ramsay. *Christianity and Paganism in the Fourth to Eighth Centuries.* New Haven: Yale University Press, 1997.

———. *Christianizing the Roman Empire (A.D. 100-400).* New Haven: Yale University Press, 1984.

Maguire, Henry. *Art and Eloquence in Byzantium.* Princeton: Princeton University Press, 1981.

Makdisi, George. *Religion, Law and Learning in Classical Islam.* London: Variorum, 1991.

———. *The Rise of Humanism in Classical Islam and the Christian West.* Edinburgh: Edinburgh University Press, 1990.

Mandalari, Giannantonio. *Fra Barlaamo Calabrese: Maestro del Petrarca.* Rome: Carlo Verdesi, 1888.

* Mango, Cyril. *Byzantium: The Empire of New Rome.* New York: Scribners. The best topical treatment of Byzantine civilization, if occasionally a bit hard on the Byzantines.

*———. *Byzantium and its Image: History and Culture of the Byzantine Empire and its Heritage.* London: Variorum, 1984. Collected articles by one of the most influential of Byzantinists.

* Mango, Cyril, ed. *The Oxford History of Byzantium.* Oxford: Oxford University Press, 2002. If you get one book on Byzantine history, this should probably be it—snappy, up-to-date articles by leading scholars.

Margolin, Jean-Claude. *Humanism in Europe at the Time of the Renaissance.* Translated by John L. Farthing. Durham, NC: Labyrinth, 1989.

Martin, Janet. *Medieval Russia, 980-1584.* Cambridge: Cambridge University Press, 1995.

Martines, Lauro. *The Social World of the Florentine Humanists.* Princeton: Princeton University Press, 1963.

Mathews, Thomas F. *Byzantium: From Antiquity to the Renaissance.* New York: Abrams, 1998.

Mernissi, Fatema. *Islam and Democracy: Fear of the Modern World.* Translated by Mary Jo Lakeland. Second edition. Cambridge, MA: Perseus, 2002.

Meyendorff, John. *Byzantine Hesychasm: historical, theological, and social problems: collected studies.* London: Variorum, 1974.

———. *Byzantine Theology: Historical Trends and Doctrinal Themes.* New York: Fordham University Press, 1974.

*———. *Byzantium and the Rise of Russia: A Study of Byzantino-Russian Relations in the Fourteenth Century.* Crestwood, NY: St. Vladimir's Seminary Press, 1989.

———. "Mount Athos in the Fourteenth Century: Spiritual and Intellectual Legacy." *Dumbarton Oaks Papers* 42 (1988): 157-65.

———. "Spiritual Trends in Byzantium in the Late Thirteenth and Early Fourteenth Centuries," in Paul A. Underwood, ed., *The Kariye Djami, Volume 4: Studies in the Art of the Kariye Djami and Its Intellectual Background.* Princeton: Princeton University Press, 1975, 95-106.

*———. *A Study of Gregory Palamas.* Translated by George Lawrence. Crestwood, NY: St. Vladimir's Seminary Press, 1998 (1964).

———. "Wisdom-Sophia: Contrasting Approaches to a Complex Theme." *Dumbarton Oaks Papers* 41 (1987): 391-401.

Meyerhof, Max. "New Light on Hunain Ibn Ishaq and His Period." *Isis* 8 (1926): 685-724.

* Momigliano, Arnaldo. *Alien Wisdom: The Limits of Hellenization.* Cambridge: Cambridge University Press, 1975.

———. "Cassiodorus and the Italian Culture of His Time." *Proceedings of the British Academy* 41 (1955): 207-45.

* Nicol, Donald. *The Byzantine Lady: Ten Portraits.* Cambridge: Cambridge

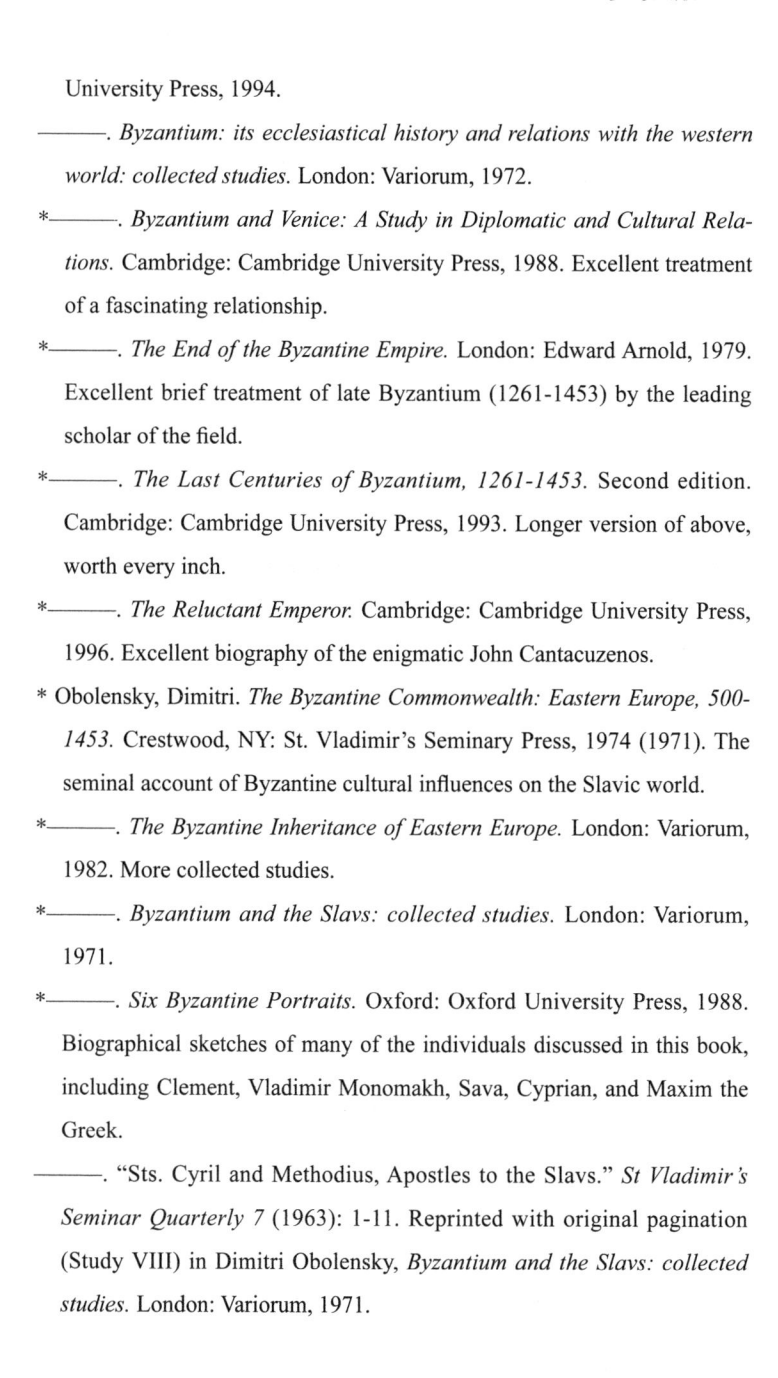

University Press, 1994.

———. *Byzantium: its ecclesiastical history and relations with the western world: collected studies.* London: Variorum, 1972.

*———. *Byzantium and Venice: A Study in Diplomatic and Cultural Relations.* Cambridge: Cambridge University Press, 1988. Excellent treatment of a fascinating relationship.

*———. *The End of the Byzantine Empire.* London: Edward Arnold, 1979. Excellent brief treatment of late Byzantium (1261-1453) by the leading scholar of the field.

*———. *The Last Centuries of Byzantium, 1261-1453.* Second edition. Cambridge: Cambridge University Press, 1993. Longer version of above, worth every inch.

*———. *The Reluctant Emperor.* Cambridge: Cambridge University Press, 1996. Excellent biography of the enigmatic John Cantacuzenos.

* Obolensky, Dimitri. *The Byzantine Commonwealth: Eastern Europe, 500-1453.* Crestwood, NY: St. Vladimir's Seminary Press, 1974 (1971). The seminal account of Byzantine cultural influences on the Slavic world.

*———. *The Byzantine Inheritance of Eastern Europe.* London: Variorum, 1982. More collected studies.

*———. *Byzantium and the Slavs: collected studies.* London: Variorum, 1971.

*———. *Six Byzantine Portraits.* Oxford: Oxford University Press, 1988. Biographical sketches of many of the individuals discussed in this book, including Clement, Vladimir Monomakh, Sava, Cyprian, and Maxim the Greek.

———. "Sts. Cyril and Methodius, Apostles to the Slavs." *St Vladimir's Seminar Quarterly* 7 (1963): 1-11. Reprinted with original pagination (Study VIII) in Dimitri Obolensky, *Byzantium and the Slavs: collected studies.* London: Variorum, 1971.

O'Donnell, James J. *Cassiodorus.* Berkeley: University of California Press, 1979.

O'Leary, De Lacy. *How Greek Science Passed to the Arabs.* London: Routledge, 1949.

Ostrogorsky, George. *A History of the Byzantine State.* Third edition. Translated by J. Hussey. Oxford: Oxford University Press, 1968.

Phillips, Jonathan. *The Fourth Crusade and the Sack of Constantinople.* New York: Viking, 2004.

Pipes, Daniel. *Russia Under the Old Regime.* Second edition. Harmondsworth: Penguin, 1995.

Pirenne, Henri. *Medieval Cities: Their Origins and the Revival of Trade.* Translated by Frank D. Halsey. Princeton: Princeton University Press, 1969 (1925).

Reynolds, L. D., and N. G. Wilson. *Scribes and Scholars: A Guide to the Transmission of Greek and Latin Literature.* Third edition. Oxford: Oxford University Press, 1991.

* Runciman, Steven. *Byzantine Civilization.* New York: New American Library, 1956.

———. *Byzantine Style and Civilization.* Harmondsworth: Penguin, 1987 (1975).

———. *The Eastern Schism: A Study of the Papacy and the Eastern Churches During the Eleventh and Twelfth Centuries.* Oxford: Oxford University Press, 1955.

*———. *The Fall of Constantinople, 1453.* Cambridge: Cambridge University Press, 1965. Informative and highly readable.

———. *The Great Church in Captivity: A Study of the Patriarchate of Constantinople from the Eve of the Turkish Conquest to the Greek War of Independence.* Cambridge: Cambridge University Press, 1985 (1968).

———. *A History of the Crusades.* 3 vols. Cambridge: Cambridge University Press, 1987 (1951-54). The best popular account.

———. *The Last Byzantine Renaissance.* Cambridge: Cambridge University Press, 1970.

*———. *The Sicilian Vespers: A History of the Mediterranean World in the Late Thirteenth Century.* Cambridge: Cambridge University Press, 1992 (1958).

Schevill, Ferdinand. *Medieval and Renaissance Florence: Volume II: The Coming of Humanism and the Age of the Medici.* New York: Harper, 1961 (1935).

*Setton, Kenneth. "The Byzantine Background to the Italian Renaissance." *Proceedings of the American Philosophical Society* 100, 1 (1956): 1-76.

Setton, Kenneth M., ed. *A History of the Crusades.* 5 vols. Madison: University of Wisconsin Press, 1969-85.

Ševčenko, Ihor. "Byzantium and the Slavs." *Harvard Ukrainian Studies* 8 (1984): 289-303.

———. "The Decline of Byzantium as Seen Through the Eyes of Its Intellectuals." *Dumbarton Oaks Papers* 15 (1961): 169-86.

———. *Ideology, Letters, and Culture in the Byzantine World.* London: Variorum, 1982. Collected articles of a leading Byzantinist.

———. "Russo-Byzantine Relations After the Eleventh Century." In *Proceedings of the XIIIth International Congress of Byzantine Studies,* 93-104. Edited by J. M. Hussey, D. Obolensky, and S. Runciman. Oxford: Oxford University Press, 1967.

———. "Three Paradoxes of the Cyrillo-Methodian Mission." *Slavic Review* 23 (1964): 220–36.

———. "Theodore Metochites, the Chora, and the Intellectual Trends of His Time." In Paul A. Underwood, ed., *The Kariye Djami, Volume 4: Studies in the Art of the Kariye Djami and Its Intellectual Background,* 19-55.

Princeton: Princeton University Press, 1975.

Sinkewicz, R. E. "The Doctrine of the Knowledge of God in the Early Writings of Barlaam the *Calabrian.*" *Medieval Studies 44* (1982): 181-242.

Smith, Christine. *Architecture in the Culture of Early Humanism: Ethics, Aesthetics, and Eloquence, 1400-1470.* Oxford: Oxford University Press, 1992. Credits Chrysoloras with inspiring the ideal of the "Renaissance Man."

Stephens, John. *The Italian Renaissance: The Origins of Intellectual and Artistic Change Before the Reformation.* London: Longman, 1990.

Thomson, Ian. "Manuel Chrysoloras and the Early Italian Renaissance." *Greek, Roman and Byzantine Studies 7* (1966): 63-82.

* Treadgold, Warren. *A History of the Byzantine State and Society.* Stanford: Stanford University Press, 1997. Now the standard textbook for Byzantine history (replacing George Ostrogorsky's *History of the Byzantine State).*

Turner, A. Richard. *Renaissance Florence: The Invention of a New Art.* New York: Abrams, 1997.

Turner, C. J. "The Career of George-Gennadius Scholarius." *Byzantion* 39 (1969): 420-55.

Ullman, Berthold L. *The Humanism of Coluccio Salutati.* Padua: Antenore, 1963.

Underwood, Paul A., ed. *The Kariye Djami, Volume 4: Studies in the Art of the Kariye Djami and Its Intellectual Background.* Princeton: Princeton University Press, 1975. Includes outstanding articles by John Meyendorff and Ihor Ševčenko.

Urvoy, Dominique. *Ibn Rushd (Averroës).* London: Routledge, 1991.

Veyne, Paul, ed. *A History of Private Life I: From Pagan Rome to Byzantium.* Translated by Arthur Goldhammer. Cambridge, MA: Harvard University Press, 1987.

von Grunebaum, G. E. *Classical Islam: A History, 600 A.D.-1258 A.D.*

Translated by Katherine Watson. Chicago: Aldine, 1970.

———. *Islam and Medieval Hellenism: Social and Cultural Perspectives.* London: Variorum, 1976. Collected studies.

Vryonis, Speros, Jr. *Byzantium: Its Internal History and Relations with the Muslim World: Collected Studies.* London: Variorum, 1971.

———. "Byzantium and Islam, Seven-Seventeenth Century." In *East European Quarterly* 2, 3 (1968): 205-40. Reprinted with original pagination (Study IX) in *Byzantium: Its Internal History and Relations with the Muslim World: Collected Studies.* London: Variorum, 1971.

———. *The Decline of Medieval Hellenism in Asia Minor and the Process of Islamization from the Eleventh through the Fifteenth Century.* Berkeley: University of California Press, 1971.

Walzer, Richard. "The Arabic Transmission of Greek Thought to Medieval Europe." *Bulletin of the John Rylands Library* 29 (1945): 3-26.

———. *Greek into Arabic.* Cambridge, MA: Harvard University Press, 1962.

Ware, Timothy. *The Orthodox Church.* New edition. Harmondsworth: Penguin, 1993.

Watt, W. Montgomery. *Islamic Philosophy and Theology: An Extended Survey.* Edinburgh: Edinburgh University Press, 1985.

* Webster, Leslie, and Michelle Brown. *The Transformation of the Roman World, AD 400-900.* Berkeley: University of California Press, 1997.

Weinstein, Donald. *Savonarola and Florence: Prophecy and Patriotism in the Renaissance.* Princeton: Princeton University Press, 1970.

Weiss, Roberto. "Jacopo Angeli da Scarperia." In *Medioevo e Rinascimento: Studi in Onore de Bruno Nardi,* vol. 2. Florence: Sansoni, 1955.

* Whittow, Mark. *The Making of Byzantium, 600-1025.* Berkeley: University of California Press, 1996. Now the standard textbook on this period. Unusually insightful.

Wiet, Gast on. *Baghdad: Metropolis of the Abbasid Caliphate.* Norman: University of Oklahoma Press, 1971.

Wilcox, D. *The Development of Florentine Humanist Historiography in the Fifteenth Century.* Cambridge: Harvard University Press, 1969.

* Wilson, N. G. *From Byzantium to Italy: Greek Studies in the Italian Renaissance.* Baltimore: Johns Hopkins, 1992. Excellent, but not for the faint of heart.

*———. *Scholars of Byzantium.* Revised edition. London: Duckworth, 1996. Ditto.

Woodward, C. M. *George Gemistos Plethon: The Last of the Hellenes.* Oxford: Oxford University Press, 1986.

Woodward, William Harrison. *Studies in Education During the Age of the Renaissance, 1400-1600.* New York: Russell and Russell, 1965 (1906).

———. *Vittorino da Feltre and Other Humanist Educators.* New York: Columbia University, 1964.

Yates, Frances A. *The Art of Memory.* Chicago: University of Chicago Press, 1974 (1966).

出版后记

拜占庭帝国长期在地中海区域的政治格局中起到重要作用。它的政治、军事情况较受大家关注，相比之下，对其文化的关注要少一些。本书讲述了拜占庭文化遗产的传播历程，也讲述了西欧、阿拉伯文明和斯拉夫文明是如何对待这些文化遗产的。作为一本面向大众读者的小书，本书将视角集中在一些关键人物身上，通过描述这些人的事迹来展现古希腊文化和基督教从拜占庭帝国向外传播的过程。

纵然拜占庭帝国已经灭亡了五百余年，它留下的赠礼依旧在对全世界产生影响。希望本书能让读者更加了解拜占庭文明，更加了解文化在世界各地传播的状况。

编者水平有限，如书中有疏漏或错讹之处，敬请读者指出，在此谨表谢忱。

服务热线：133-6631-2326　188-1142-1266
服务信箱：reader@hinabook.com

后浪出版公司
2021 年 4 月

© 民主与建设出版社，2021

图书在版编目（CIP）数据

拜占庭的赠礼 /（英）科林·韦尔斯 (Colin Wells) 著；周超宇，李达译. —北京：民主与建设出版社，2021.12（2022.5重印）

书名原文：Sailing from Byzantium: How a Lost Empire Shaped the World

ISBN 978-7-5139-3724-5

Ⅰ.①拜⋯ Ⅱ.①科⋯ ②周⋯ ③李⋯ Ⅲ.①拜占庭帝国—历史—通俗读物 Ⅳ.①K134-49

中国版本图书馆CIP数据核字(2021)第220097号

Sailing from Byzantium: How a Lost Empire Shaped the World
by Colin Wells
Copyright © 2006 by Colin Wells
This translation published by arrangement with Delacorte Press, an imprint of Random House, a division of Penguin Random House LLC, through Big Apple Agency, Inc., Labuan, Malaysia.
Simplified Chinese translation copyright © 2021 Ginkgo (Beijing) Book Co., Ltd.
All rights reserved.

本书简体中文版归属于银杏树下（北京）图书有限责任公司。

版权登记号：01-2021-7022
地图审图号：GS（2021）3382号

拜占庭的赠礼
BAIZHANTING DE ZENGLI

著　　者	［英］科林·韦尔斯
译　　者	周超宇　李　达
出版统筹	吴兴元
责任编辑	王　颂
特约编辑	苏才隽　朱子尧
营销推广	ONEBOOK
装帧制造	墨白空间·黄怡祯
出版发行	民主与建设出版社有限责任公司
电　　话	（010）59417747　59419778
社　　址	北京市海淀区西三环中路10号望海楼E座7层
邮　　编	100142
印　　刷	鸿博昊天科技有限公司
版　　次	2021年12月第1版
印　　次	2022年5月第3次印刷
开　　本	889毫米×1194毫米　1/32
印　　张	10.25
字　　数	229千字
书　　号	ISBN 978-7-5139-3724-5
定　　价	74.00元

注：如有印、装质量问题，请与出版社联系。